ダムに沈んだ村の民具と生活

広島県高田郡八千代町土師

宮本常一

田村善次郎・香月節子編

八坂書房

まえがき —宮本先生の民具調査

宮本先生が『民具学の提唱』を未来社から刊行するのは昭和五十四年九月である。その「あとがき」に「民具についてはこれまでたくさんの試論を書いた。それらの考えをひとまとめにしたのが本書である」と記している。宮本先生が書かれた民具論の殆どは『民衆文化と造形』（宮本常一著作集四四）『民具学試論』（同四五）に収録しているので参照していただきたい。

先生は『民具学の提唱』にいたるまでに、民具についての見方や考え方を機会をとらえて発表しているのだが、その背景には豊富な民具調査とその整理を通じて行われる試行錯誤の過程があった。宮本先生の民具学は、宮本民俗学同様、豊富なフィールドワークの積み重ねの上になった成果なのである。

宮本先生が民具の調査を本格的にはじめるのは、後述するように昭和四十年前後からになるのだが、モノ（造形物）にたいする関心は、民俗学に関心を持って歩きはじめた、最初の頃から強く持っておられた。道ばたや田圃の畦に積まれた稲藁のスケッチ、二〇点ほどを『土の香』という土俗趣味雑誌に投稿したのは昭和十年であったし、昭和二十四年に大阪の昭和書院から出版され、後に『日本の村』と改題して筑摩書房の中学生全集に収められることになる『村の社会科』は、車窓から見る屋根や田畠の形、道ばたで見かける石碑、鋤や鍬などのスケッチを素材にして、それらを比較することによって日本の村の構造を描き出している。ユニークな村落構造論である。

昭和十四年十月に入所したアチックミューゼアム（後に日本常民文化研究所となる）は、民具研究を一つの柱とする研究所であり、民具の蒐集をも行っていたのだが、宮本先生は民具を中心に調査研究を行っていたのではなかった。しかし無関心だったわけではない。昭和十六年には、竹内利美が長野県川中島で、先生が郷里大島で農具を中心にしての農作業及び農家生活の調査をしている。これは師である渋沢敬三の発案になるもので、民具が生活の中にどのように位置づけられているかを明らかにする意図を持ったものであった。残念な事にこの調査は報告書としてまとめられてはいない。昭和十八年には東京保谷にあった日本民族学協会付属、民族学博物館の収蔵民具、これはアチックミューゼアムで蒐集し、寄贈した民具を主とするものであった、の整理を宮本馨太郎、吉田三郎と行っている。

昭和三十八年十月、渋沢敬三が亡くなった後の日本常民文化研究所は民具研究を中心に研究活動を続ける事になり、追悼記念出版として『日本の民具』全四巻が慶友社から刊行される。これは旧アチック収蔵で民族学協会に寄贈され、その後文部省史料館に移管されていた民具の中から選んで薗部澄が撮影し、解説を加えたもので、先生は第二巻『農具』(昭和四十年八月刊)の編集·解説を担当している。そして昭和四十四年には研究所編の『民具論集』を含む『常民文化叢書』(慶友社刊)、雑誌『民具マンスリー』などが出され、昭和四十九年には全国の民具研究者に呼びかけ、研究所主催の民具研究講座が開催される。そして、それが母体となって翌年には日本民具学会が設立され、民具研究がこれまでにない活況を呈する時代を迎えるのである。宮本先生はそうした動きの中で主導的な役割を果たしている。そしてご自身は、この時期に本格的に民具調査をはじめているのである。

文化庁は昭和三十七年から三ヵ年計画で全国規模での民俗緊急調査を行う。これは一県、三〇ヶ所の地域を選んで同一項目によって調査をするもので、一ヶ所でみるとそれほど目のつんだものではないが、全国一斉にほぼ同レベルで行われ、これを元に民俗地図が作製された画期的な調査であった。民具を中心にしたものではないが、いくつかの民具、運搬等の分野では、その用具の分布図も作製されている。この緊急調査が終わった後、昭和四十年頃から地域あるいは対象を限定しての緊急民俗調査が行われる事になる。最も多かったのがダム建設にともなって水没する地域の調査であった。宮本先生の本格的な民具調査はダムに沈む村の緊急民俗調査からはじまったといってよい。

宮本先生は昭和三十三年から広島県の文化財専門委員をつとめており、また昭和四十六年からは山口県文化財専門委員になっておられる。その関係もあって緊急民俗調査は広島県と山口県のものが多い。(巻末の「宮本常一関係民具調査報告書一覧」参照)

宮本先生が関わった水没地域民俗緊急調査の最初は、新成羽川ダムの建設にともなって水没する広島県神石郡柚木村・豊松村の調査で、昭和四十年十二月十七日～二十三日に行っている。この調査で先生の担当は「生産生活」であり、農具等の調査が必要であることから、神保教子さんをアシスタントとして同行し、民具の写真撮影と聞取を行っている。ちなみに先生は昭和四十年から武蔵野美術大学教授となっており、神保さんは当時、社会科学研究室といっていた宮本研究室付き職員として助手的な役割を果たしていた。撮影された民具は一点ごとに解説を付し、「生産生活付録写真」として一六六点が掲載されている。

第二回目は「椋梨水没地域民俗資料緊急調査」で広島県加茂郡河内町・大和町を対象に昭和四十一年八月十一～十五日・十二月十七～二十一日の二回訪れている。「衣・食・住と生産生業」を担当し、民具調査は神保・神崎宣武・吉田（現香月）節子が手伝っている。前回の調査で民具調査にはそれなりの人手が必要だという事を痛感したからであろう。

椋梨の調査は昭和三十九年から同地に通って調査を続け、土地の人の信頼を集めていた鮓本刀良意さんが先導役をつとめている。椋梨での民具調査について宮本先生は『武蔵野美術』に連載した「私の学んだ人」の「鮓本刀良意」の項に次のように書いている。

「実は私の民具の調査はこの時に開眼したといっていい。今まではその家のものが出して見せてくれるものを見たにすぎなかった。あとはその家の中で、私たちの目のとどく範囲のものを見たにすぎぬ。しかしこの時は納屋、押入、天井裏、倉など、あらゆるところにしまってある民具を出してもらって一戸一戸の民具の保有量をしらべたのである。そのことをあえてまたおこなうことができた。お互いそれほどの信頼がなければほんとの調査ができるものではないが、このような調査はわれわれの方から要求したというよりも、むしろ相手方が倉の中まで開いて見せてくれたのである。そういう人間関係をつくりあげていった鮓本さんの人柄に頭が下がるとともに、そういう人間関係の生じたのは、いつも相手の立場に立って物を考え、また人に接したからであろう。私もまたこのようにあらねばほんとうの民具調査はできないと思って、その後そのようにつとめている。」

この調査の報告書は『椋梨水没地域民俗資料緊急調査概報』（広島県教育委員会　昭和四十二年）である。これには宮本先生担当分は掲載されず、先生の報告は別に『椋梨水没地域の衣・食・住と生産生業』として別刷り様の冊子になっている。これには後半部に民家の間取り図と屋敷配置図がつけられているが、民具は別項としてまとめられてはいない。民具は写真を撮り、計測し、それについての聞取も行ったのであろうが、独立した項目として整理はされなかったようである。ちなみに鮓本さんの調査記録は『ダムに沈む村―広島県椋梨ダムの民俗調査』（鮓本刀良意著）として昭和四十六年二月、未来社から刊行されている。

第三回目の調査は本書の元になった広島県高田郡（現広島県安芸高田市）八千代町土師の民俗緊急調査である。この調査について先生は「私が民具について調査らしい調査をしたのは広島県八千代町土師の水没地区であった。昭和四十二年である。この年私は病気のため半年あまり入院生活したあとだったので民具の調査にあたっても一人では無理で神保教子、吉田節子の二人に手伝ってもらい、八戸ほどの家の所有民具をできるだけ数多く丹念に見せてもらい、それをいちいち写真にとり、計測し、また聞取りをおこなった。そして八戸で六〇〇点ほどの民具をしらべた。所有されている民具は大体この数に一〇倍するものであろう。

調査にあたっては家のまわり、縁の下、土間におかれたもの、納屋にあるものなど一つ一つを丹念に見てゆき、それをゴミを雑巾でぬぐい、時には水洗いし、家の前などで撮影し、寸法をはかり、名前を聞き、製作地、製作者、購入地、購入時期、価格、使用法などを聞いてゆく。しかしそれらがはっきりわかるものは少ない。調査が終るとまたもとの場所にしまっておく。これを朝、日の出た頃から、夕方日の入るまで続けるのである。民具をしらべていると、その家がどういう家であったかが実によくわかるだけでなく、一戸一戸の生活のたて方がみんな違っていたことがわかる。（中略）村の生活や構成、他地域との交流の実体をつかむには家々の所有民具を見なければならないことを痛感したのである。私はこのときはじめて民具の定義について書いている。そして民具の写真は二〇〇枚ほどを報告書にのせたが十分な分類はおこなっていない。」と『民具学の提唱』に書いている。

土師の調査は昭和四十二年九月二十九日～十月一日に第一回を、十二月十二日～十八日に第二回調査を行っているのだが、第一回目は退院直後で、先生は未だ調査にでれるような状態にはなく、調査は神保、吉田の二人だけで行っている。八戸で六〇〇点の民具を調べたというのは、第二回目の分だけであろう。全体では一〇〇〇点あまりを調査している。土師の調査での担当は「民具」で、昭和四十三年に刊行された『土師民俗資料緊急調査報告書』には「民具」「民具写真集」が掲載されている。掲載された写真は二三四点である。

昭和四十年の柚木・豊松の調査からはじめられた宮本先生の民具調査は土師の調査にいたってその方向性が定まってきたのだと思う。その事が本書を新しく編もうと考えた第一の理由である。要するに土師の民具調査は『民具学の提唱』に収斂する民具論の、基になる素材としての民具調査、その原点にあたるものだと考えたのである。第二の理由は本文は民具を中心に記述されているが、民具写真の一点一点には名称が付されているだけで、寸法、用途等の解説は記入されていない。全体的には本文の記述で補えるのだが、各民具についても簡単な解説が欲しいと思ったのである。第三の理由は調査した民具の図版は出来るだけ多い方がよい。写真には写真のよさがあるが、スケッチの方がわかりやすい部分もある。ということで写真によってスケッチを描いて、加える事にしたのである。スケッチは七五〇点余ある。調査した民具の全貌を窺うにたるものになっていると思う。

本書の元版では民具の定義についての試論は提示しているが、分類については、まだここでは触れていない。民具の機能分類について試行をはじめるのは東京都青梅市の民具調査を生活文化研究会が行い、農具を中心とした展示を青梅市文化会館で行った際、リーダーであった神崎君が作業内容にしたがって打つ、叩く、切る、押す、引く、担う、背負うなどと分類したことにヒントを得てのことであるという。青梅市での展示は昭和四十三年であった。土師の報告書では大まかにしか分類はしていないのだが、これ以後の調査報告では、機能分類の試行を繰り返し、練り直している。

本書での写真、スケッチは宮本先生の機能分類にしたがって配列している。

なお、スケッチは土師の調査にも同行した吉田（香月）節子さんと民俗資料室で長年にわたって資料整理にあたってこられた塩崎（林）由貴子さんの手になるものである。ここに記して感謝の意としたい。また民俗資料室の工藤員功、沖田憲両氏には本書作製にあたって様々なご協力をいただいた。お礼を申しあげる。

宮本先生の民具調査の報告は、その殆どが緊急民俗調査報告書であるとか市史、町史などの資料編でなされているので一般の目に触れることが少ない。これをきっかけにできるだけたくさんプリントして検討の資としたいと考えていたのだが、私の怠慢から時間ばかりすぎて、あまり多くが望めそうもなくなった。

（田村善次郎）

目　次

民具と生活

民具調査農家と民具

土師の民具調査は2回に分けて実施した。

第一回は武蔵野美術大学社会科学研究室神保教子・吉田節子の2人があたり、岡崎幹郎・青山藤登・浅枝正人家の民具をしらべた。写真をとり、大きさを測定し、名称その他の聞取をおこなったのである。第2回には宮本常一と前記2人、都合3人で反田万尋氏と沖田教育長の御案内によって岡崎幹郎、反田万尋、実升三郎次、浅枝正人、青山藤登、清木義孝、石井 一、梶原貴志人の8家の調査をおこなった。その他できるだけ多く各戸の納屋、灰屋などをのぞいてみて民具に注意することを怠らなかった。岡崎、浅枝、清木、石井、反田、梶原の諸家では家の中にあるものは納屋、倉など隅々まで案内していただいて見落としのないように見ることができた。

そこで各家で見た概数をあげて見ると、

岡崎家	200点	石井家	66点
浅枝家	100点	反田家	120点
青山家	30点	梶原家	23点
清木家	31点	実升家	30点
			計600点

となる。このほかに前回の分、および計測せず見聞のみにとどまった民具を合して約1000点の民具に接することができた。以上のうち反田家のものはすべて写真にとり、計測した。

土師の谷は農業を主業とし、農家は谷間のそこここに散在し、商家が市街地を形成しているところはない。したがってまだ完全な農業地区と見てもいい。そして農地開放前には地主、自作、小作の階層にわけることができた。地主として大きかったのは岡崎・大徳の2家でともに中土師に住み30ヘクタールを所有したといわれる。

そのうち岡崎氏は毛利元就の子穂井田元清に仕えた武士の家であったが近世初期帰農して中土師におちつき、沖野屋と称した。そして壬生に店を持ち、番頭をおいて経営した。どういう商売をしていたか明らかでないが、代々忠実な番頭が出て経営のよろしきを得て産をなしたようであり、後に中土師で酒造をいとなみ、この地方きっての富豪となり邸内に滄浪園という、りっぱな庭園を築いたのは、現在の主屋のつくられた天明の頃かと考える。この家は割庄屋も勤めたといわれる。古文書が行李いっぱいほど出

岡崎幹郎家

反田万尋家

実升三郎次家

浅枝正人家

青山藤登家

清木義孝家

石井　一家

梶原貴志人家

て来たが、それをいちいち見る機会をもたなかった。

以上2家の大地主のほかは3―5ヘクタール程度の地主が5軒ほどあった。自作を主とし、手あまり地をあずけたのである。

自作経営をおこなったのは20戸ほどある。1ヘクタール内外を自作していた。今回調査した家のうち反田、実升家は地主層に属し、他は自作層に属する。浅枝氏はもと地主であったが2軒分家を出し、財産を3等分して自作になった。

他の170戸あまりは自作兼小作または純小作の家であった。これらの家は分家してはじめから小作であったものもあり、田地を売って小作になったものもある。土地の移動ははなはだしかった。

土師の庄屋は下土師の石井家が代々つとめていたといわれるが、明治時代に没落した。庄屋の下には組頭がいた。これは各部落に一人ずついた。早くからこの地に住みついた家で地主兼自作程度の家であり、中土師の青山氏、新開の浅枝氏などはそれである。両家にはともに土地売買証文が多数残されているが、その古いものは江戸後期までさかのぼるから、近世初期にこの地方におちついたものかもわからない。浅枝氏はもと山県郡大朝町の朝枝にいた家といわれる。土師にきて新開井手をひらくのに功があり、この井手を長く管理し、長百姓としてまた組頭として住屋を屋号にし、明治にいたったのであるが、岡崎家の壬生店の番頭などもの勤めたことがあるといわれるから、ある時期には農業だけではなく商人奉公もしていたことがあると思われる。

青山氏についてはくわしくしらべる時間がなかったが、この地に居住以来盛衰の少ない家であったと思われる。

上土師の実升氏も古い家であるといわれる。種子島銃2挺（p48）を所蔵し、また投槍などもっているところからすると、もとは猟師筒をもっていた家かとも思われる。明治時代にハワイへ出稼にいったことがある。中土師の朝枝氏もハワイへ出稼ぎした家である。

反田氏はかつて質屋をしたことがあるといわれる。梶原、石井氏などとともに上土師では上層に属する家であった。

旧小作層の家については調査しなかったことは残念であるが、台所、納屋などをのぞいて見た家は10戸あまりにのぼっているからおおよその推定はつく。そして蒐集可能な民具の保有量は1戸平均だいたい50点は見こま

鍬の置き場（上土師）

納屋の軒下にいろいろの民具が置いてある

れるから、1万点をあつめ得るのではないかと考える。但しそのうちもっとも多いのが農具になり、農具の中でも鍬類（p51－58）が多く、相当の重複が見られるが、これは重複してもあつめておきたいものである。鎌類も多い。とくに木こり鎌や草刈鎌の地鎌が少なくない。これは形の変化を見てゆく上にも使用による消耗度などを見てゆく上にもやはり重複をいとわず蒐集を要すると思う。

そのほか壺・甕類が多い。地元で焼いたものも多いが、石見地方からきたものも少なくない。また伊万里系の磁器も少なくない。

竹製品は農具におとらず多い。様式はほとんど一定しているけれども製作者がかなり多様である。これはできるだけ蒐集しておきたいものであると思った。

桶・樽類も多い。この中にはイイダ（結樽―桶屋）につくらせたものもあるが四斗樽、醤油樽など、酒や醤油を購入したときの容器を家庭で利用しているものも少なくない。

以上のほか鉄製品が多い。とくに鋸の大きいものが目につく。鍋・釜もまた多くのこっている。これら鉄製品はできるだけあつめておく必要があろう。

生産関係民具のうち意外に少なかったのは藁製品であった。民具は元来消耗品で不用になればのこしておかないのが普通であるが、それにしても草履、わらじ、藁みの、藁ぐつ、各種荷縄のようなものがほとんどのこっていない。そういうものを必要としなくなって生産せられることがほとんどなくなったのであろう。

手つむぎ、手織の木綿類もほとんどのこっていないし、高機も調査した8家では見ることができなかった。しかしこれはのこっている家があるであろう。

以上のようなことから土師地区は時世の変遷を敏感に反映しているところであると言っていい。各戸にあったはずの紡織用具などもずいぶん早く姿を消したようである。だが他の農家をさがせば出て来るかもわからないし、手織木綿なども出て来るかもわからない。

燈火用具にしても、こわれた行燈（p144）は出て来たけれども、それ以外のものはあまり残存していない。そういうものが大正時代までは用いられていたのだし、戦前にはいろりのある家が大半であった。

この地に江戸時代の民家様式がほとんど見られないごとく、平凡にまた変化がきわめてとぼしいように見えつつ、内実の上では大きな変化のあったことが民具を通じて想定できるのである。

と同時に民具使用時代には一見純農村のように見えるこの地で、すでに去りつつある感をふかくするのである。ここに民具についての定義をしておきたい。

民具の定義

民具ということばは、渋沢敬三先生がつくったと、先生から聞いた。それまで、民俗や民具について多くの調査をのせていた「人類学雑誌」では土俗および土俗品ということばをつかっていた。それはいかにも調査を対象とする人や物を蔑視している感じがふかいというので民具ということばをつかうことにしたのであるが、民具そのもののこまかな概念規定はせられなかった。だが、民具蒐集調査がすすむにつれて概念をはっきりさせる必要ができて来る。そこで私は次のように考えている。

(1) 民具は手でつくったものでなければならぬ。もとより道具の力を借りることはある。機械でつくったものは民具の範疇からはずす。したがって今日のポリエチレン、合成樹脂製品のようなものは民具ではない。織物なども同様である。農具にしても千歯とよばれる稲扱機までは民具の範疇に属するが廻転式稲扱機や動力稲扱機は民具ではない。

(2) 民具は本来の使用目的にそって利用している場合には民具といえる

が使用目的を異にすると民具とは言えなくなる場合がある。一升徳利を花いけにしたり、風呂敷を壁掛けにしたり、民具がいろいろのものに利用せられている。これらは民具とは言い難い。

(3) 元来民具は、自製によるものが多いが自製でなく他製の場合も注文によってつくらせることが多い。しかし特定の注文によるのでなく制作したものを売りあるく場合も少なくない。これに対してかならず使用者の注文に応じて専門業者が制作加工し、しかもその加工が第2次、第3次加工をともなうか、または複合加工を必要とするようなものは民具の範疇に加えないものがある。武士の使用する刀剣甲冑をはじめ、いろいろの武具、あるいは貴族仏教者の調度品などである。そういうものは一人の手で作ったものは少ないし、また1人でつくったとしても2次3次の加工がなされている。

しかし民具の中にもこれがある。漆器はこれで、本地をつくるものと漆をかける者は別である。また織物も同様である。このような場合には民具と調度品をどこで区別するかということになる。使用者によってわける方法もあるが、それは科学的とは言えない。むしろ制作意図と制作方法によって民具と民具以外を分けるべきであろう。

(4) 民具は動かすことのできるものでなければならぬ。竈、井戸のように動かすことのできないものは施設である。民家も施設である。しかし、戸や障子は民具ということになる。瓦は動かすことは容易だが動かしたのでは風雪を防ぐ目的を達することができない。固定することによって価値を生ずるもので施設ということになる。

最近は民具と施設を合して有形民俗資料ということばをつかっているが、有形民俗資料と有形文化資料との区別はそれほど厳密になされているとは見られない。しかしここでは以上のような点を考慮しつつ土師の民具を見た。

民具調査の目的

次に民具の調査にあたって如何なる点に留意したかをのべる。

A.　各家の民具保有量と種類

民具の保有量は家によってそれぞれ異なるそれを恣意的にではなく、

1戸1戸について丹念に見てゆくことによって、その家の性格をさぐりあてることができるとともに、家々における民具の変遷を知ることができる。それについては調査対象民家の本当の理解がなければ不可能だからである。今回の場合は各家とも実によく御協力をいただき、とくに反田、岡崎、石井、梶原、浅枝の諸家では所蔵せられているあらゆるものを見せていただいた。そしてそれによって各家にそれぞれの特色のあることを発見することができた。

たとえば、反田家には鉄製品が多かった。これは木挽や鍛冶屋をしたためではなく、質屋をしてそういうものを一般農家からあずかる機会が多かったのに基くといわれる。また梶原家では多くの皿鉢を見せていただいた。皿鉢に料理を盛ることは今日高知県地方の特色とせられているが、中国山地にもそれが見られ、椋梨ダム地域でも皿鉢を見ることができた。梶原家には客のもてなし方に特色があったようである。

岡崎家は土師きっての地主であり、また酒造もおこなっていたので酒造道具が今日なお多数のこっていること、膳椀などの什器類がきわめて豊富にのこされている。そのほかの調度品などを通じてこの家がこの村ではもっとも高い地位にあったことを知る。

清木家は明治時代ハワイへ出稼にいって帰って来たといわれ、この村としてはキチンとした瓦葺の、建築当時はもっともモダンな家であったと思われ、地下室までもうけてある。しかし、新しい家であるために民具全体の蓄積は乏しくなる。また古い民具も少ない。つまり生産にも生活にも新しいものが浸透している。

これらのことから水没農家200余戸についていちいち民具保有量をたしかめてゆくならば本家分家、自作小作、農業以外の職業にしたがったものなどによって量および種類の上で見るべき結果が得られるであろうと思われる。職業ばかりでなく、家人の気風によっても民具の差は出て来る。反田家では竹かご（p111）などに紙を貼って渋をひいて使用しているものが多かった。これは反田氏母堂の丹精によるもので、古くなった民具を紙をはって別の用具に再生して使用しているのである。また石井家では板箕を利用した鳴子（p196）を見たし、自然木を利用して犬のおもちゃ（p197）を作っているのを見た。そういうことがその家族の気風を反映している。また浅枝家では桶類が多かった。桶の多い家、壺の多い家、籠の多い家などは、それぞれの家の主婦の好みによるものかと思われる。

私たちの調査したのは8家にすぎなかったが、これをおしすすめてゆくと1村の気風をすらさぐりあてることができるような気がするのである。ここに民具の戸別的悉皆調査は今後重要な意義をもって来ることが予想せられる。

B.　自製民具と購入民具の割合

民具には自製したものと購入したものとがある。藁製品や木製品の一部には自製したものがあるが、そのほかは購入したものが多い。その購入したものにも村内で製作せられたものもあれば他村から持って来たものもある。鎌、鍬、オイコのようなものは村内の鍛冶屋や大工がつくるが、陶器、膳椀、籠、篩、鋸、衣類などは村外から購入するものが多い。これらの中には農民自身で買いにゆくものと、行商の持ってくるものもある。そしてそれによって自給比率と交易比率、さらに交易の範囲を知ることができる。しかも交易圏の変化、拡大などについて見てゆくこよもできる。地域社会は孤立して存在することはない。ひろい他の社会と交流している。どのような方法と形式で交流してゆくか、見てゆくために民具を通じての分析は重要な手がかりとなる。

C.　民具の変遷

民具はさきにも言ったように消耗品である。そして少しずつ形をかえてゆく。たとえば動力耕耘機のおこなわれるまでに一般に利用せられていた大馬鍬は、「安芸国勧業上科目取調書　天」(明治10年頃のものと思われる) によると「田方麦蒔ノ際該器ニテ牛一頭人一人ニシテ概ネ十人成巧ニ充ル。該器ハ田方ヲ耕墾シ了テ其扁塊ヲ攪摧スルノ要器ナリ。輓近上下小原高田原村々ニ専用ス、区内各村其便器ヲ伝写シ稍購入ス」とあって明治の初の頃この地方でおこなわれはじめたものであり、最近まで利用せられた。およそ90年間の流行と見られる。

明治10年頃犂鋤の方はすでにおこなわれていたが、「機械使用ニヨリテ収穫ノ多少ニ至テ、該区ノ如キ未ダ旧慣ニ安シ、鍬鋤、臼箕ニ至マデ拙劣ニシテ収穫上多少ノ経験試ルコト能ワズ」とあって、犂耕も十分にゆきわたっていたとは思えない。当時の犂は長床犂であったが、土師滞在中それを見ることはできなかった。しかし残存しているであろう。明治20年代この地方に肥後犂が流入して来る。これは短床になっていた。ついで福岡から磯野犂が入り、今日まで用いられ、動力耕耘機にかわる。

鍬もまた木の台のさきにU字形の歯をつけた風呂鍬が多く用いられていたのが大正時代に入ると鉄のみの板鍬になる。そして歯の長いものが多く用いられていたが、今は歯の短いものが多い。このような変化のもたらされて来るのについては、たえず外部からの新しい刺戟があったことを見のがしてはならない。滞在期間がみじかかったので十分たしかめ得なかったけれども、地元民の力によって工夫し改良せられたものはそれほど多くないようである。

しかし自製民具はかなりの量にのぼるから、部分的に多少ずつの改良があると思われるが、これはいちいち民具を比較する機会を持たなかったから推定にとどまるほかはない。

最近民具は急速に減少しつつある。そして機械製品におきかえられつつあり、台所用品なども民具に属するものは10分の1にも達しないであろう。したがって残存民具といっても、今日では使用しないで納屋の天井などに放置せられたままになっているものが多い。農村が自給を主とした経済から交易経済へ大きく移りかわって来ている事実をそこに見ることができる。

D.　生産民具と生活民具の家庭内にしめる割合

生産民具とは生産活動に必要な民具、すなわち農具、木樵具、養蚕用具、漁具、工具などである。生活民具とは日常生活に必要な用具で衣・食・住・育児・祭祀などに関係するものである。生活の向上につれて一般に生活民具の量がふえて来る。と同時にまたその質が向上して来るものである。一般に文化とよばれる場合には生活民具に関する質的なものをさしていることが多い。

F.　他地方との民具の比較

それによって地域の文化差を見ることができる。われわれは最近神石郡豊松村、油木町（成羽ダム）、賀茂郡大和町・河内町（椋梨ダム）と土師の3ケ所の民具調査をして来た。成羽ダム地帯と椋梨ダム地帯では民具調査のみに従事したのでないから、3地の民具を簡単に比較することはできないけれども、3つの地域にそれぞれの特色らしいもののあることに気付く。

成羽ダムの地域には、紙すき、漆がきなどがあり、また川漁を川のほとりに住むものがかなり盛んにおこなっていて、その漁具も見られる。牛に関する民具が多い。藁製民具がたくさんのこっている。神楽用具をはじめとする祭祀関係用具が多い、などが特色としてあげられる。

椋梨ダム地域には壺、甕などの陶器類が多く、また樽桶などを実に多く見かけた。藁製品も多い。

土師ダムは地域には籠類が実に多い。鉄製民具が多い。大きい川があるにもかかわらず漁具は少ない。陶器は多い。藁製品は少ない。などをあげることができる。そこに3つの地域が文化的におのずから違った要素をもっているように思う。

以上民具調査にあたって調査の目的についてのべたのであるが、それでは土師の民具を見ていく上に、どういう村であるか、その特色について見たい。

近世後期以来の生活と民具

芸藩通志によると、土師村は耕地84丁4反3畝3歩、戸数213戸、人口970人、牛139頭、馬15頭のささやかな農村であった。いま下土師に沈む家が207戸で下土師の一部がダムから外れるのであるから、戸数は150年ほどの間にほとんどふえていなかったことがわかる。そして農業を主業として来たのである。

その生活はもともときわめてつましいものであった。天保13年広島藩の出した禁令によると、

「郡中百姓浮過家内の者どもの着物は布木綿のほかはゆるされない。下着類ならびに襟袖などに絹類を用い、その上男女の帯などはまぎらわしいものを用いる者があると聞くが、今後は絹類は勿論たとえ地合木綿でも染形など手が込んで上品に似寄せた高値の品は一切ゆるさない。

女の髪かざり、木櫛、木笄、粗末なかねかんざしのほかはしてはいけない。髷掛けも絹類は一切ゆるされない。

女髪結を職業としてはいけない。

さし木履、塗木履、草履、せったなど上方細工は無用、木地下駄はすべて地細工の物を用いること。革緒、木綿緒のほかは差し留め

る。たとえ木綿であってもへりとりなどの手のこんだものはゆるさない。男向きは各自手づくりの藁草履を用いること。

諸道具の義は百姓不相応のものを作らないように、持っているものでも百姓不似合の品は今後用いないように。」（広島藩農村考による）

とある。これが厳重に守られたか否かを知らないし、またこの禁令は庄屋などにも適用されたものであるか否かも明らかでないが、とにかく禁令が出されたばかりでなく、高田郡割庄屋は嘉永7年にこれに口演を添加しているが、それによると、

「すでに古老から聞くところによると、100年以前は郡中の村々において障子行燈畳を用いる者はまれであった」

といっている。100年まえといえば宝暦の頃にあたるが、いかにもつつましい生活をしていたことがわかる。

土師では民家の変遷ははなはだしかったようで、私たちの見てあるいた範囲では特別に古い様式というのはなかった。成羽ダム地域では油木町畑で建築後100年をこえる廃家を見たし、椋梨ダム地域には近世初期の様式をのこすと思われる民家を2－3戸見ることができたが、土師ではそのような家には出あわなかった。あるいはあったのかもわからないが注意深く民家を見てあるいたにもかかわらず､家の間取りなど全般に新しいようであった。それほどまた生活の様式の上にも変化があったと考えられる。

それについては職業の分化が原因してはいないかと考える。それについては後にのべるとして、農耕のみについてみるときわめて平凡で、水田農耕を主とし、畑作は少なく、焼畑のごときは近世に入ってはおこなうものがなくなっていたようである。広い山地をもちつつ、焼畑の早く止んだということは、耕地の拡大のおこなわれないかぎり、人口を増加せしめることもなく、もし増加せしめようとすれば、余業を発達させるよりほかに方法がなくなって来る。

なお、正徳年中に高田郡には514挺の鉄砲があった。内猟師筒71、おどし筒282、取上げ筒161となっている。この地方には猪・鹿・雉・鳩などの野獣、野鳥がもとはきわめて多く、霞網なども用いられていたようである。また野獣をとるには投げ槍なども用いたものの如く、実升家ではさきにものべたごとく種子島銃2挺と投槍を見ることができた。

また竹は軍用資材として藩が統制していたというが、そのこともあって

か竹細工が盛であり、また竹細工にあたる者は限られていた。

以上は永井弥六氏の「広島藩農村考」によって江戸地代の高田郡地方を見たのであるが、明治10年ごろになると、この地方も文明開化の光がつよくさしはじめて来る。その事情を「安芸国勧業上科目取調書」の高田郡の項を見てゆこう。

「(住民ハ) 旧套ヲ墨守シ無気力卑屈ニ安ンズル者多シトイエドモ、サキニ学校ノ設ケアリテヨリ区内公立ノ小学校52校、就学生徒男2500人、女550人、(中略) 数年ヲ経テ開明ノ真面目ヲ見ルベキニチカカランカ」

まずこの地方には小学校教育が比較的早く徹底していたようである。

しかし篤農家はいないと書いている。

風俗民情については、

「家屋ハ藁ニ茅ヲ以テ簀ヲ高シ、厚藺或ハ莚ヲ敷キ牆壁ヲ作リ、瓦棟ハ吉田駅市街ヲ除クノ外各村トモ屈指ニ過ギズ。衣服の制飾ニオイテハ内国製或ハ自家製ノ木綿曁ビ、舶来ノ廉価品ヲシテ濶袖大襟ヲ裁シ以テ服ス。祝日ノ交際、或ハ婚姻葬祭等ニノゾンデハ綾羅綿繍ヲマトウテ婆娑スルモノ往々コレヲ見ル。貧戸トイエドモ児女子ノ如キハ亦体裁ヲ一変シ、藩制ノ既往ニ回較スレバ、ハナハダ其外面ヲ修飾スルニ至ル、家什器具ノ類亦コレニ準ズ。シカレドモ斬髪頭ナラビニ洋服蝙蝠傘ノ類ホトンドマレナリ。食物ニ至テハ米麦アリトイエドモ、半ハ概シテ蔬食菜羹ヲ常食トス。モットモ輓近牛肉ヲ食フ者ヤヤ多シ」

といっている。明治になると服装や家具が急に華美になって来た。そして舶来品も入込みはじめている。が洋服やコウモリ傘はまだはやらず、チョン髷を切る者も少なかったことがわかる。

まず服装などの華美になっていったことは農を専業とするには耕地のせますぎたこと、したがって余業の発達が理由としてあげられるのではないかと思われる。

「各村人民耕耘ノ余暇諸口紙、産牛、産馬、砂鉄洗、蚊帳地布、鞍、荷緒、炭、生漆採、扱苧、薪樵ノ類ヲ営ム。(中略) □壮ノ者、大工、木挽、桶屋、屋根葺、生漆採、唐臼師、絞油手伝、鉱夫等管内或ハ他県ニ出テ生計ヲ営ムモノ多シ」

という有様で農外の職業が発達し、それによる出稼が盛に見られたのである。

また山中ながら鉄の産地であったから鍛冶屋の数も多かったようである

が、

「製鉄鍛冶職場既往三十七ケ所たたら所四ケ所近年ニ及ビ鍛冶職二十六ケ所たたら一ケ所ノ休業アリ、此衰替ヲ来ス、到底洋鉄船来盛ニシテ鉄価下廉ニヨル」

矢櫃井手の水のとり口

ために鉄精錬の鍛冶屋が急に減ってきたことがわかる。それにしても鉄の精錬をおこなったことによってこの地方には鉄材が他の地方よりはるかに豊富であったことがわかる。そしてそういうことが土木工事などを盛にしていったようで、明治10年前に可部から八千代、吉田町を経て三次にいたる雲伯街道にはすでに馬車を通じていた。その後も道路拡張の工事は相ついでおこなわれ、馬車の通ずる道がひらけていった。

水利の利用も盛で、可愛川は舟運の便があったばかりでなく、この川水を水田にひく井手がいたるところに発達し、とくに矢櫃井手は規模も大きい。その流水を利用して水車を用いて米麦を搗いたばかりでなく、水車によって水をあげて灌漑をおこなう例もいたるところに見られた。

そして以上のような状況が徐々に発展しつつ、昭和20年の敗戦を迎えるのである。

農業以外の職業

この地方には農業以外の職業→いわゆる手職をもって出稼ぎする者が多かったことはさきにのべたが、現状についてのべて見よう。

(1) 商店　土師には店屋は6戸しかない。このうち専業は1戸にすぎず、他は農業をかねており、店としてはみな小さな経営にすぎない。

(2) 酒造　岡崎家が古くから酒造をおこなっていたが、戦後はやめている。杜氏は他所から来、蔵人は土地の者がつとめていた。当時の用具は相当数のこっており一括保存する必要がある。

(3) 屋根葺　土師にはもと屋根葺はいなかったが、下土師の東南の長屋に昔から4～5人いて、その人たちが葺きに来ていたものである。

元来高田郡には屋根葺が多かった。向原村長田というところの者は昔から九州の方へ葺きにいっていた。そして雨の降る日は唐臼をつくるのを仕事にした。土製の唐臼を北九州にひろめたのはこのあたりの人といわれる。土師の人も明治地代には10人ほど九州の方へ屋根を葺きにいっていた。はじめは炭鉱に働いていたものだという。いま2～3人いっている。

(4) 大工　大工は昔からいた。現在も10人ほどいる。主としての付近の家をたててあるいている。

(5) 石工　石工も10人ほどいる。もと小作だった人たちで、主としてこのあたりの田のあぜの石垣をついてまわった。そして田の畔から石垣の畦にきりかえて来たのである。

(6) 木挽　いま5人ほどいる。もとはもっと多かった。この近くの山の木を伐って板にしたものである。

(7) 桶屋　イイダと言っている。結樽のこと。もと5人いたが、いま2人に減っている。村内を稼ぎ場にしている。イイダに仕事をしてもらうときには桶または樽などの材料を出し、仕事の間は食事を出し賃として米2升5合を払う。やとって仕事をしてもらうのである。

(8) 紺屋　2軒あった。

(9) 鍛冶屋　3軒ある。この地方には鍛冶屋は多い。

(10) 植木屋　現在12～3人いる。70年あまりまえから習いおぼえたもので、いま京都あたりまで稼ぎにいっている。庭木の刈込みなどをおこなっている。土師を含めて、この地方の農家のほとんどは家のまえにささやかな庭を持ち、庭木が実に美しく刈こんであるのが目につく。それは古くから庭に手入れする風習があり、それが後に職業化したもののようである。

(11) 籠屋　もと下土師には籠をつくる家が多かったが、今は2～3戸に減っている。

(12) ばくろう　もと5人ほどいた。しかしいま牛が減ったので開店休業のようになっている。三次、可部に手を出していた。

(13) 瓦師　この地には100年くらいまえから瓦があったが、瓦師は土地のものではなく、石見からやって来た。資本は石州の方で出して、土師では土地を貸すだけで石見の職人がやくである。土師にはかまが3つあったが上土師と新開のものが古いという。上土師のかまは反田氏の山にあった。明治初年から20年頃まであったといわれる。かまは1つの大きさが1間に2間あり、そういうものを傾斜面に段々に10個ほどつらねてつくり、下からたいた火が上まで届くようにし、また、それぞれのかまにも薪を投げ入れていた。

春彼岸のまえになると、石州から瓦師たちが行李を背負ってやって来た。そして秋まで焼いて稲刈まえには帰ってゆく。

土師のかまは反田氏の屋敷のほかに、新開の浅枝氏の山にもあった。また明治30年代に中土師にもできた。土肥氏の山にあった。高温で釉薬をかけた赤瓦であった。このかまができたおかげで、このあたりの民家はみな瓦で屋根を葺くようになった。

土師だけでなく、勝田、上根、宮ノ城にもかまができ、その瓦は車で可部に出していた。

このあたりで瓦をやくのをやめてしまったのは戦時中であった。薪が乏しくなったのが大きな原因で、瓦師たちも戦争に出ていって仕事がつづけられなくなった。

瓦は大正時代に1枚が2銭5厘から3銭であった。これは米の値によってきまるもので、当時米1合が3銭くらいであった。屋根1坪を葺くのに瓦70枚を必要とするから1坪2円10銭くらいになる。屋根をふくときは屋根に土をのせ、その上に瓦をふき、ヒムロか肥松の釘で止めたものである。

棟をたたむ瓦をノシといい、また棟瓦のたたみ方にはいろいろの様式があり、セイガイたたみというのは手がこんでいて高かった。そのたたんだ上にラングリという瓦をのせ、鯱、鬼瓦などをのせた。軒には唐草瓦を葺く。屋根の一番端を袖というが、袖や唐草瓦は平瓦の2倍の値がした。

反田氏のところにはよい土が出たので瓦以外の丸物も焼いた。ハンド（水甕）、カメ、スリバチ、トクリ、カタクチなどである。丸物をやくときは丸物だけで瓦は焼かなかった。ハンドやカメは赤土であったが、トクリ、カタクチは青味をおびた黄色であった。

丸物はやくとそういうものを売りあるく商売人が車で買いに来て村々を売りあるいた。しかし土師で焼いた丸物はそれほどたくさんのこっていないようである。

以上がこの村に見られた職業であるが、そのほかに早くなくなった荷車ひき、川舟乗・炭やきなどにしたがう者が多かったから、小作人はたいてい農業以外の何かの仕事をして暮しをたてていたことになる。そして金銭収入があったらということでその生活が少しずつかわっていったのである。

なおこの地には女の仕事として麻つくり、機織りなどがあったが、今はすっかりやんでいる。また養蚕もいまはあとかたもなくなっている。

農業と民具

土師は水田耕作が主で、畑を少々作っていた。今は裏作をつくらなくなっているが、もとは裏作に麦を作った。

この地方では田の耕起は早くから牛犂を用いていた。土が小さくくだけるようにと、稲を刈ったあとはどこの家でも株切鍬（p57）で株を切った。だからどこの家にも株切鍬は3挺か4挺はあったものである。耕起がすむと板鍬（p53）を用いてクレ（土塊）をたたく。これが3日も4日もかかったものである。鍬は昔は木の台がついていたが（p53）、鉄だけの鍬もあった。クレがかなり小さくなると、牛に代掻マグワ（p65）（大マグワ）をひかせて砕土することもあった。クレの砕土は時間がかかったもので、月のある日は夜も田に出て働いた。それがホリマグワ（p66）ができてから鍬で砕土することはなくなった。そのかわり1ウネを9へんから10ぺんくらい、マグワを牛にひかせて通った。それを鍬でならして溝土をあげてウネつくりをした。次にもっと便利な飛行機マグワが出現した（p66）。そしてウネの上に男がガンギ（条溝）をきると、女はシタブリといってエンボウ（p129）に灰をいれたものをつまみ、種子をまき、駄屋肥をおき、その上に焼土をおいた。

灰や焼土は昔から用いた。焼土はハンヤ（灰屋）でつくったものであるが、もとは田の中でつくった。大正時代まではハンヤのある家は少なかった。焼土をつくることを昔はクグシをかけるといっていた。田の土をあつめ、ヤバに火をかけ、その上に土をのせる。ヤバがやけてしまうと土の上に藁をかけておくが、その藁の焼けることがあった。その焼土に駄屋肥をまぜて切りかえし、麦の肥に用いたものである。

大正時代になると多少ゆとりのあるものはハンヤをたてるようになった。このあたりのハンヤは長方形のもので一方は石と土で壁をつくり、そこで

藁をかけた焼土

灰屋

焼土をつくるようにし、一方には駄屋肥を積んだ。牛の駄屋からはこんで来たものである。

駄屋肥は駄屋肥オイコ（p127）で背負う。駄屋肥オイコはクレシバ・ヒムロなどを用いてつくる。ヒムロは丈夫である。木枠をジョウゴ型につくり、荷縄をまいて籠状にする。背負うところに背中当をつけ、負い縄をつける。背負ったまま肥があけられるように工夫したものである。広島県下ではこれをトリノスと言っているところも多い。

板鍬はもと鍛冶屋に打ってもらったもので、新しく買えば米3升5合か4升のものであり、修理してもらうと米3升であった。毎年先はあたらしくかけてもらう。板はカシの木が多く、自家でつけた。板鍬はいま農協で売っているが1挺600円である。最近はステンレスの板鍬もあり、これは900円する。

ホリマグワははじめ他地方で使用しているのを見て明治末勝田の鍛冶屋に作らせて、このあたりで次第に用いるようになった。当時米2斗でつくってくれたものである。

またウネの上をならすウネナラシ（p61, 64）を用いるようになったのは昭和10年頃からで、これも他の地方で用いているのを見て板や台は大工につくらせ、歯は鍛冶屋にたのんで作ったが、戦後は壬生の栗原で買って来るようになった。昭和20年すぎに1挺150円くらいであった。

麦の土入は昭和初期この地方でも用いるようになった。農会の技手がすすめた（p58）。田植まえのこしらえは犂をつかって麦ウネをくずしてゆき、水をいれて板鍬でならし、さらに代掻マグワをかけていった。

今は耕耘機をつかっている。田植はずっと以前は乱れ植であったというが、明治時代には水縄（p59）をひいて、それによって正条植をするようになっており、戦後は型つけ枠（p59）を用いるようになった。

田植のあとガンズメで田を耕った記憶を持っている人には今回出逢わなかった。明治時代から田打車が用いられており、大正時代には八反どり（p60）が用いられるようになった。

稲刈に用いるノコギリ鎌（p170）はこの地方では60年まえから流行を見た。当時1挺6銭であった。この鎌は壬生の佐藤、吉田の田坂で売っていてそこへ買いにいったものである。それまで草刈鎌（p168）で稲を刈っていた。鎌は高田郡美土里町の黒滝から黒瀧鎌といって売りにきた。ここが古い鎌の産地であった。その鎌で稲刈または麦刈をすますと、そのあとは草刈につかう。1年間つかうと刃がすり減ってしまって使えなくなる。だから1年に3丁くらい買った。1挺25銭から30銭くらいであった。最近土佐鎌も入るようになっているが、これは農協が取扱っている。

鎌は伊予からも売りに来ることがあったが、伊予のどこから来たものか明らかでない。その人たちは斧も売りに来た。

しかし、地鎌を使っている家も少なくない。地鎌では八千代町内佐々井の和田のものがよい。形は無細工だがよく保ち、3年間は大丈夫で、木コリ鎌（p169）1挺450円くらい。草刈鎌300円くらい。この家では鍬も打っている。

最近では刃の長い西洋式（p168）の草刈鎌が入って来ている。1挺2000円位、酪農家がとり入れたが一般にひろがるまでにはいたっていない。

なお畑作に用いられる農耕具にはマタ鍬（p55, 56）がある。他の地方で備中鍬といわれるもの。歯は3本ある。最近は4本のものもある。牛の駄屋肥を出すコエダシ（p138）もマタ鍬に似ているが少し小型になる。肥出しには昭和15年ごろからフォーク（p138）も用いられるようになり、最近はこの方が多くおこなわれている。壬生の三上で売り出したのがはじめで、戦後1挺が250円くらいで買えた。

草ケズリ（p67）は大正12、3年頃に岡崎家で用いたのが最初であったという。これは草をけずるためではなく、桶や壁になどについたカビをけずりとるためのものであった。そしてその草ケズリを見て農家で草ケズリに用いるようになったといわれる。

開墾用の鍬を打鍬（p51, 52）という。いま新しく買うと1000円、先のかけかえで500円。打鍬には山を開墾するに用いる山打（p52）、石の多いところをおこすササバ（p52）などがある。そのほかツルハシ（p52）も開墾に用いた。

鍬は地元で打ったものがいちばん使い勝手がよい。したがって鍛冶屋はいまもこのあたりに多い。中土師に2軒、藤保1軒、勝田5軒、そのうち1軒は車専門であり、1軒は鍬専門である。この鍬専門の家の鍬は他の家で打った鍬に比して土ばなれがよいといわれている。入江には2軒ある。佐々井の鍛冶屋のことはさきに書いた。

さて稲を刈るとそれをイナバサ（イナハデともいう）をつくって干さねばならぬ。イナバサの杭や横木は納屋の軒下などにしまっておいたり、別に小屋をたてて、そこにしまっているものもある。この地方では稲はすべてイナバサにかけて干すのであるが、それ以外のものもイナバサを利用することがある。

そして十分ほしたものは昔は千歯でこいだ。千歯（p71）は稲を扱ぐものは歯がひらたく、麦をこぐものは歯がまるくなっていた（p71）。千歯は売りに来たものであるが、どこから売りに来たか明らかでない。大正の初頃山県郡に有免という人がいて、その人が有免式という輪転式の稲扱機を発明したといわれる。有免式はその後壬生の三上で大量生産してこのあたりにひろがるようになった。この地方の新しい農具は壬生の三上が売りひろめたものが多い。この足踏式のものに動力をつけて用いた新開の浅枝氏は成功した。そこでずっと動力で輪転式を動かずようにした。大正3年のことであった。足踏式はこの地方で大正10年頃にはほとんど止み、大豆をこぐのに用い

ハデ棒の小屋（上土師）

ハデ棒を軒下にしまう（中土師）

る程度になった。また藁をそぐのに輪転式を用いる。

その後新しい脱穀機として野田式が普及するようになった。

麦の場合は穂をこいだあと、その穂をうって、実を出さねばならぬ。穂をうつためにブリ（p71）を用いた。ブリは穂がカタギ、柄はスギであった。ブリはよくいたむものであった。ブリはカラサオのことで、どこの家にも5～6挺はそなえてあり、それをかついで近所のうちの穂打ちを手伝いにいったりまたユイで10人くらいで作業をおこなった。

大豆・ソバなどの実をおトすときにも量が多ければブリを使うことがあったが、少なければテヅチを用いた。ブリもテヅチ（p70）もたいていの家で自製した。いまブリはほとんど用いない。麦をつくらなくなったからである。

籾すりには古くは唐臼（p73）を用いた。このあたりでは唐臼は勝田につくっている人があった。唐臼はいちどつくっておけば台はいたむものではないが歯が3～4年でいたむから歯のいれかえをしなければならぬ。それはネバ土を3荷ほどとって来てそれをブリでよくくだいて古莚を切ってスサにしてよくまぜ、次に外側の竹を編みかえて、中に土をつめる。そして歯木を埋めてゆく。歯木はマキの木がよい。それも伐って来ておいて黒くすすけて固いのがよい。土がよくねられて歯が丈夫であれば7～8反つくっている家なら4年は大丈夫とされていた。この臼の腕木に枷（p72,73）をかけ、一人が枷の頭を持ち、2人が枷の横木をもって3人でひくのである。唐臼ひきはつらい仕事であった。50年ほどまえに大阪唐臼というのがはやって来た。広島に近い祇園町でつくっていた。能率があがるので、それにきりかえていったが、昭和のはじめに香川県綾歌郡に野田式という動力の籾すり機があるときいて浅枝氏は香川県まで買いにゆき、300円で買って来た。それがこのあたりへ動力籾すり機のはいったはじめであった。

この地方には土の唐臼のほかに木の唐臼もあったがこの方は50年まえから使わなくなり、今ほとんど見かけない。

稲はヨナベに千歯で扱いだもので1晩に120～130把くらい扱いだ。扱ぎのこしの穂は子供が夜つみとるのが仕事であった。昔は肥松をたいたというが70才位の人には記憶がない。しかし肥松をたいた台―トーダイは後までのこっていた。ヨジロの方は記憶をもっている。ヨジロというのは松脂のことで、それを牛の駄桶にいれて練ると、桶にひっつかなかったので、もんで棒状にして笹の葉をまいた。これに火をともして蠟燭がわりにした。

この地方にランプが入ったのは岡崎が最初で、明治末のことであり、村人が見にいったものである。いずれにしても暗い夜にヨジロのあかりでヨナベもしたのであった。

唐臼でひいた米は唐箕にかけた。唐箕は昔からあった。唐箕は壬生の三上でつくっていたのでそこへ買いにいった。しかし、向原の長田にも唐箕を作る大工がいた。米2斗から2斗5升で買うことができた。唐箕は土師でもない家が多かった。小作人はほとんど持たなかった。だから地主や自作から借りて使ったものである。

唐箕でさびて籾殻をとり去ったものを万石トオシにかけて籾抜きをする。万石トオシ（p76）も持っていない家が多かった。調整が動力化したのは戦時中からであった。これで農作業がずっと楽になったのである。

なお、以上のほかは農作業に必要な用具について見ると、田植をするまえに田をならすエブリ（p60）、湿田に入っていくときに用いるオオゲタ（オオアシ）、苗代をつくるとき用いるナワシロゴテ（p60）などがあるが多くは自製である。エブリに似て波形の歯のついているものをナラシ（p76）またはムギサガシという。筵に籾などをひろげて乾すのに用いる。

莚機（p161）はどこの家にもあった。男女とも暇のあるものが冬期に織ったもので、イロリのそばで火にあたりながら仕事をした。筵のシンにする縄をなうておけばマナカ（3尺×6尺）筵ならば1日に3枚織ることができた。籾は多くは田圃に藁など敷いて乾かしたものである。1戸あたり30枚くらい持っていた。

俵も多くは自製した。しかし、小作などで米を多く作らぬものは酒屋から空き俵を買って来て、それに米をつめておくこともあった。1俵分で20銭くらいであった。俵はまずコモカセ（p160）（コモアミ台（p160）ともいう）でコモを編み、それで俵（p134）をつくった。俵はコモを2重にした。コモカセはどこの家にもある。エンボウ（p139）などもコモカセで編んでつくる。エンボウの深いものをホゴロ（ホボロ）といっている。

この地方ではカマス（p134）はつくることがなかった。塩や肥料をいれたカマスを籾や麦をいれるのに用いることはあった。また、稲をこぐとき、筵を2枚とじあわせて円鐫型にし、モミスマキといってそのなかに籾をいれ、籾すりで貯蔵しておくことがあった。

穀物に交じったゴミなどをさびて捨てるには箕を用いることが多かった。

箕には竹箕（p75）と板箕（p75）があり、板箕は穀物をすくうのに用いた。壬生の三上で売っていたので、そこへ買いにいったが、別に山県郡のものが10－15枚くらい背負って売りに来た。竹箕の方は方々から売りに来た。竹仁というところから売りに来たものが、さびるのによかった。秋の稲刈りまえに売りに来たものである。また壬生の北の川東からも売りに来た。下土師の船本でも作っていた。1軒のうちに二つは持っていたものである。

トオシにはいろいろの種類がある。カヅラドオシ（p74）、ケタヌキ、モミドオシ（p74）、コゴメドオシ（p74）、ヌカドオシ、スイノウなどである。カズラドオシはマクサを編んでつくったもので山県郡から多く売りにきたが、下土師でもつくっていた。

ケタヌキというのは竹でつくってあり、底が升目であらくなっていて籾などぬけるようになっている。ケタ（稲の穂の折れたもの）をとるときなどに用いる。

モミドオシ、コゴメドオシ、ヌカドオシなどはがわが曲物でできており、トオシの網目は昔は麻糸に渋をひいたものなど用いていたが、後に針金になった。また、スイノオという粉を通すトオシは馬の尾で編んだ網を用いていたが、これも後には針金になった。石臼でひいて粉にしたものはすべてスイノオで通して、目のあらい粉を取り去った。米、麦、豆、ソバなど粉にするものは多かった。曲物のトオシは壬生の三上でつくっていた。

旅から売りに来た農具は金で買うのでなく、米で買うのが普通であった。この地方では、労賃はすべて米で支払われていたが物資統制時代に現金にかわって米支払は止んだ。労賃はそれまで次のようであった。

屋根葺	3升～3升5合	これは身体がよごれるので高かった。
大　工	2升5合	
左　官	2升5合	
一　般	2升	

いずれも1日に昼、晩の食事を出してのことである。大工、左官、屋根葺はいずれも工事中は自分の家が近くても仕事をする家に寝泊りして3度の食事を出してもらう者が多かった。この労賃から算定して民具の価格もきまったもので、鉄製品は材料費を大きく見積もったが、竹製品、藁製品ならば材料費はほとんど見積らず、手間賃で価格をきめ、木製品は材料を提供し、食事も出してもらって労賃を出すのが普通であった。そして労賃

として支払う米の量は古老たちの幼少時代も統制に入る時代もほとんど差がなかったが、これを金で支払うときは、米価には変動があったから、米価が上がれば労賃も多く支払うことになる。

統制経済によって、米を標準とした賃金や物価体制がくずれて来て、村の生活は次第にかわって来た。米をもらうことを目当にしていた蓑、トオシ、竹細工などの行商人がほとんど来なくなってくる。そして農具類は大半が農協で売られることになるとともに手作ではなくて機械製品が多くなってくる。そして農具などで自製したり、大工をやとって作ってもらうものが著しく減ってきた。ここ20年間の変化は実に大きかったといっていい。

藁細工などはほとんどおこなわなくなって来た。そのかわり金銭収入をもとめて、広島へ移住し、またここから通勤する者もふえて、老人たちだけの村になろうとしている。

運搬具

村の中をあるいて見ると、もっとも多く目につくのは背負運搬関係の用具で、天秤棒のような民具はそれほど多くない。下肥桶やエンボウなどは天秤棒（p129）でになうものであるから天秤棒（オオコともいう）も存在するけれども、運搬の比重は背にたよることがずっと大きいから、この地方の背負運搬地帯と見てよいかと思う。駄屋肥オイコのことはさきにかいた。

この地方はどこの家にも目のあらい大きな籠がある。草刈籠（p124）、草入れ籠、草籠といっている。草を刈って入れて背負うもので、たいていの家に牛をかっており、その草を刈って来るのに用いた。利用回数はもっとも多かったといわれる。自製したものが多いが、下土師で作ってもらうこともあった。材料は注文するものが出した。1つを米1升くらいでつくってくれた。草刈籠とおなじ作り方で底の浅い畄籠は山県郡川東から売りに来た。1荷1升であった。

口が広く、底のせまくなっている背負籠（p125）もほとんどの家で持っている。オイカゴ、ツチカゴ、ツチオイコ（p125）などと言っている。もとは木の箱型であった。道路工事のとき土や石などはこぶのに用いたのがはじまりで、大正8年頃から竹でつくるようになった。戦後は野菜などを背負っている。自分の家で作ることもあるが、中土師の土肥田福一という老人がこの籠を考えついて作りだし、いまもいまも老人に作ってもらう者が多い。

他の地方にはあまり見かけないという。終戦後頃には150円くらいでつくった。

やや扁平で口も底も広さの大して差のない負い籠がある。オイビク、カイモノカゴ（p126）などといっている。大正の終頃からはやり出したもので、向原村長田から売りに来て用いるようになった。いまも買い物にいく時など背負って出かける。この地ではほとんど作らなかった。後には高田郡小田や志路の者も作って売りに来るようになった。米5升位で買うことができた。いま売りに来る者はない。

この籠は早くから海岸地方に見られた。広島湾沿岸には分布していて対州カゴと言っていた。対馬へ漁業出稼にいったものが、そこで作られていたものを買って来たのだという。対馬へ出かけた山口県の海岸地方にもあった。それが大正末期頃から漸次山中にもひろがっていったものと思われる。

自転車カゴ（p134）、自転車が発達して、荷台にくくりつけて荷を運ぶ四角で丈夫な籠が大正時代から発達した。これは自転車に乗る者はいまも用いている。

この地方はオイコ地帯であった。どこの家にも人の数ほどオイコ（p120－124）があったものである。オイコは作り方によって、荷を背負のが楽な場合とそうでない場合がある。木や草や稲などを背負うのに用いる。オイコは壬生で買って来ることもあるが、大工をたのんで作ってもらうことがあり、材料はヒムロが多かった。ヒムロは木が割れにくい。1日に1つ位つくった。したがって賃として米3升を払ったもので、買ってもそれ位した。背のあたる部分にセナコーチをあてた。藁で編んだものが多かった。負い縄をレンジャクと言った。藁でつくることもあり、ぼろ布でつくることもある。オイコを背負うにはオイコ台、荷台などの上で荷造りして背負ったものである。

大正の終頃この地方へたくさんの朝鮮人が炭やきに来たことがある。雑木を伐ってむし焼にして練炭の原料にしたものである。農家のハンヤを借りてそこで起居し、山に入って炭焼きをしていた。20人くらいは来ていたであろう。そのとき彼らは朝鮮オイコ（p122）を用いた。このオイコは足が長いので中腰で荷を負って立つことができた。そこで便利だというのでこの土地でも、朝鮮人にオイコをつくってもらって用いるものがあった。ヒムロの木をつかうのだが松の木でつくることもあった。日本人も作ったが、朝鮮人の作ったものでないと荷を負いにくかった。いま農家に見かけるのはその当時作ったものである。

荷をになうための天秤棒はオオコと言った。オオコはどこの家にも5～6本はある。スギ、ホウノキ、カタチ、チナなどがよいとせられた。タゴ、エンボウなどをになう。

この谷で車の用いられるようになったのは60年前からであった。それまで壬生へいく道は細くて、車は通らなかった。だから皆あるいて壬生へいったものである。最初にできた車道は幅9尺であった。それによって小車をつくって、米を3俵くらいつけて可部へはこぶようになった。それまでは可部に出る者はほとんどなかった。このあたりでは壬生と吉田が大事な取引きさきであったのが、道ができてから可部へ出るものが多くなった。はじめ下土師の者が3人ほど車をひいていたが、下土師に車大工ができて、車ひきが次第にふえ、多いときには30人も40人もいた。女に先びきさせて上根までゆき、そこから下りになるので1人でひいていった。この小車は三次車ともよび、雨の降る日もさし下駄をはいて炭20俵も積んで可部、広島へ出るようになった。雲伯街道には車がふえて、車大工も多く、大正初期には馬車も通うようになった。この谷でも馬車ひきが出て壬生の問屋のものをつんで広島まで運ぶのを業とするものも30人ほどあった。それが戦後はすっかりトラックにかわって来る。

また農家などでもオイコは次第に用いなくなって、一輪車をつかう者が多い。農協で売っている。なおこの地方では他地方に多く見られるネコダ、またはコダスなどとよぶ背負袋は見かけなかった。古老にきいてもそういうものを用いた記憶はないという。かってあったものがなくなったのか、はじめからなかったのか明らかでない。広島県も比婆郡に入るとこれを見かけることができる。

なおオイコを用いず、荷縄だけで薪などを背負うこともあった。この縄をレンジャクと言った。レンジャクはたいていの家にあった。オイコの荷縄をレンジャクとよんだことはさきにのべた。

容器

(1)　竹籠

この地の民具で特に目につくのは竹籠・甕・桶などの容器なのでここに

一括してあげておく。竹細工はさきにものべたように竹が軍用資材であったために特別に管理保護し、また、竹細工を職とする者が各地に少なからずいた。そしてそれが竹細工を普及させたのであるが、竹細工はそれぞれ製作者に得手不得手があったようである。

この地方のごくありふれた竹製品は山県郡川東から売りに来たものがもっとも多かった。上土師では主として川東のものを買った。この地には川のほとりにマダケが多く茂っており、その竹を持っていって材料にした。つくるものはシタミが多かった。シタミ（ザル）(p130) で米3升くらいで作ってくれた。川東以外志路、下土師、小田などからも売りに来た。

しかし目のつんだシタミ、御飯を入れるようなシタミは岡山の方から1年に1度ずつ売りに来た。岡山のどこであるかは明らかでないが、売りに来たものがそういっていた。今も来ている。今は車でやって来る。これは実によくできていた。

この地方には竹の身の部分だけでつくった小さな籠がある。チョーノビクともヨモギビクともいう。ヨモギをつむときに用いる。吉田の近くの小田から持って来た。米5合で買えた。

チャワンメゴ、ゴキメゴ (p113) などとよばれる小さい竹で目をあらく編んだ籠はサンカが持って来た。サンカは川で魚をとることもあったが、チャワンメゴをつくるのが上手であった。またこの仲間はシュロ箒を作って売った。

また竹カゴやトオシなどの古くなったものに紙をはり、その上に渋をぬってハリコ (p111) として用いると、粉など入れるのによい。渋は山にある渋柿の青い実をとって来て搗きつぶし、しぼって、その汁を砂でこして瓶につめておく。すると発酵して来る。それを紙にひくのであるが、和紙を部屋一杯にはりあわせて渋をひくと上敷きにもなり、夏これを用いることがあった。

なお竹籠にはいろいろの型と種類があったが、いまその型のすべてを集めるのはむずかしい。

(2) 桶、樽

浅枝氏の宅にはいろいろの桶があった。一番大きいのは1石6斗入のもので昔風呂に使っていた。カヤの木で作ったもので材料はこちらで出してイイダ（桶屋）につくらせたものである。イイダの1日の賃は米3升であった。このような風呂桶は下に釜をつけて、火をたいてわかすのではなく、湯を桶に入れて、人がはいるものである。このような風呂桶は岡崎家にもあった。武士や大名などのとまったとき用いる風呂はこういうもので本陣にそれを見かけるが、佐渡ではこの桶をオロケとよび、一般民家でもこうした風呂の用い方をしていた。東北地方にもこうした風呂桶の分布を見ていたが、土師にも古くはこの風呂桶が一般民家でも用いられたわけである。

1石3斗入桶　古いもので、いつ作ったかわからない。秋になると家でたべる米を入れておいた。売る米は俵に入れておいたのである。今は木炭を入れるのにつかっている。

8斗入、1石入桶　今米をいれるのに用いている。

飯ビク　飯をいれる桶。その桶の飯が冷えないようにフゴ（p112）の中へ入れた。フゴは壬生で売っていた。

漬物桶（p106）　8斗入から4斗入くらいのものがいくつもある。家族が10人もいたので漬菜・大根などを4挺も5挺もつけた。桶は長持ちするものでいつ作ったかわからないから、いずれも100年くらいはなるかと思う。栗の木でつくってあった。輪がえだけはイイダにたのんで時々おこなったが、今は漬物も昔の3分の1もつけない。イイダは浅枝氏へ輪がえに来ると3日くらいの仕事があった。

味噌桶　3斗入、背の高い桶で杉か栗の木でつくる。いつ作ったかわからない。

醤油桶　1石入、やはり杉か栗でつくる。栗の木は強いが杉の赤身もつよいものである。

以上のほか大ダライ（p158）、小ダライ、ハンギリ（p105）、チョーウダライ（これはもと3つも4つもあった、手をあらう）などがある。

水オケ　タゴ（p131, 132）という。井戸から水を汲むのに用いたが、3～4年しかもたぬので、たびたびつくりかえた。

漬物樽（上土師）

テオケ（p131）　手のついた小さい桶で茶釜に水を入れるときに用いた。

ハンボウ　タライに似ているが用途がちがう。足がついていないものが多い。ハンギリに似ているが、少し浅い。御飯を入れることが多く、まぜずしをつくるときなどに用いる。オヒツともいった。

柄杓　曲物で桜の皮でぬうてあった。どこからきたものかわからないが店屋で売っていた。小さいものは水くみに用い、大きいものは肥物として用いた。

トオケ（p195）　1斗から1斗2升くらいはいる桶で穀物を入れたり、またあらましの量をはかるのに用いた。イイダが作ったものである。

トマス（p193）　四角で手がついている。1斗入。大工が作ったものだが、自作するものもあった。昔はこのトマスで米をはかって俵に入れた。大正末頃から円型で両側に耳のついたマスが用いられることになり、10年まえに止んだ。大正時代に5円であった。

ウオフネ（p85）　大きな楕円形の桶である。この地方では秋祭りにマンサク（シイラ）という魚をたべた。その魚は浜田の方から持って来た。その魚を入れておいたものである。ウオフネは楕円形に決まっていた。イイダがつくったものである。浅枝氏のものはもう100年もたっているのではないかといわれる。

桶は便利なもので以上のようにいろいろの用途があり、浅枝家には肥タゴまでいれると30以上の桶があった。家族10人で地主兼自作クラスの家では、みなそれくらいの桶が必要であったが、まずしいものは酒屋や醤油屋から四斗樽を買って来て用いたものである。

桶はよい材を用いて大事につかえば100年以上は保つものである。なお梶原家では濁酒醸造用の桶があった。これは背が4尺ほどもある細長い桶であった。明治30年代までは届け出をすれば濁酒をつくることができたもので、それをつくったものである。

以上のほかにも桶の種類はなお多い。酒造用のものは別にのべることにするが、椋梨などとともに桶文化の地帯と言い得る。

⑶　壺、甕、鉢

明治代上土師には瓦がまがあって丸ものを焼いたことはさきにかいた。ここで焼いたものは赤いものもあったが、青味をおびた黄色のものもあり、ハンド（p107）（水瓶）、カメ（p107－108）、スリバチ（p84）、カタクチ、トクリ植木鉢などがあったが、今あまりのこっていない。ここで焼いたカタクチは明治の終から大正・昭和へかけて、石見から売りに来たものが、この地方に分布した。荷馬車に一杯カメをのせてやって来、中土師の田中家を宿にして、荷をおろすと皆買いにいった。それ以前にオイコで背負って売りに来たが、その数は知れたものであったが、荷馬車で来るようになってからはどこの家でも盛に買った。

ずっと古い時代のカメは三次の方へ買いにいったといわれるが清木家には150年くらいまえのカメがあり、いま穀物入れに用いている。岡崎家にも100年をこえるカメがあるがどこから入手したのかわからない。

梶原家には大きな備前ガメがある。三次から持って来たという。醬油醸造につかっていたものは100年以上のものであろうといわれる。釉薬はかかっている。

以上のカメ類のほかはどこの家でも白色に紺色の絵をかいた1升徳利（p93）が1つ以上はある。

これも石川の方から売りに来たものが多いという。また白色（磁器）の皿鉢やドンブリを持っている家がある。梶原家、岡崎家にはそれが多い。どこから入手したものであるか明かでないが、この白色の容器をカラツモノと言っている。唐津のことである。唐津地方からもたらされたものであろう。瀬戸物という言葉は戦前は通用しなかった。唐津ものが浜田の方からはいったか、可部の方からはいったかを十分にたしかめることはできなかったが、可部、広島からのものが多かったと見られ、可部へ買いにゆくことがあったという。徳利のようなものは浜田方面から来たのが多いようである。この移入経路はもっとたしかめたいものである。

着用具

古い仕事着についてはついにみることができなかった。仕事着もまた消耗品なのである。晴着についても手織のものは見ることができなかった。風呂敷（p117）のようなものに2～3古いものを見かけたので、それを写真におさめることができたにすぎない。

戦前まで高機で木綿を織っている家はあった。地機も明治の終頃まで持っている家が何軒もあった。だから納屋の天井裏などさがせば出てくるかもわからない。綿も明治の終頃まではつくっていて、それを糸車（p162）をつかって糸につむいでいた。糸車はいまものこっている。イロリのそばで糸をひいていたものであった。また女たちは機を織ったものである。

綿ばかりでなくアイもつくっていて、アイ買が買いに来たものである。紺屋は土師に2軒あった。そこで紺染めをしたが、他の色は染めなかった。土地で織ったものは縞が多かったが、絣を織るものもあって、そのオサ（p163）もいまのこっている。

この地方では明治時代までは男はユキバカマをはいていた。またフンゴミもあった。ユキバカマとフンゴミは裁ち方がちがっている。男の仕事着は筒袖が多く、それも腰までのもので、それにフンゴミをはいていたのである。

女のフダン着は夏は単衣で、絣が多かった。冬は袷を着た。そして女の着物は皆袂がついていたから、仕事をするときはタスキをかけてしたものである。

男は縞の着物を多く着たものである。

近頃田楽などを行うとき、女は浴衣を着てタスキをかけているが、昔のハヤシ田に浴衣を着ることはなかった。みな絣を着ていたものである。今絣はほとんど見かけない。型染めの着物が多い。わずかな間に着物はすっかり変ったばかりでなく古い物が急になくなった。たいていボロ買に売った。

この地方には山マユが多かった。それをあつめて可部へ持っていくと買ってくれたもので、可部ではそれで可部紬を織った。

また古市には網糸をつくる家があってこのあたりでは麻をつくり、それを糸につむいで、古市へ売りにいったものである。

晴着にするような着物は吉田か壬生へ買いにいったものである。衣類は丹念にさがせばきっと嫁入着物や袴（p149－154）をはじめ、ウチカケ、カツギ、ボウシ（p154）なども出てくると思うが、今回は岡崎家以外ではみることができなかった。

次にかぶりものは手拭が多く用いられたが、仕事のときはダンビラ（p147）がかぶられた。竹の皮でつくった縫い笠でタコラバチとも言っている。ダンビラは広島に近い祇園町のあたりで作られて、田植まえに売りに来た。1つ5銭であった。いま店屋で売っている。大ダンビラ（径2尺5寸）と小ダンビラ（1尺5寸）があり、女は小ダンビラをかぶった。田植のとき雨がふるとダンビラをかぶり、ミノを着て仕事をしたものである。ダンビラは1年ものであった。ダンビラは明治末頃からこの地方へ流行して来た。そしていままたかぶる者はほとんどいなくなっている。

昔はスゲガサが多かったがこれは旅行の際に用いた。藺のアミガサもあった。これは店に売っていて、1つ5～6銭で女がかぶった。

長百姓階級以上の家にはヌリ笠や陣笠（p147）があった。また浅枝家にはコヨリを編んでつくった折笠（p147）がある。火事のときにでも用いたものであろうという。

ミノは藁で作ったものがあった。これは自製である。しかしほとんど見かけない。そのほかにコオラミノ（p147）がある。軽くて丈夫で長持ちがする。これは山県郡の鉢ノ木から売りに来たものである。三段峡の峡谷にある村で、このあたりにはコオラが多く、それをとって来てミノに編み、田植前に売りに来た。藁ミノは自製すると縄までなって、1日に1枚しかつくれない。縄をなっておけば半日仕事である。縄は藁のシビでなったもので細くて丈夫でなければならぬ。コオラミノもこの制作時間に見あわせて1枚半2升から3升であった。

はきものとしては昔は藁草履（p148）が一番多かった。戦後まではつくっていた。老人が主として作り、夜ナベ仕事であった。下男（オトコシ）がおればオトコシにもつくらせた。ヨナベは9月1日からはじめて、3月一ぱいおこなうのがこの地方のならわしで、一晩に2足作るのがきまりであった。

なお土師でオトコシのいた家は10軒ほどあった。オトコシはたいてい土地の若者であった。草履のほかに縄もなった。縄は1晩に1ボン（30ヒロ）なうのがきまりで、ハサ（ハデともいう）を結ったり、屋根葺に用いる。またオトコシはヨナベに稲50把を扱いだものである。

オトコシには14・15才位からやとわれていく。その頃は1年働いて襦袢2枚に下駄をもらう位。20才前後になると、3斗2升俵を8～10俵くらいもらう。出替は2月頃であった。オトコシをおいたのは地主層である。いまオトコシはいなくなっている。

草履・ワラジのほかにハナモジというのがあった。雪の降るころ、藁を上手に編んだように足にまきつけて、ワラジをはいたものである。しかし中にはツマゴといって藁で編んだ底のない足袋のようなものをはいてワラジをはくこともあった。またユキグツ（p148）をつくってはくこともあった。

深靴になっていた。年寄はいまでも作り方を知っている。ゴム長が用いられるようになってツマゴもユキグツも止んだ。

藁細工の藁はモチ米の藁がよい。1年間に4～5畝分の藁を藁細工用にしたものである。そして草履・ワラジ・牛の道具・縄などをつくったが、その藁はすべて藁打石（p159）で横槌か、柄の長い槌（p159）で打ってやわらかくして用いた。藁は打つまえに藁ソグリ（p159）で藁のハカマをソグってとって打ったもので、田畑の仕事を終えて戻って来ると、まず藁を打っておいて、夕食後ヨナベ仕事をしたのである。

この地方には牛の皮で作った田ワラジ（p148）というのがどこの家にもある。田の中の仕事はハダシでしたのであるが、足に傷のあるようなときには田ワラジをはいた。山県郡の川東から売りに来た。1足米5升であった。

いまはゴムの田グツをはくようになって、田ワラジを用いることはない。

着用具とは言い難いが、昔は子供の小さいときホゴといって、飯ビツフゴの大きいようなものに入れて歩くまでの子供を育てたものである。10年くらい前から用いなくなって、いまほとんど見かけない。木で作った箱型のものもあって、それは浅枝家で見かけた。

子供の育て方も昔とはずっとかわって来て、今子供の幼いうちは、誰かがついて守をしている。

食用具

この地方では供出制度になるまで、夏など1日に5度たべたものである。まず朝起きると何かたべて草を刈りにいく。そして帰って来ると10時ごろに朝飯をたべた。昼飯は午後2時頃、それから夕飯をたべる。夏になると朝飯をたべて一働きして午後1時頃お茶と言って飯2ぜんほどたべて、それから昼寝し、目がさめると昼飯をたべ、日のくれるまで働いて夕食をたべたものである。それが、供出制度によって、百姓でも食事の回数が3回にへって来た。

さきにも書いたが昔は米をたべることは少なかった。茶碗のようなセトモノ（p98）（昔はカラツモノといった）は早くから用いられており、入江に店があってそこへ買いにいったが、吉田や可部へ買いに出ることもあった。日常用いるものはギョウギ茶碗といい箱膳（p98, 181）の中へいれておいた。箱膳は1人に1つずつあり、膳の中には茶碗、皿、湯呑、箸などをいれておいた。

箱膳のある頃には旅をしている者には蔭膳をそなえたものである。戦後テーブルでたべるようになって箱膳は用いなくなった。

たくさんの客をするときには漆ぬり木椀（p101）を用いた。吉事のときは赤、凶事には黒を用いるのが普通であった。しかし漆ぬり膳椀はすべての家にあったのではなく、自作、地主層の家にあった。岡崎家にはそうした椀や膳のそろいが実にたくさん保存せられており、その古いものは江戸後期にまでさかのぼるものが多い。反田家、梶原家、浅枝家などでも、それぞれ保存せられていた。こうした木椀をのせる膳は甲立膳が多く、吉田の東の甲立でつくられたものである。

吉事の祝のときは祝の家へ重箱へ米、餅などを入れて持ってゆく風習があるが、地主、自作層の家ではエンジウ（p102）（イエジュウともいう）を用いた。四重ねになっている重箱で、エンジウをもっていくときはツノダル（p131）に酒も入れて持っていった。ツノダルのある家は少なかった。地主層の家のみにあったとおもわれる。ツノダルはイイダが作ったといわれるが、いま各家にのこっているもので、いつ作ったかわかっているものは1つもない。いずれも漆がかけてある。漆は漆屋にかけさせることもあり、大工に頼むこともあったという。ツノダルのない家では、ある家のものを借りて使った。

吉事には銚子（p104）で酒をつぐためのものである。銚子は鉄瓶風のものであり、結婚式のときにはノシ水引きをつける。料理は、はじめから椀に盛りわけて出すこともあったが、皿鉢に盛ったものを客のまえで盛りわけることもあった（p86－91）。

客ごとの食事のとき、料理の追加をするためにハッスン（P92）という塗物の蓋付きの器に入れて出す。ことがある。これはたいていの家にある。主として煮物を入れて出す。浅枝氏のものは、いつごろ、どこで貰ったかわからないというから、少なくとも明治中期以前のものと見ていい。

岡崎家では、重ね盃（p104）の見ごとなものがあった。これは上方地方のムサシノといわれるものである。古式の酒盛のあったことが想像される。

浅枝家にはホッカイ（p128）もあった。ホッカイはエイジュウよりもまえに用いられたものと思われる。

エイジュウのほかにイレコもある。イレコもホッカイトおなじように用いることがあった。山口県大島ではイレコをホッカイと言っている。イレコは壬生、入江の大工に作ってもらったもので五つイレコ、七つイレコなどといって、箱が五つおさまるようになったもの、七つおさまるようになったものなどがある。

なお、ずっと以前には膳椀を出雲の木次からこのあたりへ売りにきていたという。くわしいことはわからなかった。大正時代からは可部、壬生、吉田などで買った。

鉄の産地であったためか、鉄の鍋、釜は意外なほどたくさんのこっている。鍋はどこの家にも3つはあったという。昔はどこの家にもイロリがあって自在鈎が下がっていたから、それに鍋（p81）をかけて、湯をわかしたり、おかずをたいたり、また牛の餌にする麦をたいたものである。鍋の蓋は大工にたのむか自作した。

小さい鍋にはオハツナベというのがあった。これは仏飯をたいたもので他のものは炊かなかった。大鍋は戦前で2円50銭から3円、中鍋は70銭から80銭、小鍋は50銭たらず。鍋には弦がついていた。

釜（p80）も各戸に2つや3つはあった。こらはかまどにかけて飯をたいたり、餅米や粟をセイロ（p83）で蒸すときに用いた。

また茶をわかすための茶釜（p80）もあった。これは口の小さい釜である。カンスともいった。10軒に1個くらいの割合で大釜があった。大釜は鍋に羽（ツバともいう）のついたもので客寄するときの米をたいた。米をたくと底にコガリができる。子供たちは、そのコガリをもらってたべたものである。

反田家にはランビキ（p82）の釜があった。焼酎をつくるときに用いるのである。

反田家には鉄瓶（p81）、薬罐（p81）、ユキヒラ（p81）や土瓶（p81）もあった。移入経路はわからない。

ホオロクは石見の方から売りに来た。ホオロクはホオロクだけつくる所があったものである。しかし島根のどこでつくっていたかを土師では聞き出せなかった。

土師には他地方に見られる膳椀頼母子のようなものはなかったという。しかし講中は膳椀の揃いをもっていた。この地方では部落の中の小さい地域グループをアタリとか講中といっている。アタリというのは隣近所17〜18軒くらいが組んでいるもので家を建てたり、屋根をふいたりするようなときに助けあう。

講中というのは、土師全体を8つに分けて組んでおり、1講中が25軒くらいになる。これは葬式のときの助けあいをするもので、死者があれば講中は見送りに出、また毎月お寄といって米3合ずつつないで当番の家で夕はんをたべ、お寺で説教をきくことにしている。その講中で木椀、膳をはじめ八重物とて飯を入れる塗物の大きな鉢までついており、死者のあるとき、その家へ持っていって客のふるまいをしたものである。

昔は木地屋が来て丸膳（p99）やくり盆などを作っていたという。実升家では丸膳を1つ見かけた。しかし他の家で見ることはなかった。木鉢なども見かけたから、木地屋はこの地方に来ていたものであろう。壬生の西北にはロクロ原というところがありロクロ師（木地屋）の住んでいたこともわかる。

この地方では、どこの家でもトオフを自製した。したがってトオフ箱（p77）を見かけた。トオフ箱の底板にはいろいろの模様がほってある。集めて見れば面白いだろうと思った。

ヨロズ（p114）もまだ台所にのこっているものが多い。杓子や柄杓をたてておくものであるが、便利なものであった。

飲料の水は山麓の家は山から流れ出る水を受ける水槽（p116）は、くりぬいたものでなく、箱形が多くなっていた。

住用具　（付）照明具

住用具ということになると戸、障子、たたみ、屏風、衝立、戸棚、簞笥、長持をはじめ住居に必要な民具のすべてを含むことになるが、この点の調査は不十分であった。そういう用具で見るべきものの多いのは岡崎家であった。いろいろのものを見せていただき話も聞いたけれども写真もとらず測定もしなかった。民具というよりも、さらにレベルの高いものであった。そして、これらのものは一括して保存する必要があるのではないかと思った。

ここにはそのほかの目にとまったものだけをあげておく。

戸障子は山県郡壬生に指物大工がいて、そこで作ったものが多い。材料は指物大工が持つ、代価の支払いは金銭でおこなう。器用な者は道具があれば自分で作るものもあった。

もとの家の中で畳を敷いた間は上ノ間（カミデという）くらいのもので、あとは筵をしいていた。それか戦後急速に客間に畳を敷くようになった。それは畳講が組まれて、畳を買ったものが多い。畳は近頃1畳1,500円くらいする。8畳間ならば12,000円である。1人1カ月1,000円の掛け金とすれば12人で組めば、1年間に12戸に8畳の畳が敷けるわけで、このような方法で、畳を買いととのえていった。畳屋は土師にはなく、壬生へたのむことが多い。また、常友というところは昔からゴザを織っており、そのゴザを表にして畳がえをする家もある。

終戦頃まではイロリが各戸にあり、イロリには自在鈎（p143）がかかっていたが、自在鈎がかかっていたが、自在鈎を用いず大きな五徳をすえている家もあり、両方を用いている家もあった。五徳は地元のカジヤが打ったものだが、小さい五徳（p83）は店屋で買った。イロリ（ユルイという）は夏は蓋をしておき、食事などの煮炊きはカマドを用いた。秋10月の亥子がすぎるとイロリをあけて、そこで煮炊きしたのである。

イロリの上には長さ6尺幅3尺の吊子がつってあった。火の粉をふせぐものであった。イロリを利用してコタツにしたのであるが、コタツはカムデやナンドには小さいものが昔から掘ってあり、中に甕がいけてあった。

イロリのある頃は1年間に割木1,500〆、枝木800把を焚たもので、コタツになって薪はその3分の1もいらなくなった。

イロリの火は夜のあかりにもなった。昔はトウダイで肥松をたいて夜のあかりにしたというが、見たものはほとんどいない。アンドンは用いられていた。アンドンには角アンドンと丸アンドンがあった。また蠟燭をたてる燭台（p144）もあった。

座敷をはくためにはシュロ箒が多く用いられた。これは昔からサンカが売りに来たものであった。シュロの皮をきれいにさばいて作ったものは米1斗もとられたが、シュロ皮をそのまま利用してつくったものは3升くらいで買うことができた。いま売りに来ることはない。戦前はよく子供をつれて箒や茶碗メゴを売りに来ていたサンカは戦後は来なくなった。

火事を防ぐものとして地主層の家には竜吐水（p143）（水鉄砲）がそなえてあった。反田、浅枝家で見かけることができた。また、水をかけるためのハリコの籠が岡崎にあった。火が燃えて来るのをあおぎかえすためのヒオウギ（p143）は岡崎家と反田家で見かけた。竹を編んで作った大きな団扇である。

なお家々にはそれぞれ定紋の入った提灯が提灯箱に入れてそなえてあっ

た。弓張提灯（p145）か小田原提灯（p145）が多かった。祭礼などのときには高張提灯（p145）をお客のまえや村の中にとぼしたもので、浅枝家には明治23年（p145）につくった若連中の提灯が保存せられている。

昔は盆になると墓に燈籠をともす風習があった。ブリキで枠をつくりガラスをはめ中にカンテラをともしたものである。いまボンボリ（p201）とよぶ。竹のさきを割って朝顔状にして紙を張ったものにろうそくで火をともしてたてる。もと広島でつくり出して拡がっていったものである。竹はこのあたりへ買いに来ていた。30年まえからこのあたりでも作る。このボンボリの白いものを初盆の家の墓へは親戚や近所のものがもってまいって50も60もたてることがあった。

色紙を張ったボンボリは自分の家で買ってたてる。1本100円する。全長5尺、先を6つに割ってある。

切截道具

この地には木挽、大工などが多かったので、そうした民具がかなり多く残存している。反田家にはそうしたものがとくに多かった。板挽鋸（p184）など3枚もあり、段切鋸（p184）もある。また縦挽、横挽と両目のある鋸（p188）もある。大工道具箱（p186）、墨壺（p186）、カンナ台（p186）もいろいろのものがのこされている。

木を挽くとき、木が動かぬように打ちこむカスガイ（p185）にもいろいろの大きさのものがある。鋸は壬生の三上が昔から盛につくっていて、このあたりの鋸のほとんどは三上で買った。大きい鋸は明治末頃4～5円であった。たいていは行商人が背負って来たものを買った。三上は戦前には朝鮮満州の方へも売り出した。

鋸歯よく見ると歯のたて方がみなちがう。かたい木とやわらかい木を伐る場合でも用いる鋸はちがっていた。鋸は播州からも売りに来た。

木を伐るときには根もとをチョウノ（p171）で伐ってたおす。このチョウノをネキリチョウノといった。土佐の方からも売りに来たが土佐のチョウノは帆打ちといって帆の形に打ってあった。

チョウノの柄は広島でつくっている。このあたりのカタギを買っていってつくるのである。そのほかの切截用具には鉈（p171）、押切（p172）などがあり、地元の鍛冶屋の用具としては金槌（p192）、フイゴ（p192）などが見られる。

酒造用具

岡崎家の酒造蔵にあるものをザッと見て写真だけをとった。大きな仕込み桶などはなくなっているが、その他の道具はかなりよくのこっているので、まとめて保存しておきたいものである。用具について説明してくれる者もいなかったが、調査者が昭和20年頃、兵庫県西宮市の白鷹酒造を調査した際の記憶によって用具の名を写真につけておいたが、まちがっているものもあるかもわからない。しかしもとの蔵人にたしかめる機会がなかった。(p173－181参照)

川漁と漁具

可愛川にはもとアユがたくさんいた。そして土師の名物であった。別所にはヤナがあって、そこでずいぶんとれたけれども、そのほか夜刺網でとることもあった。刺網を川へ横に張る。2間おきくらいにして15帖くらい張る。網の大きさは長さ20間、幅3尺くらいのもので、材料はもと絹を用い、いまナイロンをつかっている。網1反(2帖分)で800円～900円する。糸をすいて自分でつくる。作ったものを買えば4,000～5,000円かかる。網を入れておいて火をたく。火はそのときの条件で上からたくこともあれば下からたくこともある。もとはタイマツを使ったが、いまはカーバイトをたいている。夕方から夜中まで2～3回網をあげたり入れたりする。時期は7月の末と10月末頃にたくさんとれる。

水のふかいところは船をつかう。この船をアイブネといっている。アイブネは三次の橋の下でつくっており、1艘2万円くらいする。昔は川を船が上下できるほどの水路があったが今はダメで、船はトラックで運んで来る。

コイも網でとる。オオヒキという高さ6尺、長さ20間ほどの網を4帖ほどつかい、コイの群を見かけるとかこむようにして網を張る。昼間おこなう。この網は1反2,000円くらいかかる。自分ですくのだが1反で40間の長さの編みができる。網にはキリの木のウキと鉛のイワをつける。

ウナギはウナギカゴでとることがあった。ウナギカゴは下土師の者がつくるのが上手で丈夫なものをつくった。いまはやめている。そこで可愛あたりの店で買っているが粗末なものであった。

川漁、とくにアユはもとたくさん上がって来たが、いまあまり上がって来ない。

昔下土師の船本には渡舟があった。ここの渡し守をした人たちは川漁にたくみであった。そして方々へアユを売りにいっていた。

またサンカはツケバリでウナギをとった。サンカは網もウナギカゴも使用しなかった。ツケバリ専門であった。

一般の百姓あまり川漁をしなかった。そういうこともあって､漁具を持っているものは小数にすぎない。

終りに

下土師における民具調査は前後2回を合して10日ほどの短時日であったために不備なものとなった。したがって中間報告的なものになった。民具調査は、民具のいちいちの名称、製作者、使用者、使用法などをきき、写真をとり、測定しなければならないために実に多くの時間を必要とする。3人で調査にあたったにもかかわらず、約1,000点程度を見たにすぎず、それは推定保有量の10分の1にしかすぎない。したがって多くの見落としのあることが予想せられる。

次に所有者、使用者からの聞取はおこなったけれども製作者や行商者についての調査がおろそかになった。農具における壬生の三上､竹細工の川東、下土師、その他トオシ、ミノ、箒などの行商をはじめ、陶器、鎌などの流入経路、分布などは是非たしかめてみたいものである。また、行商から座商への移行、交通の発達から民具の流入経路や種類がどんなにかわったかも見てゆかねばばらない。

また地元調査についても民具の保有についての比較研究も、もっと多くの家を見なければ村の持つ傾向を明らかにすることは困難である。したがってこの村がダムに沈むまでの間に補足調査を行う必要がある。

また岡崎家は飲食器その他什器などをあわせると、数千点にのぼるものがあると思われるが、これを散佚させることは、これを散じた後は再び集めるのは不可能に近いことなので、何とか散佚させないで保存する方法はないものかと思う。近世豪農の具体的な姿を伝えるものとして文化的な価値も高い。

以上多くの不備をのこしつつこの報告をおわる。

土師民具図録

土師民具図録　まえがき

本書は『土師民俗資料緊急調査報告書』(1968年 広島県教育委員会)の宮本常一先生執筆の「民具」の章をもとに新に描いたスケッチを加えて編集したものである。前掲の報告書「民具」の章は、本文23頁と土師民具図録集で構成されている。民具図録集は土師地区の調査民具の約1,000点の中から選んだ234点の民具の写真が載せられている。

ここでは、その民具写真に加えて、同報告書作成事前にデータ化された調査民具写真カードをもとに作成した図を付した。そしてその図の掲載順列は、宮本先生考案の民具分類、「機能別分類法」の順列に沿って分類し再構成したものになる。図示化したものは752点である。宮本先生が土師で目にした民具の総点数のほぼ3分2にあたる。なお、民具写真は機能別分類した図と対応するように配列し直している。

宮本先生の民具調査は、その地域の暮らしを支えている生産・生活民具全体をおさえるという方向性をもって行なわれ、そのために最も有効な民具の分類法が、「機能別分類」法になる。

本書で使用した民具機能別分類は1979年に出された宮本先生の『民具学の提唱』(未来社刊)によっている。最も早い時期に民具の機能分類法を発表したものが1968年刊のこの『土師民俗資料緊急調査報告書』であり、それは『民具学の提唱』刊行のほぼ10年前のことになる。その間の幾冊かの民具試論と題されたものを通してみると民具の定義のおおまかな方向性には変わりがないが、より煮つめられ、民具の機能別分類項目の順列組み合わせが、より生産生活に密着する形に変更がなされている。

宮本先生の民具調査方法

当時の宮本先生の民具調査の方法をのべておきたい。まず民具の聞きとり、写真撮影、計測などを分担し、3～5人一組で行なった。民具のある場所から引き出し、埃を払い、そして済んだものを元の場所に戻すなどの雑用も含めて4、5人1組で、1日約150点の調査データを台帳に記述することができた。この150点というのは、受けいれる側が夕方日が落ちるまで調査に対応できる、そして調査する側の体制と体調が維持できて、かなり精一杯できたと思われる状態の調査作業の場合になる。3人体制で能率の悪い時には1日50点から70点くらいになる。こうした方法は個々のこまやかな民具のデータを同じレベルに調査することはできない。個々のデータを聞いていこうとすればうまくいって50点前後が限界である。

調査はまずその家回りから始められ、その時の調査先の家のでき得る限りの対応と、調査させてもらう側の態勢とゆるすかぎりの持ち時間のなかでの調査になる。そして、調査記録されるものは、本書の民具の定義に規定されたものにとどまらない。

宮本先生は民具調査からもどると調査した民具の写真を1枚1枚カード化することを指示されるのが常であった。民具カードには撮影した民具写真のサービス版、それに調査現場に持参して記録した家々の一軒毎の民具所蔵台帳にはベタ焼きを貼付して作成した。それに加えて民具撮影した順にスクラップにベタ焼きを貼付する。先生は調査地での聞き書きは、B5判のルーズリーフノートや小さいメモカードに記述される。従って民具台帳には同行した手伝いが、名称、使用法、材質、形態、寸法などの必要事項のみを記す。宮本先生の民具調査のデータは、先生ご自身の聞き書きノートとメモ、それに民具写真カード、そして各家ごとの民具所蔵台帳、写真スクラップブックの4つがセットとなって作成された。そうして作成された調査民具写真カードの数は20,000点あまりになっている。調査のたびに前掲のセットのデータ作成し、それをもとにそれぞれの民具調査報告書を書かれた。

本書の作図は香月節子、林(旧姓塩崎)由貴子が行なった。また民具の機能別分類は宮本先生の調査報告書に即して香月が行ない、民具のそれぞれの機能分類の仕分けはその民具の持つ最も主なる用途によった。なお民具の寸法の単位はmmで記した。(文責・香月)

漁猟用具

凡例
寸法 L(L) 縦×横 H(高さ) φ(径)

1 種子島銃（ヒナワジュウ）

2 種子島銃（ヒナワジュウ）

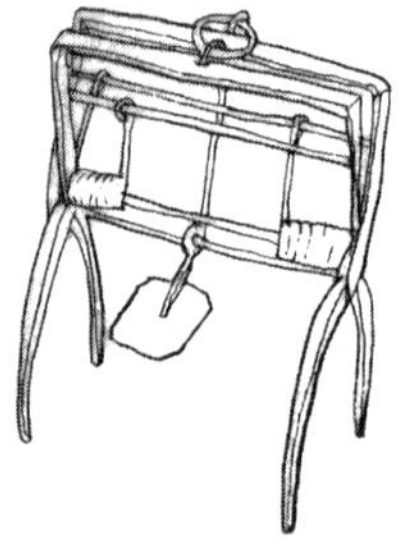

3 もぐらとり 155× 115

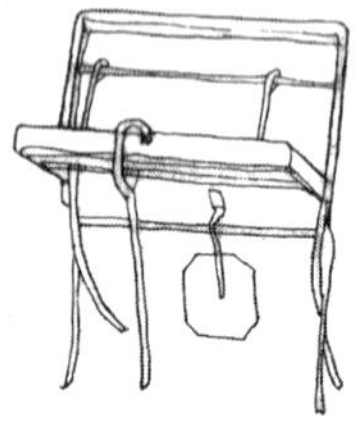

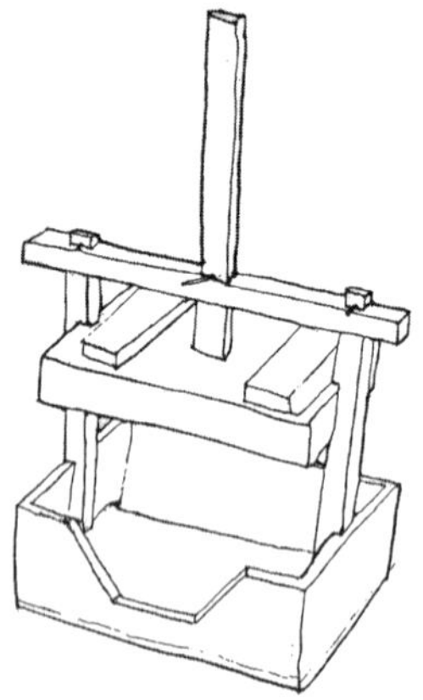

4 ねずみ取り

	名称（地方名）	使用法	材料・形態	使用者
1	種子島銃（ヒナワジュウ）	猟銃	鉄 木	実升三郎次
2	種子島銃（ヒナワジュウ）	猟銃	鉄 木	実升三郎次
3	もぐらとり	田畑にしかける	鉄	反田万尋
4	ねずみ取り(か)	ねずみ取り	木	石井 一

畜産用具

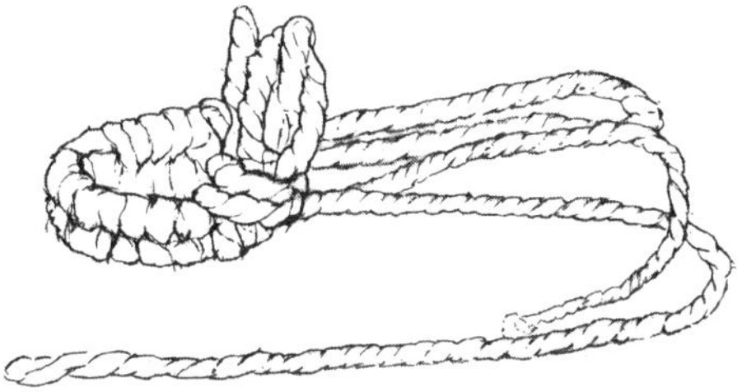

1　子牛の首縄（ｺｳｼﾉﾓﾓﾀｶ）1300　全3ﾋﾛ

3　水入れ

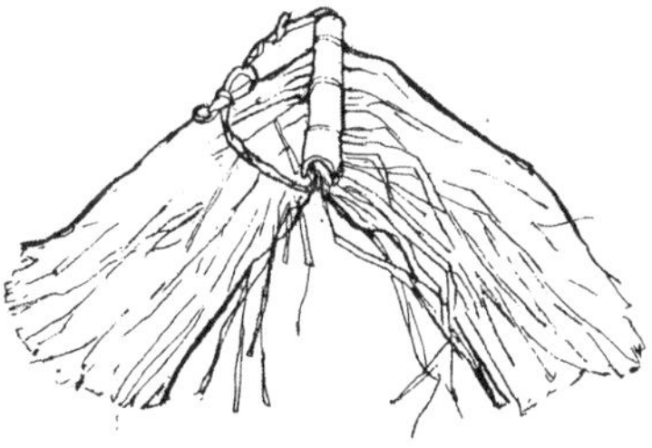

2　雨よけ

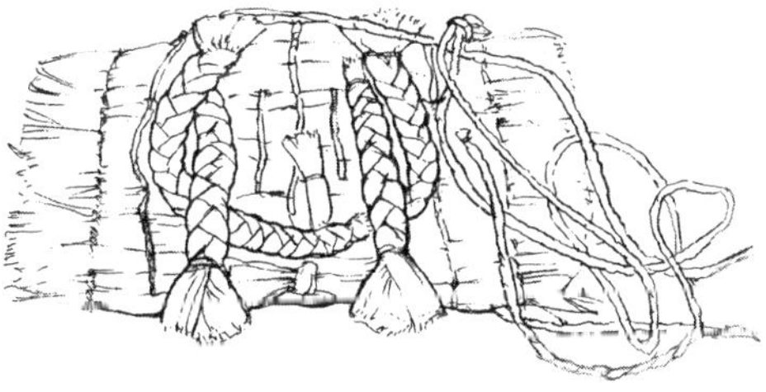

4　牛の蓑（ウシノミノ）415×415×500

	名称（地方名）	使用法	材料・形態	使用者
1	子牛の首縄（ｺｳｼﾉﾓﾓﾀｶ）	鼻ぐりの代用	藁 縄	石井　一
2	雨よけ	牛鞍の雨よけ	藁	青山藤登
3	水入れ	ひよこの水入れ	陶器 釉薬（こげ茶）	清木義孝
4	牛の蓑（ウシノミノ）	雨よけ　日よけ	ケラ　藁　竹	青山藤登

養蚕用具

1　桑籠（クワイレカゴ）H730　φ540

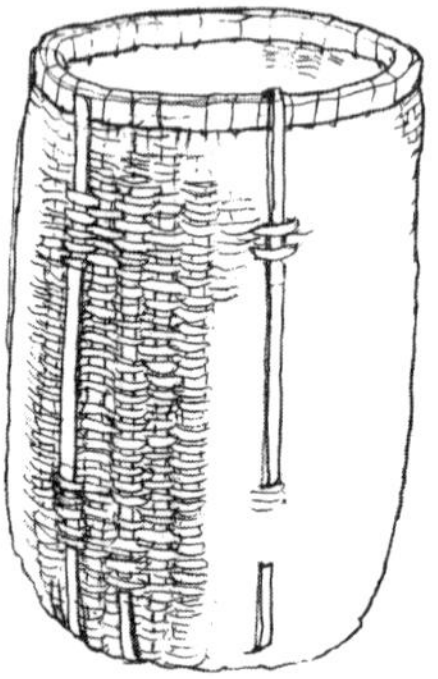

2　蚕の網

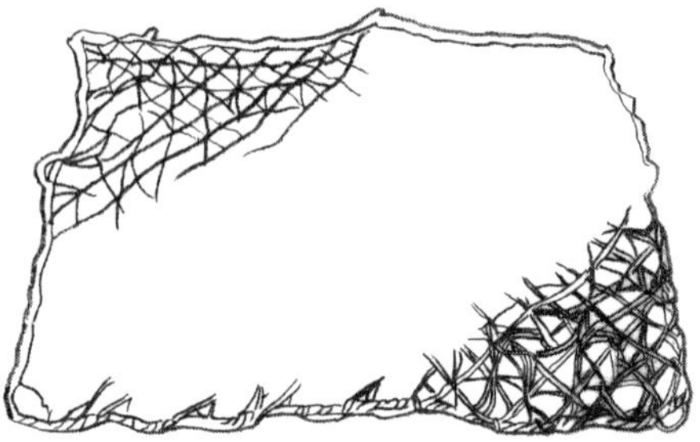

3　給桑台

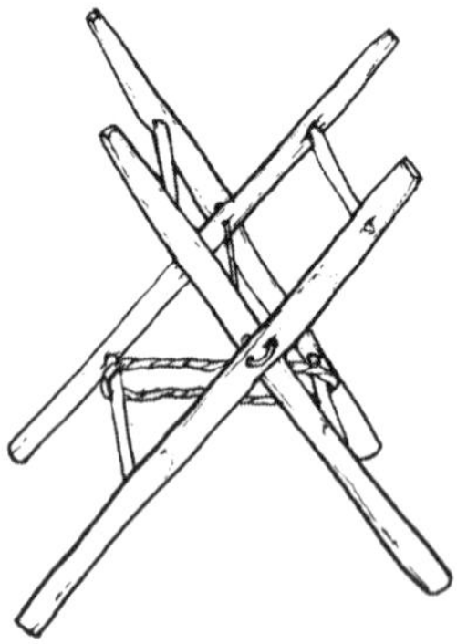

4　ベルト式けば取器

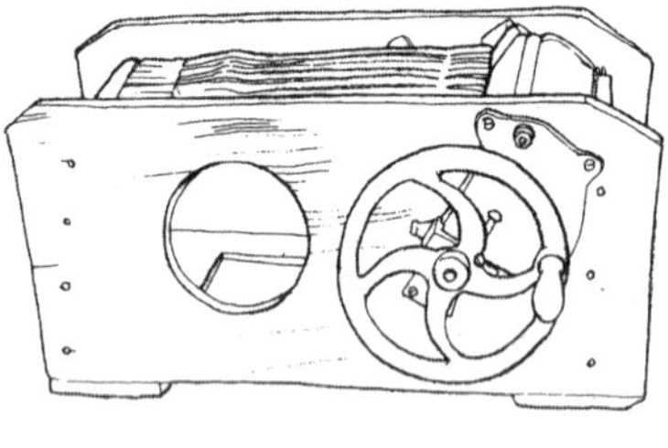

245×256×510

	名称（地方名）	使用法	材料・形態	使用者
1	桑籠（クワイレカゴ）	桑入れ	竹　ござ目　柾 割当縁針金止	青山藤登
2	蚕の網	上族用の給桑網	三角藺　藁	清木義孝
3	給桑台	給桑用	木	青山藤登
4	ベルト式けば取器	繭の毛羽取り	木　鉄　竹	浅枝正人

農耕用具 1

1　唐鍬（ウチグワ）

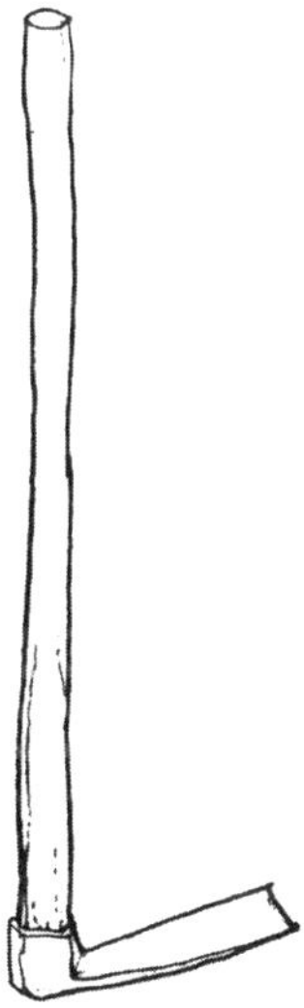

柄1170　鍬先170×110

2　打ち鍬

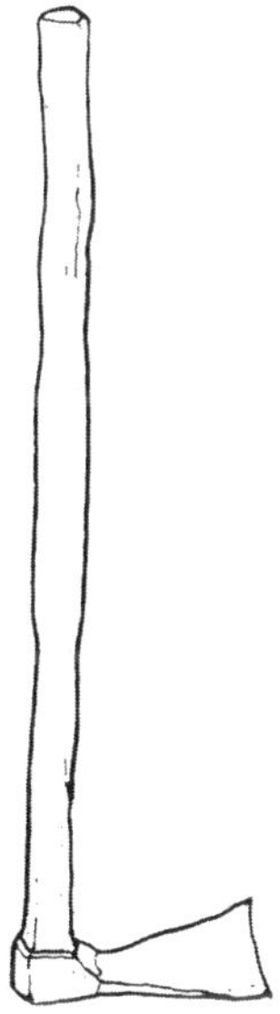

鍬先360×50

3　唐鍬（ウチグワ）

柄680　鍬先170×120

4　唐鍬（うちぐわ）

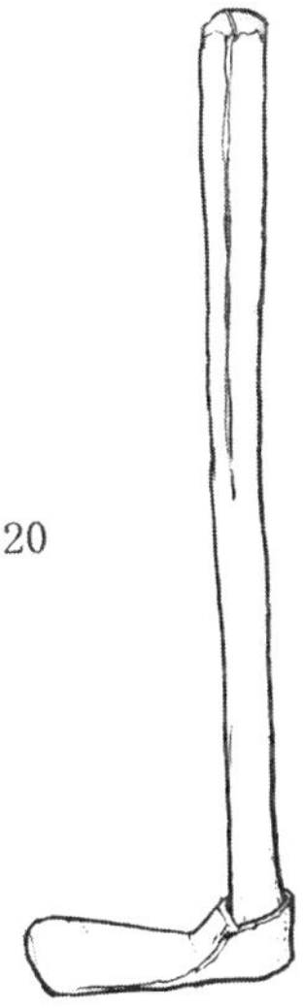

柄740　鍬先100×160

	名称（地方名）	使用法	材料・形態	使用者
1	唐鍬（ウチグワ）	田畑の耕起	鉄　木	浅枝正人
2	打ち鍬	田畑の耕起	鉄　木	浅枝正人
3	唐鍬（ウチグワ）	田畑の耕起	鉄　木	浅枝正人
4	唐鍬（うちぐわ）	開墾 粘質土の耕起	鉄　鋼　木	反田万尋

農耕用具 2

5 唐鍬（ウチグワ）

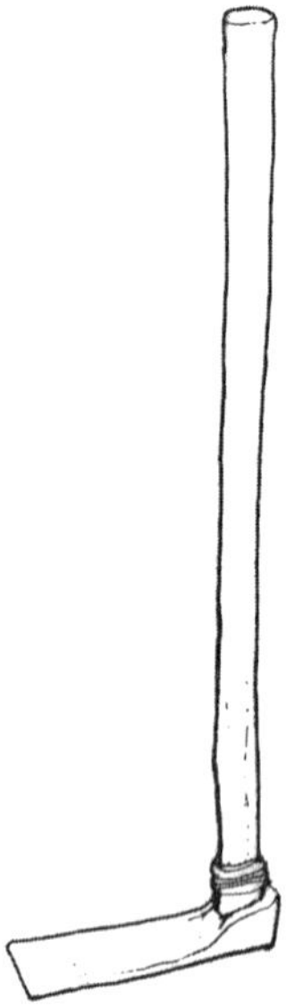

柄960　鍬先175×80

6　金鍬（ササバ）

7　唐鍬（ヤマウチ）

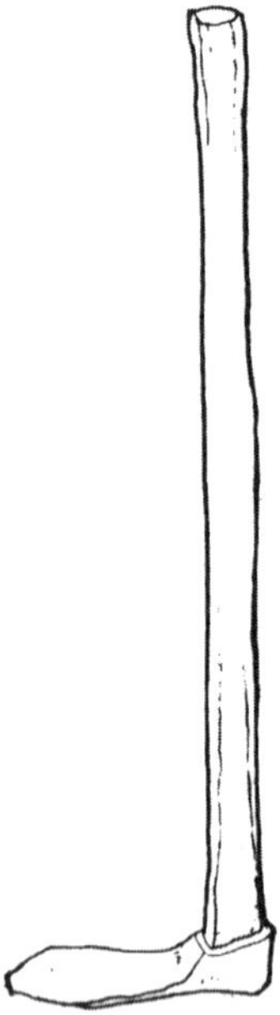

柄1080　鍬先160×245

8　鶴嘴（ツルハシ）

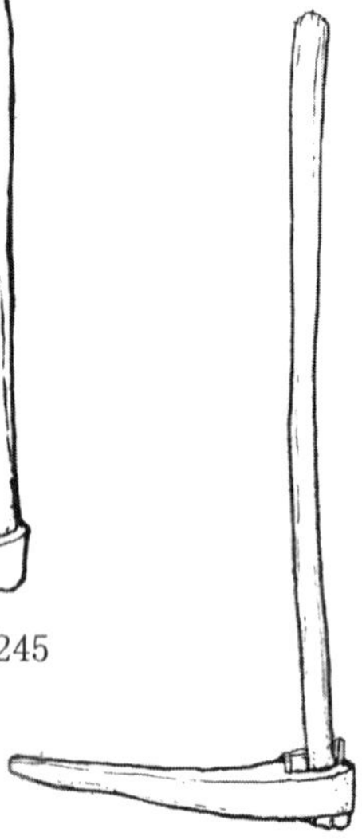

5	唐鍬（ウチグワ）	田畑の耕起	鉄　鋼　木	青山藤登
6	金鍬（ササバ）	田畑の耕起	鉄　鋼	実升三郎次
7	唐鍬（ヤマウチ）	山の開墾	鉄　鋼　木	浅枝正人
8	鶴嘴（ツルハシ）	硬い土の耕起	鉄　鋼　木	青山藤登

農耕用具 3

9　風呂鍬（ミゾグワ）

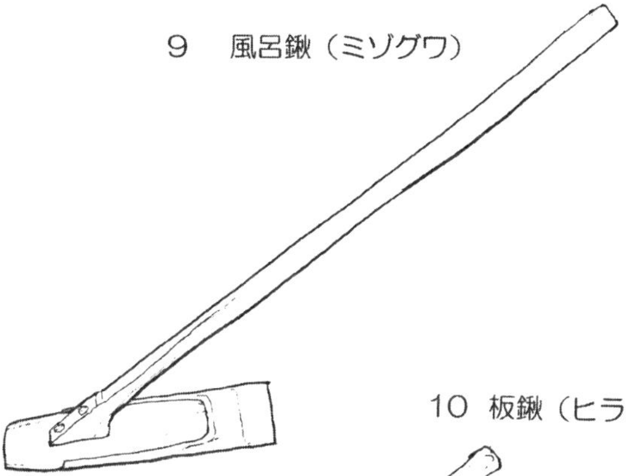

柄1435　鍬先395×120 刃先巾95

10　板鍬（ヒラグワ）

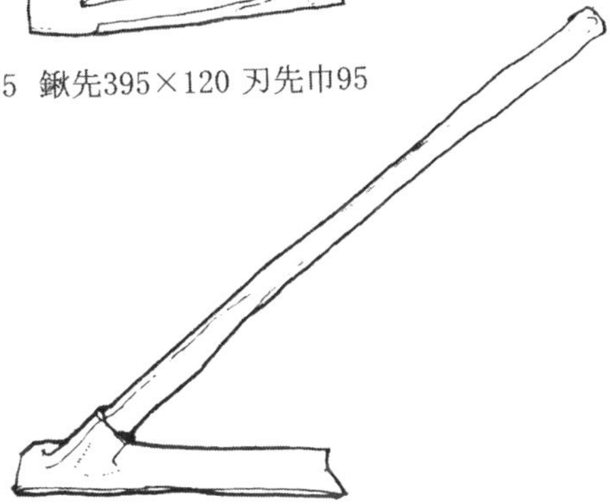

柄1200　鍬先290×110

11　板鍬

9　風呂鍬（ミゾグワ）	田の溝上げ	木　鉄　鋼	青山藤登
10　板鍬（ヒラグワ）	畑の中耕	鉄　木	浅枝正人
11　板鍬	畑の中耕	鉄　木	浅枝正人

農耕用具 4

12 金鍬（イタグワ）

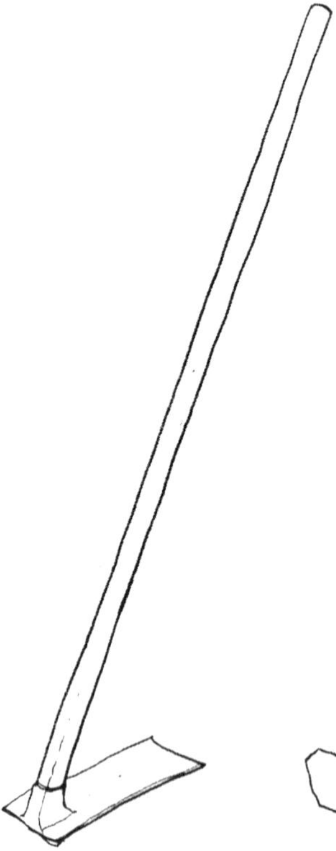

13 ヒラグワ

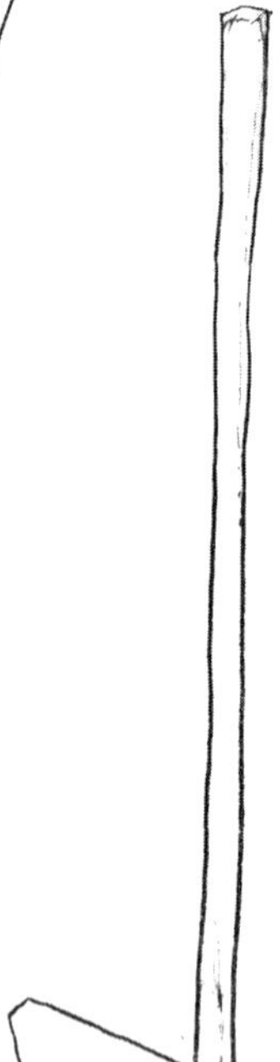

柄全1040 鍬先200×100

14 ヒラグワ

柄全1120 鍬先2100×120

12 金鍬（イタグワ）	畑の中耕	鉄 鋼 木	清木義孝
13 ヒラグワ	田の耕起	鉄 鋼 木	反田万尋
14 ヒラグワ	畑の中耕	鉄 鋼 木	反田万尋

農耕用具 5

15 三本鍬(マタグワ)

16 三本鍬(マタグワ)

柄1445 先260×150

17 三本鍬(マタグワ)

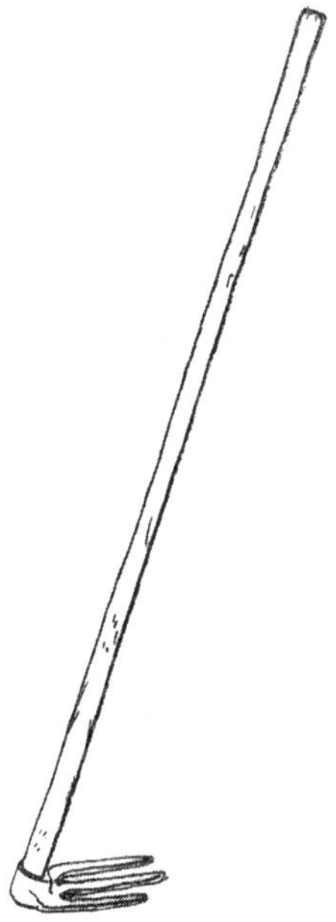

15 三本鍬(マタグワ)	田畑の耕起	鉄	鋼	木	清木義孝
16 三本鍬(マタグワ)	耕起	鉄	鋼	竹	青山藤登
17 三本鍬(マタグワ)	田畑の耕起	鉄	鋼	木	清木義孝

農耕用具 6

18　四本鍬（マタグワ・タウチ）

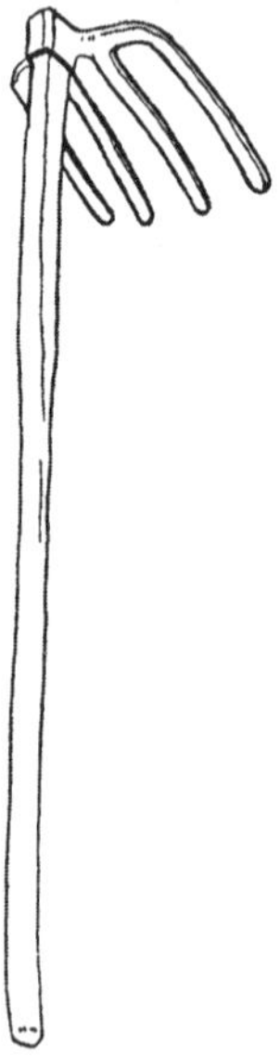

柄1360　鍬先240×210

爪幅15

19　四本鍬（ウチグワ）

全L1060　鍬先185×160

20　三本鍬（マタグワ・ミツゴ）

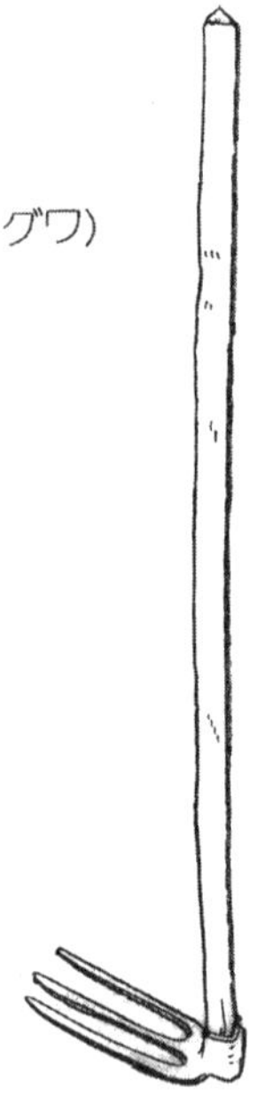

21　四本鍬（ヨツゴクワ）

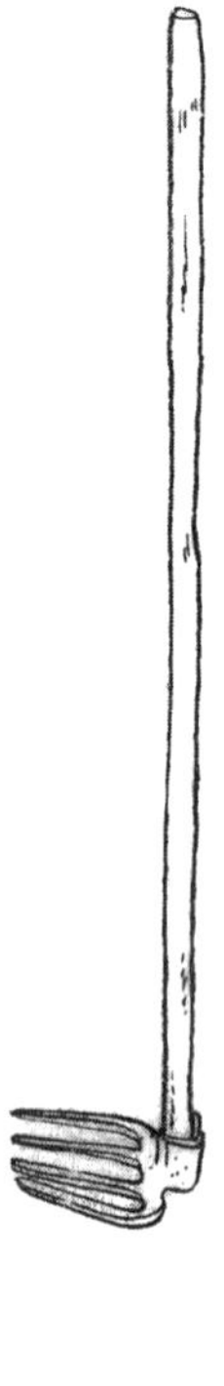

18　四本鍬　（ﾏﾀｸﾞﾜ･ﾀｳﾁ）	田畑の耕起	鉄　木	浅枝正人
19　四本鍬（ウチグワ）	田の石掬い	鉄　木	青山藤登
20　三本鍬（ﾏﾀｸﾞﾜ･ﾐﾂｺﾞ）	田畑の耕起	鉄　鋼　木	実升三郎次
21　四本鍬　（ヨツゴクワ）	田畑の耕起	鉄　鋼　木	実升三郎次

農耕用具 7

22　株切鍬（カブキリグワ）

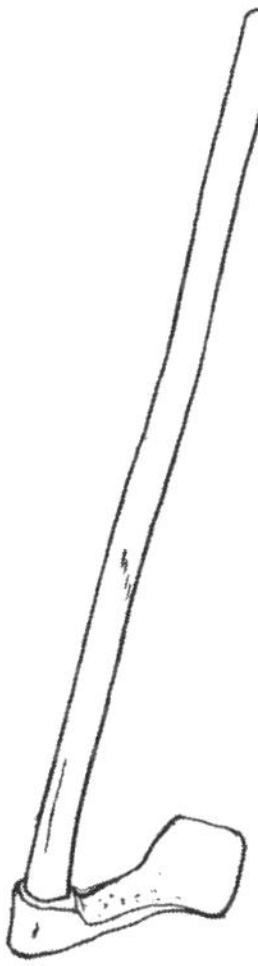

柄1110　鍬先115×150

23　株きり鍬（カブキリ）

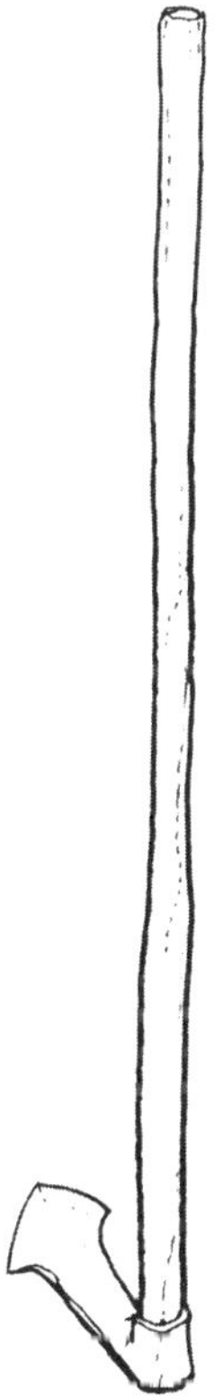

全L1150　鍬先1350×100

24　株きり鍬（カブキリ）

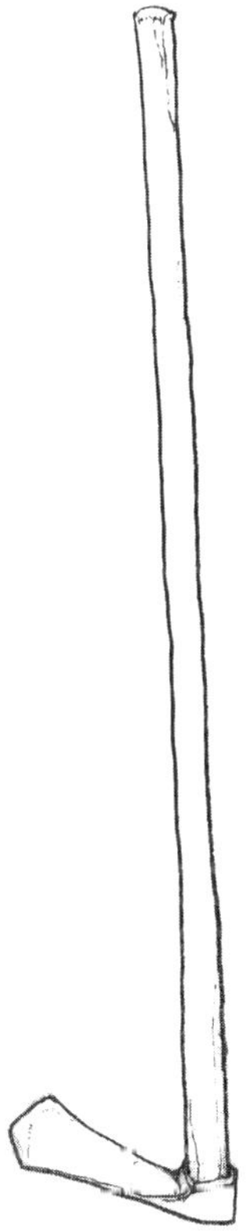

柄全1070　鍬先・1400×750

22　株切鍬（ｶﾌﾞｷﾘｸﾞﾜ)	稲株切り	鉄　木	浅枝正人
23　株きり鍬（ｶﾌﾞｷﾘ）	稲株切り	鉄　鋼　木	青山藤登
24　株きり鍬（ｶﾌﾞｷﾘ）	稲株切り	鉄　鋼　木	反田万尋

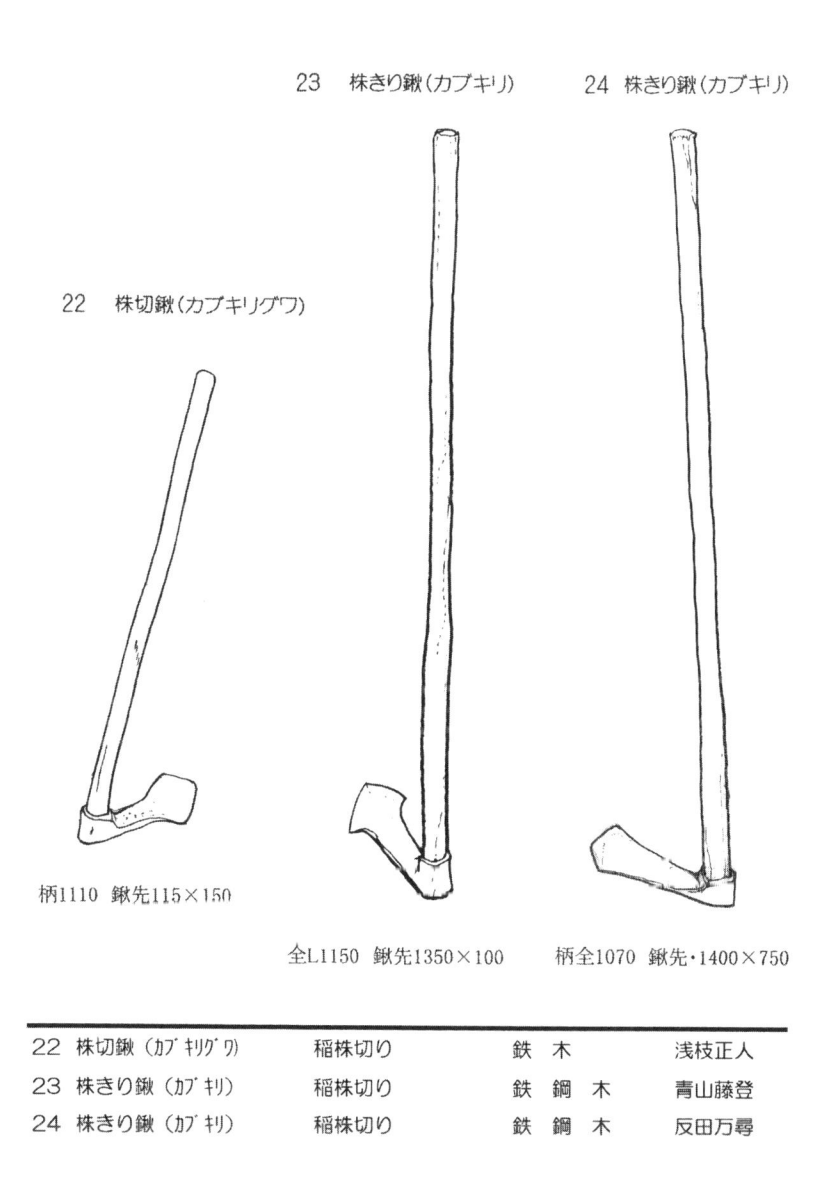

農耕用具 8

25　麦の土入れ(ツチイレ)

全L140　柄110　先・330×180×80

26　麦の土入れ

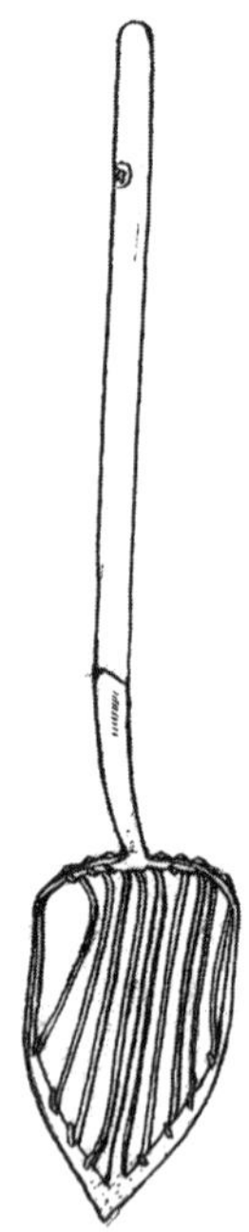

25 麦の土入れ(ツチイレ)	麦の土いれ	鉄　木	反田万尋
26 麦の土入れ	麦の土いれ	鉄　木	浅枝正人

農耕用具９

27　水縄

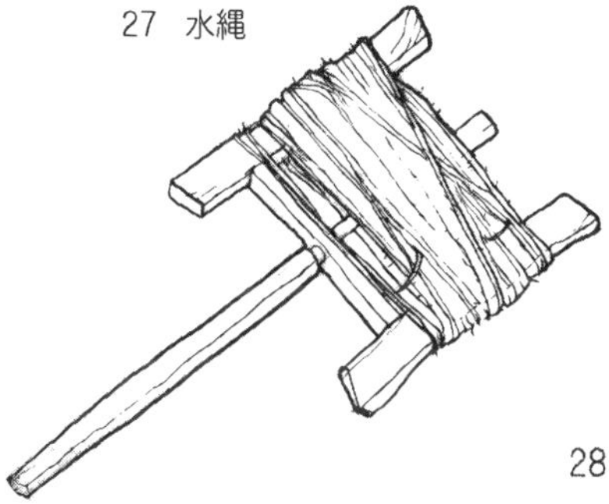

取手全L615　先L230×280

28　田植え枠(スジツケ)

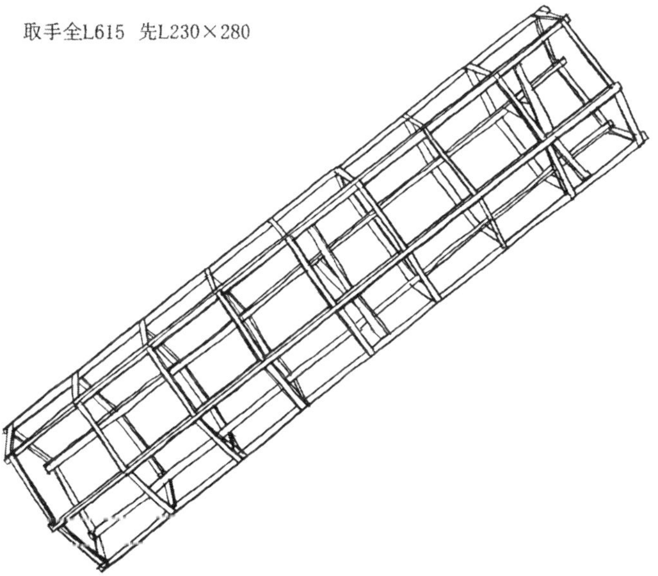

L1995　枠の一辺235

27　水縄	田植の定規	木	棕櫚縄	青山藤登
28　田植枠（スジツケ）	田植の転がし定規	木	六角形	岡崎幹郎

農耕用具 10

29　えぶり(ヱブリ)

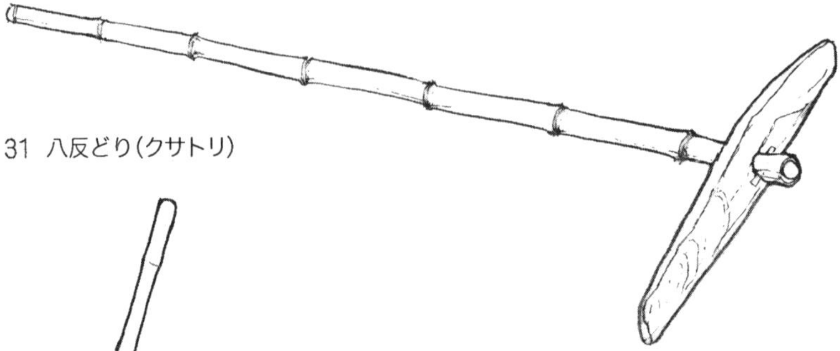

全L1500　先620×100

31 八反どり(クサトリ)

柄L1720　先320×150

30　苗代ごて

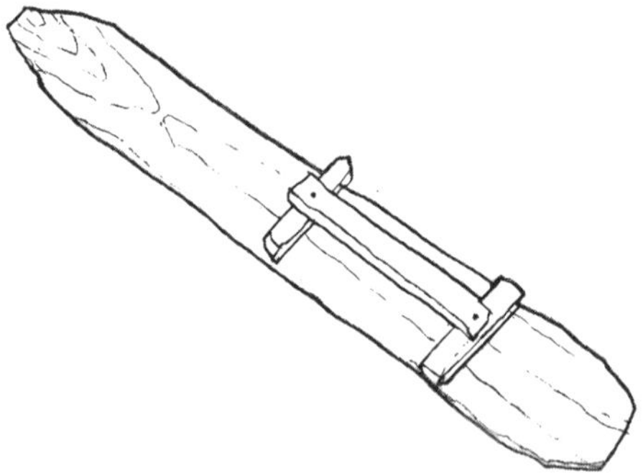

640×100

29 えぶり（ヱブリ）	田ならし	木	反田万尋
30 苗代ごて	苗代ならし	木	反田万尋
31 八反どり(クサトリ)	田の除草	鉄　木	浅枝正人

農耕用具 11

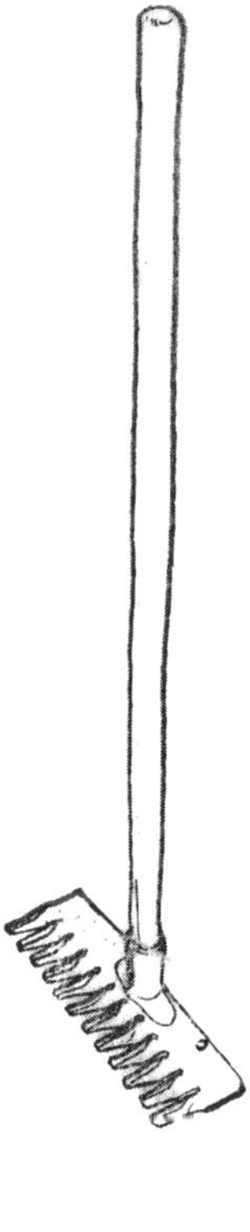

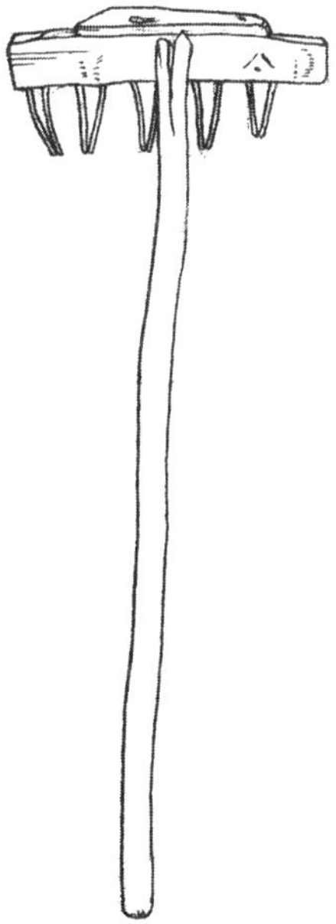

33　レーキ(ナラシグワ)

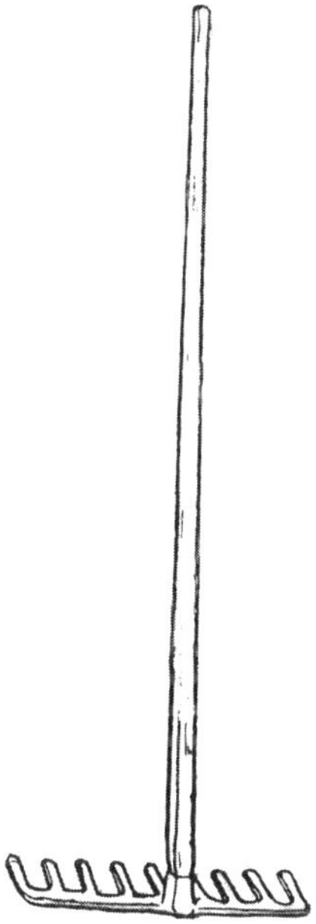

32　レーキ(レーキ)

34　さらえ(ジナラシ)

32 レーキ（レーキ）	畑土くれ均し	鉄　木	清木義孝
33 レーキ（ﾅﾗｼｸﾞﾜ）	畑土くれ均し	鉄　木	実升三郎次
34 さらえ（ジナラシ）	畑の砕土	木　針金	浅枝正人

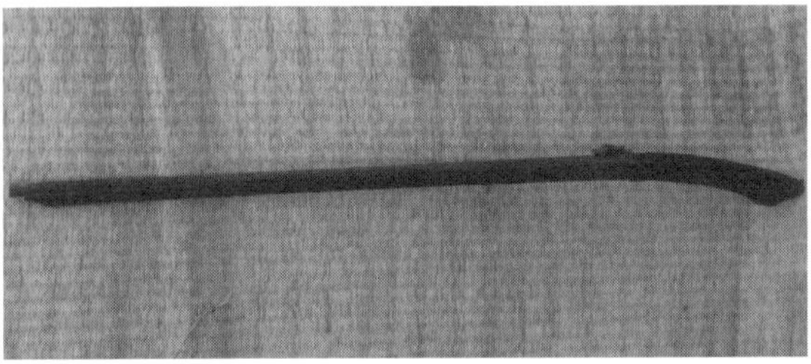
漁猟用具 1　種子島銃

漁猟用具 2　種子島銃

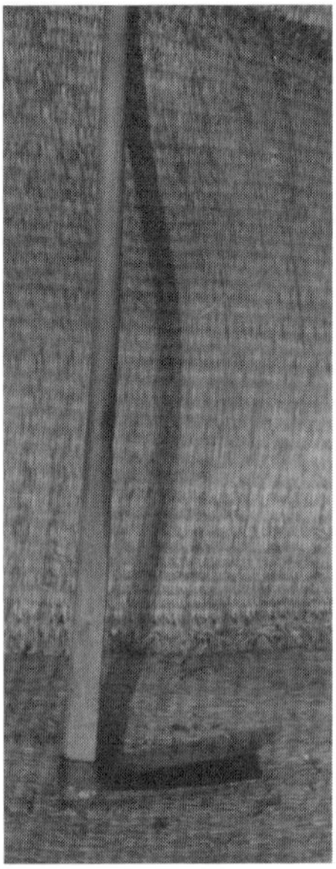
農耕用具 1　唐鍬

農耕用具 8　鶴嘴

農耕用具 9　風呂鍬

農耕用具 10　板鍬

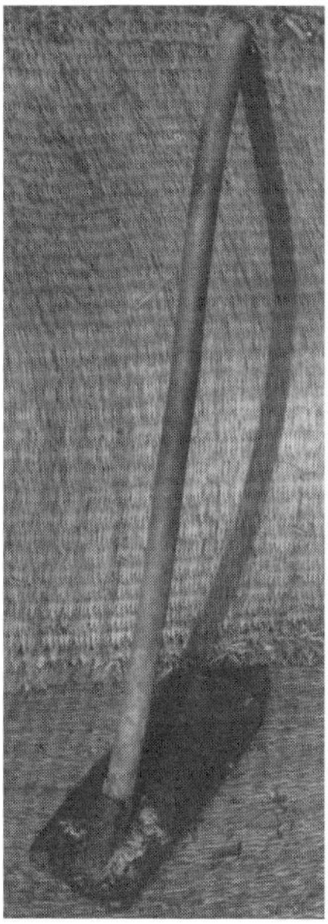

農耕用具 11　板鍬

農耕用具 18　四本鍬

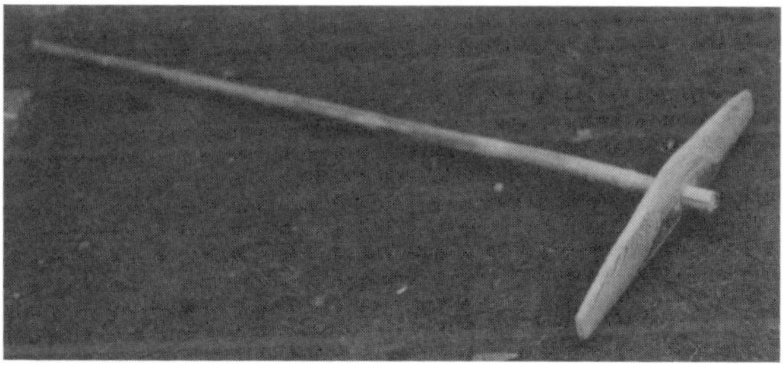

農耕用具 29　えぶり

農耕用具 24　株切り鍬

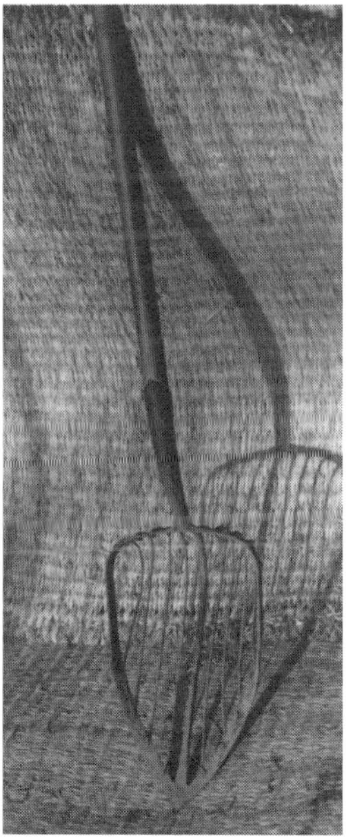

農耕用具 26　麦の土入れ

農耕用具 35　畑ならし

農耕用具 12

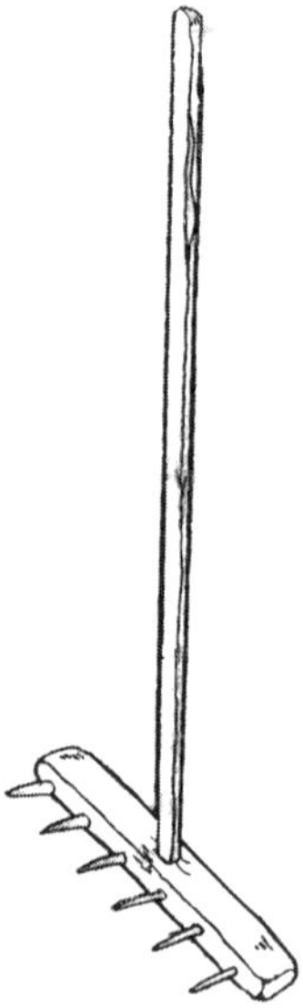

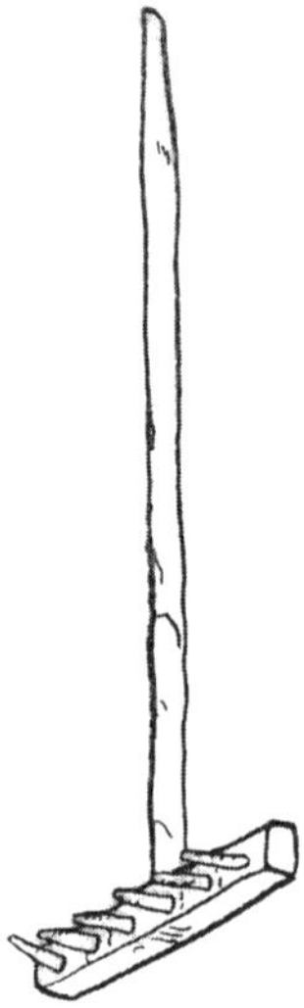

36　ならしぐわ（ウネナラシ）

35　畑ならし（ハタケナラシ）

37　土締め（か？）

35	畑ならし（ハタケナラシ）	畑土くれ均し	鉄　木	実升三郎次
36	ならし鍬（ウネナラシ）	畑土くれ均し	鉄　木	清木義孝
37	土締め（か）		木	石井　一

農耕用具 13

39　短床犂（スキ）

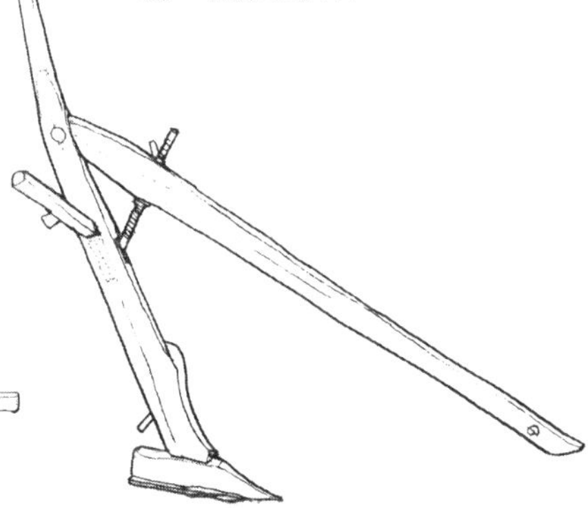

犂身1280　ねりぎ1280　犂床330

38　代掻き馬鍬（マグワ）

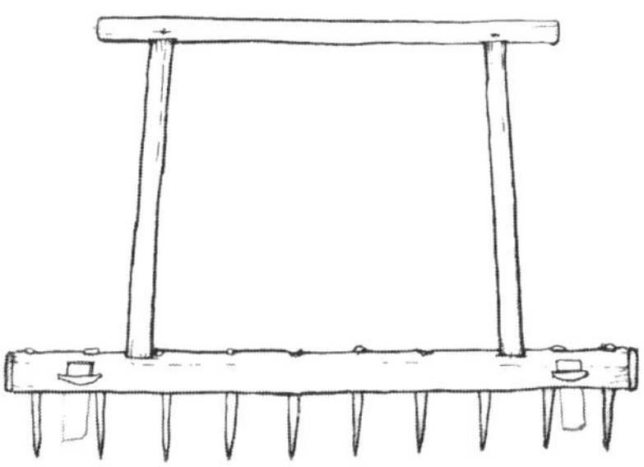

全H700　下台の幅1210　爪のL 110

40　馬鍬（オオマグワ）

1030　爪100×670

38　代掻き馬鍬（マグワ）	犂耕後の土こなし	鉄　木	青山藤登
39　短床犂（スキ）	田の犂起し	鉄　木	青山藤登
40　馬鍬（オオマグワ）	田の砕土	木　鉄　ロープ	反田万尋

農耕用具 14

41　牛の鞍(ウシノクラ)

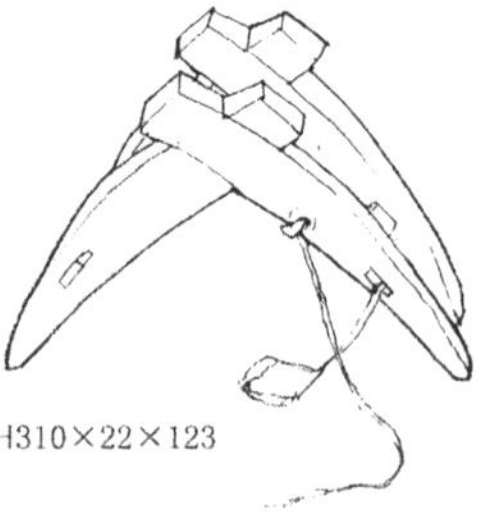

H310×22×123

42　牛の鞍(ウシノクラ)

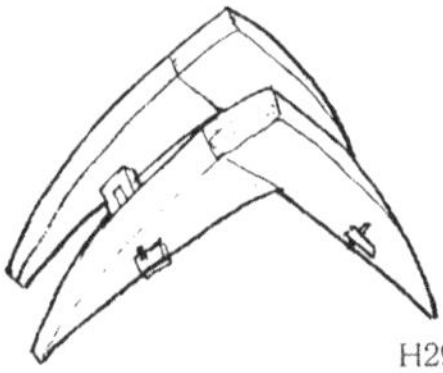

H291×31×37

43　牛の鞍(ウシノクラ)

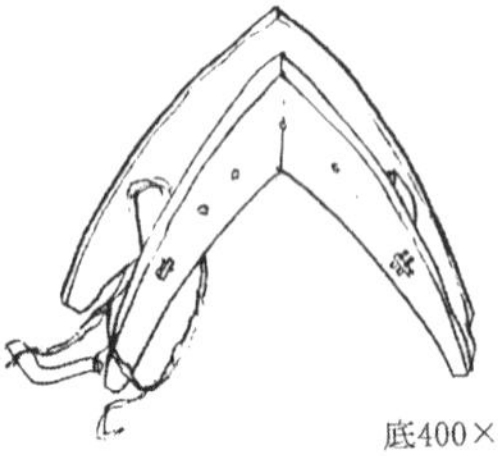

底400×185×260

44　飛行機馬鍬(ﾋｺｰｷﾏｸﾞﾜ)

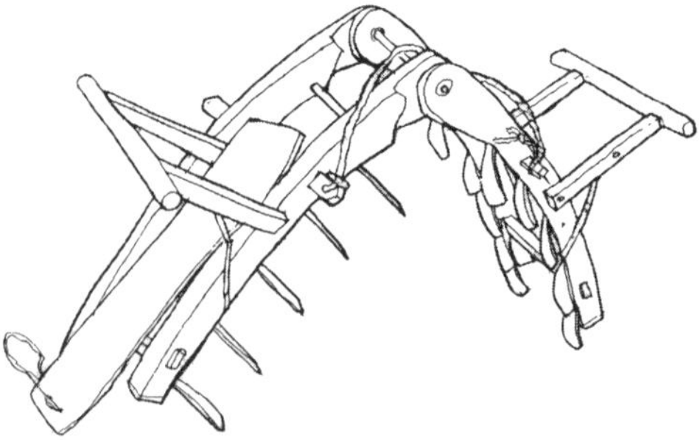

45　馬鍬(ホリマグワ)

41	牛の鞍(ウシノクラ)	犂や馬鍬の索引具	木	反田万尋
42	牛の鞍(ウシノクラ)	犂や馬鍬の索引具	木	反田万尋
43	牛の鞍(ウシノクラ)	犂や馬鍬の索引具	木	反田万尋
44	飛行機馬鍬（ﾋｺｰｷﾏｸﾞﾜ）	犂耕後の土こなし	鉄　木	青山藤登
45	馬鍬（ホリマグワ）	麦田の砕土	木　鉄の爪	清木義孝

農耕用具 15

46　助れん(ジョレン)

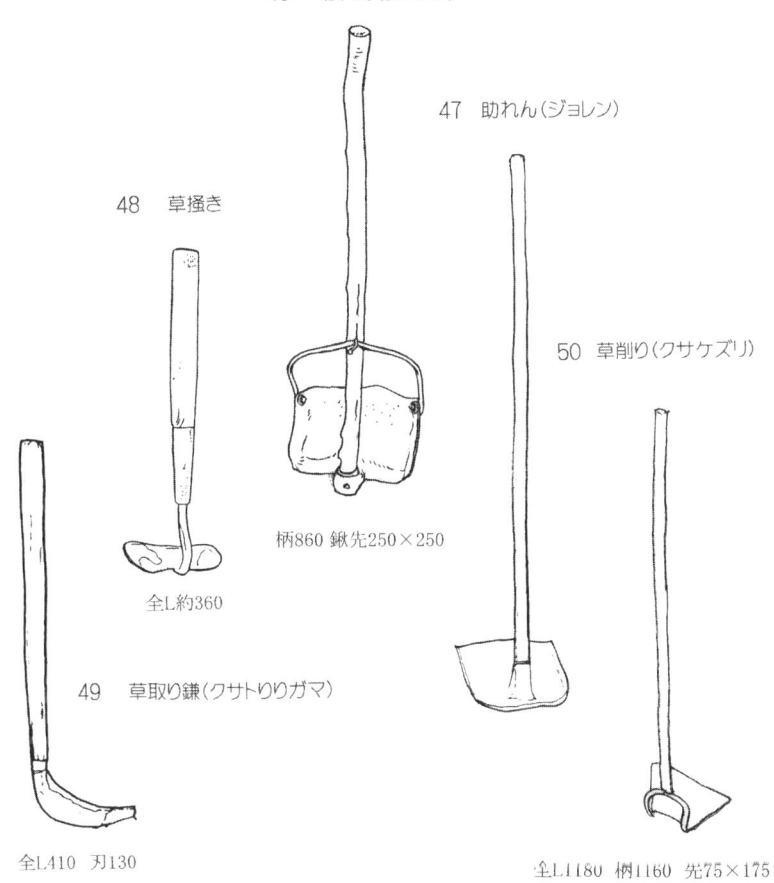

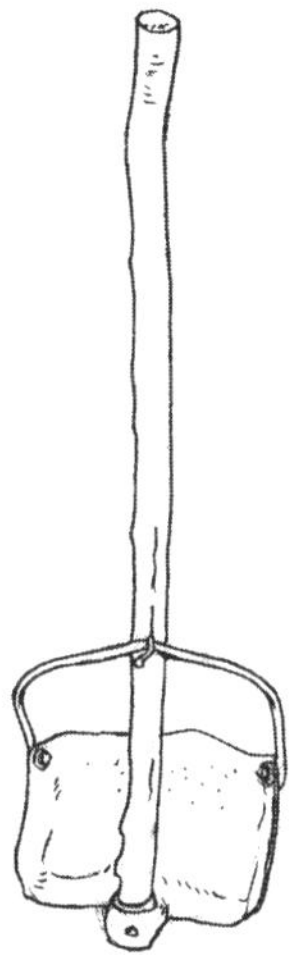

柄860 鍬先250×250

47　助れん(ジョレン)

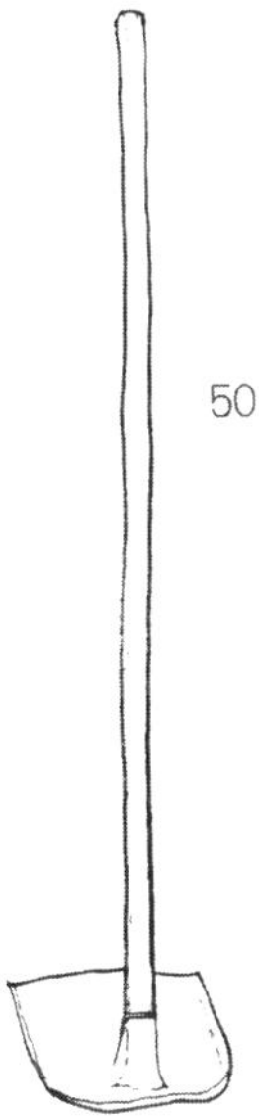

48　草掻き

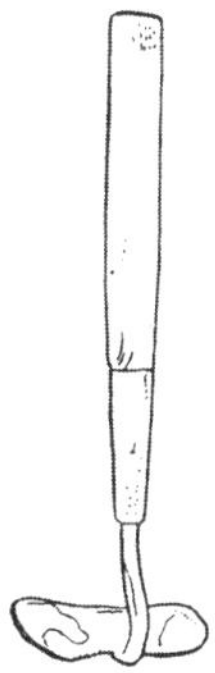

全L約360

49　草取り鎌(クサトりりガマ)

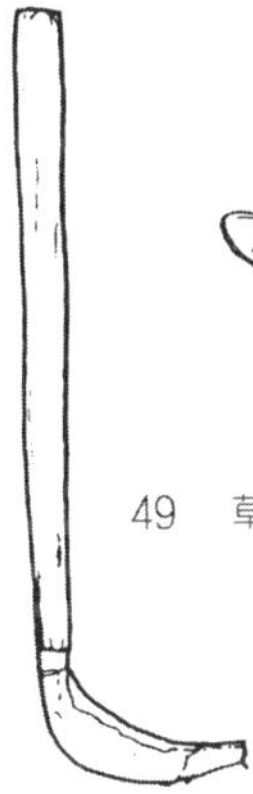

全L410　刃130

50　草削り(クサケズリ)

全L1180　柄1160　先75×175

46 助れん（ジョレン）	土石掬い	鉄　木	浅枝正人
47 助れん（ジョレン）	土石掬い	鉄　木	実升三郎次
48 草掻き	除草	鉄　鋼　木	清木義孝
49 草取鎌(クサトリガマ)	除草	鉄　鋼　木 中古鎌利用	樋田福一
50 草削り（クサケズリ）	除草	鉄　木	浅枝正人

農耕用具 40　馬鍬

農耕用具 44　飛行機馬鍬

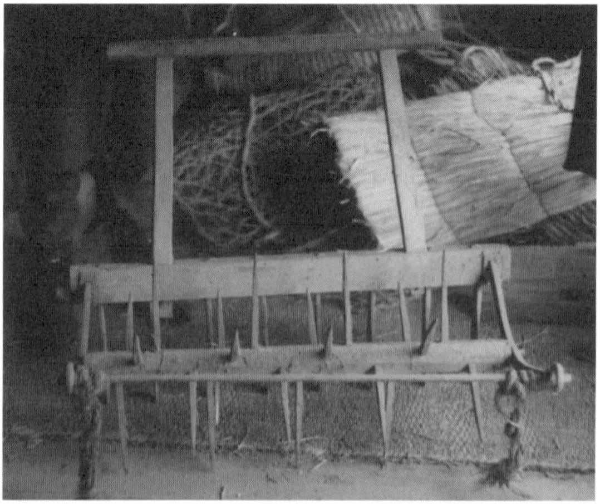

農耕用具 45　馬鍬

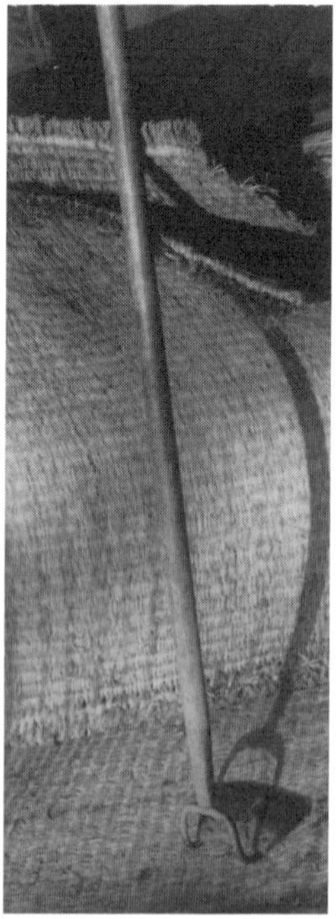

農耕用具 50　草削り

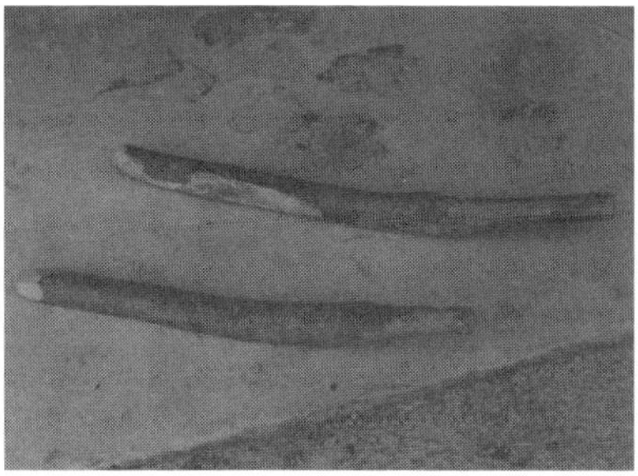

脱穀調整・食料加工用具 2・3　豆叩き棒

脱穀調整・食料加工用具 8　麦扱き千刃

脱穀調整・食料加工用具 10　唐棹・からさん

脱穀調整・食料加工用具 15　唐臼のやりぎ

脱穀調整・食料加工用具 16　唐臼

脱穀調整・食料加工用具 17　かづら通し

脱穀調整・食料加工用具 19　通し

脱穀調整・食料加工用具 1

1　竪杵

全L1100

2・3　豆叩き棒（マメタタキ）

4　木槌（テヅチ）

全L350

5　木槌・豆叩き

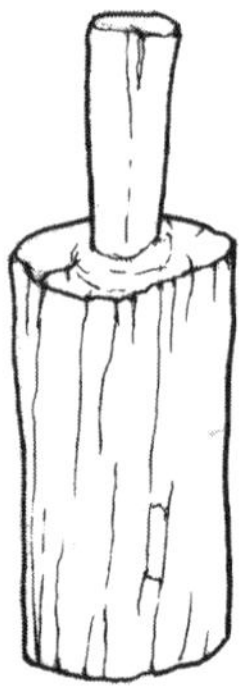

全L約320

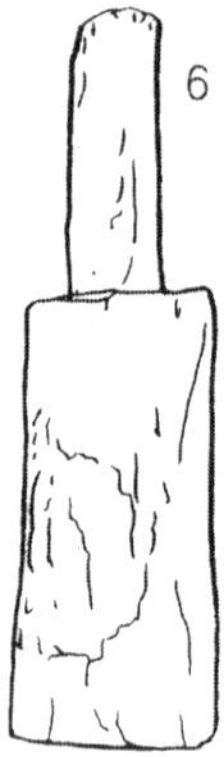

6　豆叩き棒（マメタタキ）

	名称（地方名）	使用法	材料・形態	使用者
1	竪杵	搗き籾殻をとる	木	岡崎幹郎
2 3	豆叩き棒（マメタタキ）	穀類の殻取	木	実升三郎次
4	木槌（テヅチ）	穀類の殻取　藁打	木	樋田福一
5	木槌・豆叩き	穀類の殻取　藁打	木	清木義孝
6	豆叩き棒（マメタタキ）	穀類の殻をとる	木	実升三郎次

脱穀調整・食料加工用具 2

7　稲扱き千刃（イネコギセンバ）

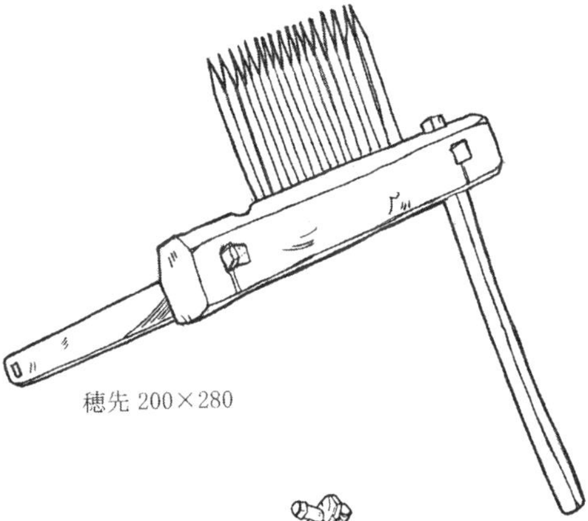

穂先 200×280

9　麦扱き千刃（ムギコギセンバ）

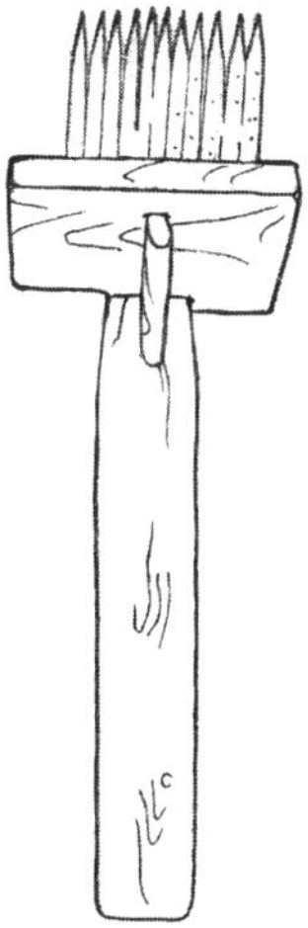

穂先180×170

10 唐棹・からさん（ブリ）

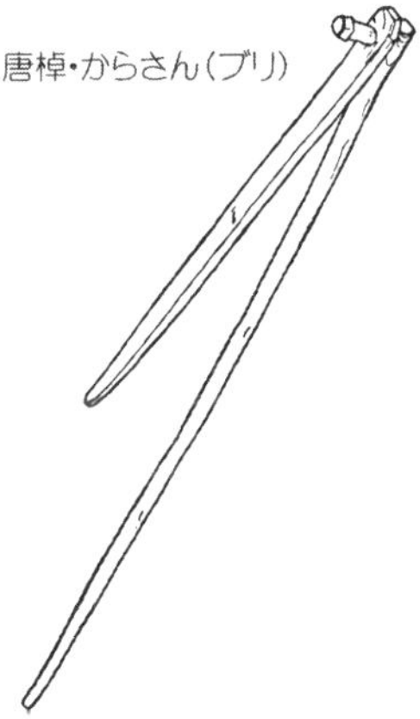

8　麦扱き千刃（ムギセンバ）

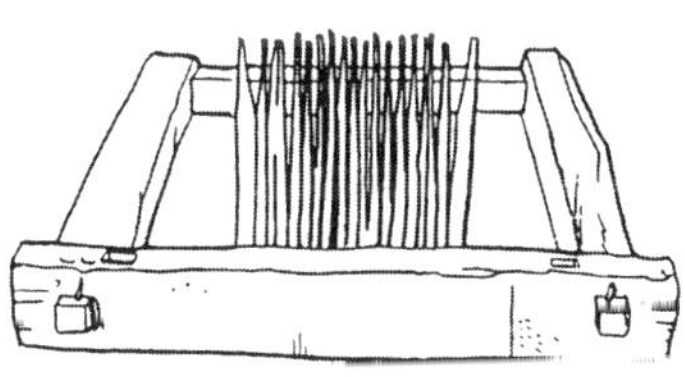

柄1800　先880

7	稲扱き千刃（ｲﾈｺｷﾞ ｾﾝﾊﾞ）	稲穂を扱く	鉄（断面平17本）木	浅枝正人
8	麦扱き千刃（ﾑｷﾞ ｾﾝﾊﾞ）	麦穂扱き	鉄（断面丸19本）木	清木義孝
9	麦扱き千刃（ﾑｷﾞ ｺｷﾞ ｾﾝﾊﾞ）	麦穂扱き	鉄（断面平11本）木	浅枝正人
10	唐棹・からさん（ﾌﾞﾘ）	叩いて麦殻取	柄杉　先樫	浅枝正人

脱穀調整・食料加工用具 3

11　碾臼とやりぎ（ヒキウス）

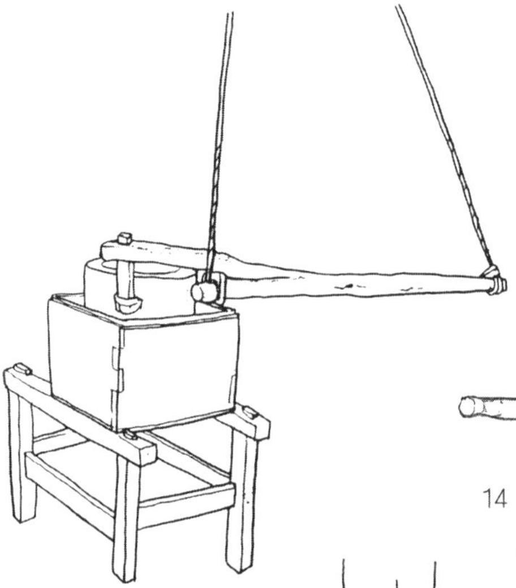

12　唐臼のやりぎ（トウスノカセ）

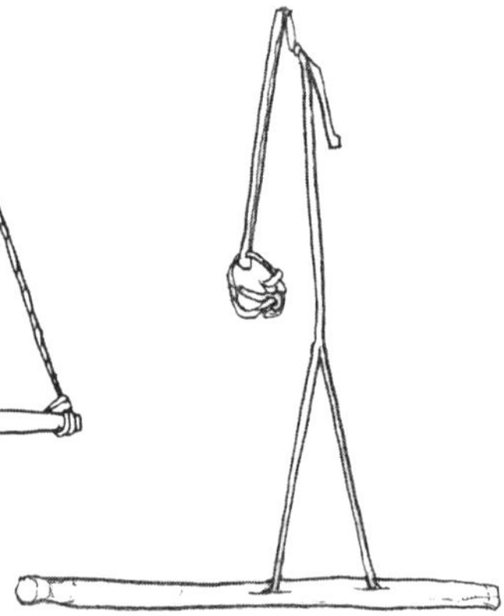

13　石臼（イシウス）

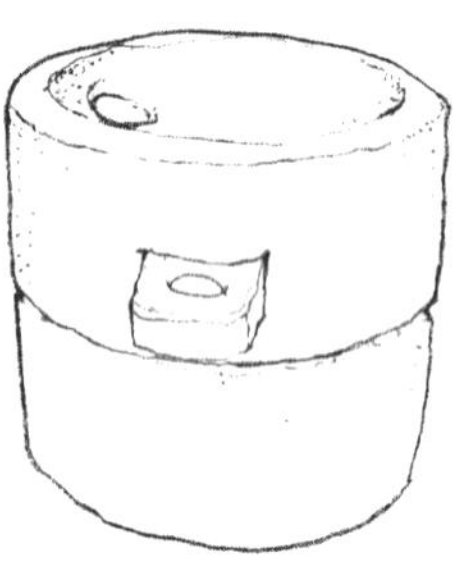

外 φ 310　上下臼計290

14　唐臼と杵（ウス　キネ）

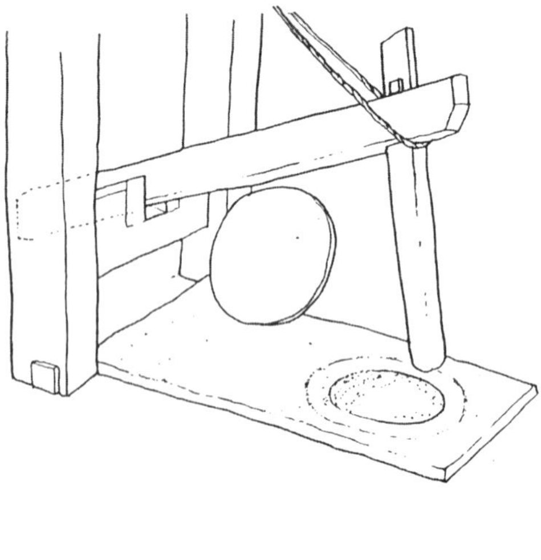

11	碾臼とやりぎ（ヒキウス）	粉挽き	台　木　臼は石	実升三郎次
12	唐臼のやりぎ（トウスノカセ）	唐臼の取手	木　鉄棒	反田万尋
13	石臼（イシウス）	粉挽き	石	浅枝正人
14	唐臼と杵（ウス　キネ）	精米用	杵　木　臼は石	実升三郎次

脱穀調整・食料加工用具 4

15　唐臼のやりぎ（トウスノカセ）

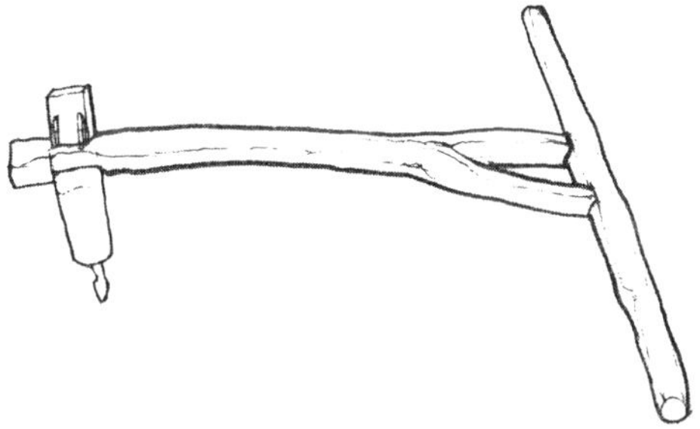

16　唐臼（トウス）

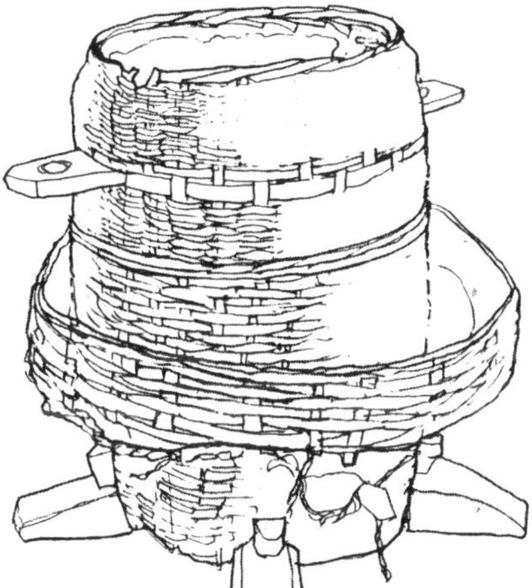

15 唐臼のやりぎ（トウスノカセ）	唐臼の取手	木	反田万尋
16 唐臼（トウス）	籾殻をとる	側竹ゴザ目編　臼の歯　木　内側土	反田万尋

脱穀調整・食料加工用具 5

17　かづら通し

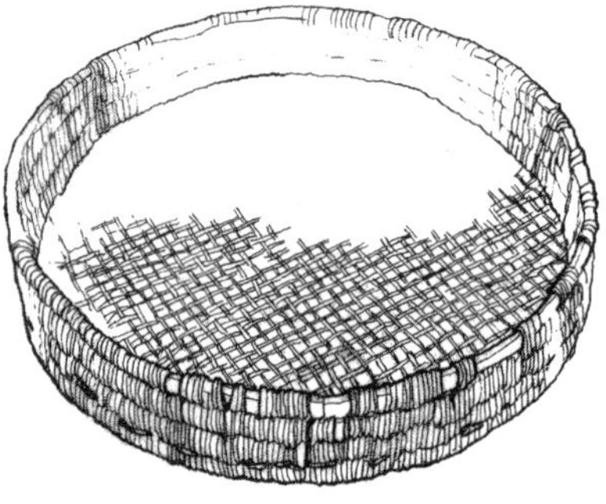

H80　φ535(内φ515)

18　かづら通し

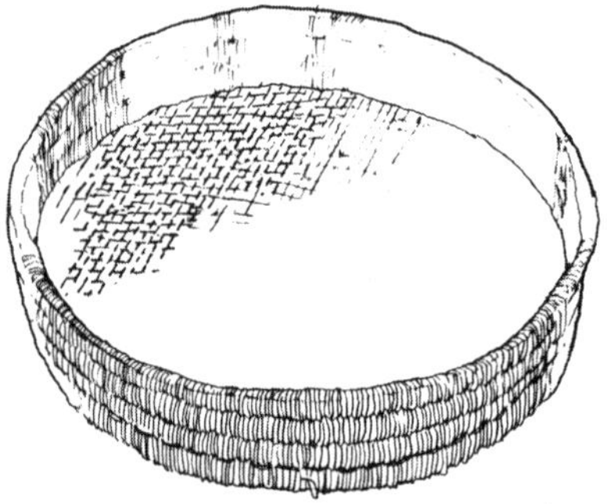

H95　φ460(内φ440)

19　通し(モミヌキ、モミドーシ)

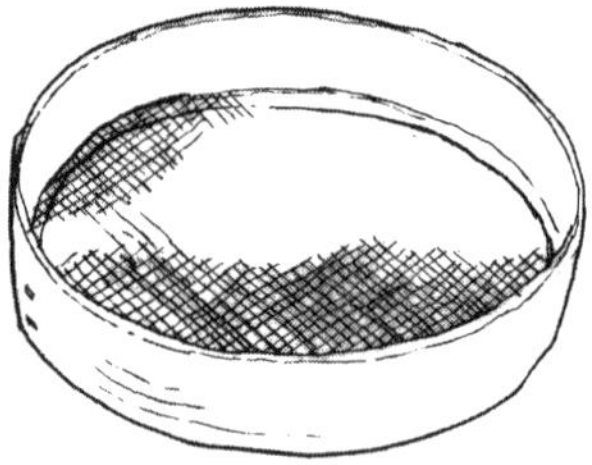

H95　φ460(内φ440)

20　通し(トオシ)

H100　φ340

17	かづら通し(ﾓﾐﾇｷ ﾓﾐﾄﾞｰｼ)	籾ふるい	竹　かずら	反田万尋
18	かづら通し(ﾓﾐﾇｷ ｺｺﾞﾒﾄﾞｰｼ)	小米ふるい	竹　かずら	反田万尋
19	かづら通し(ﾓﾐﾇｷ ﾓﾐﾄﾞｰｼ)	籾殻の選別	へぎ板　金網	反田万尋
20	通し (ﾄｵｼ)	籾殻の選別	へぎ板　金網	浅枝正人

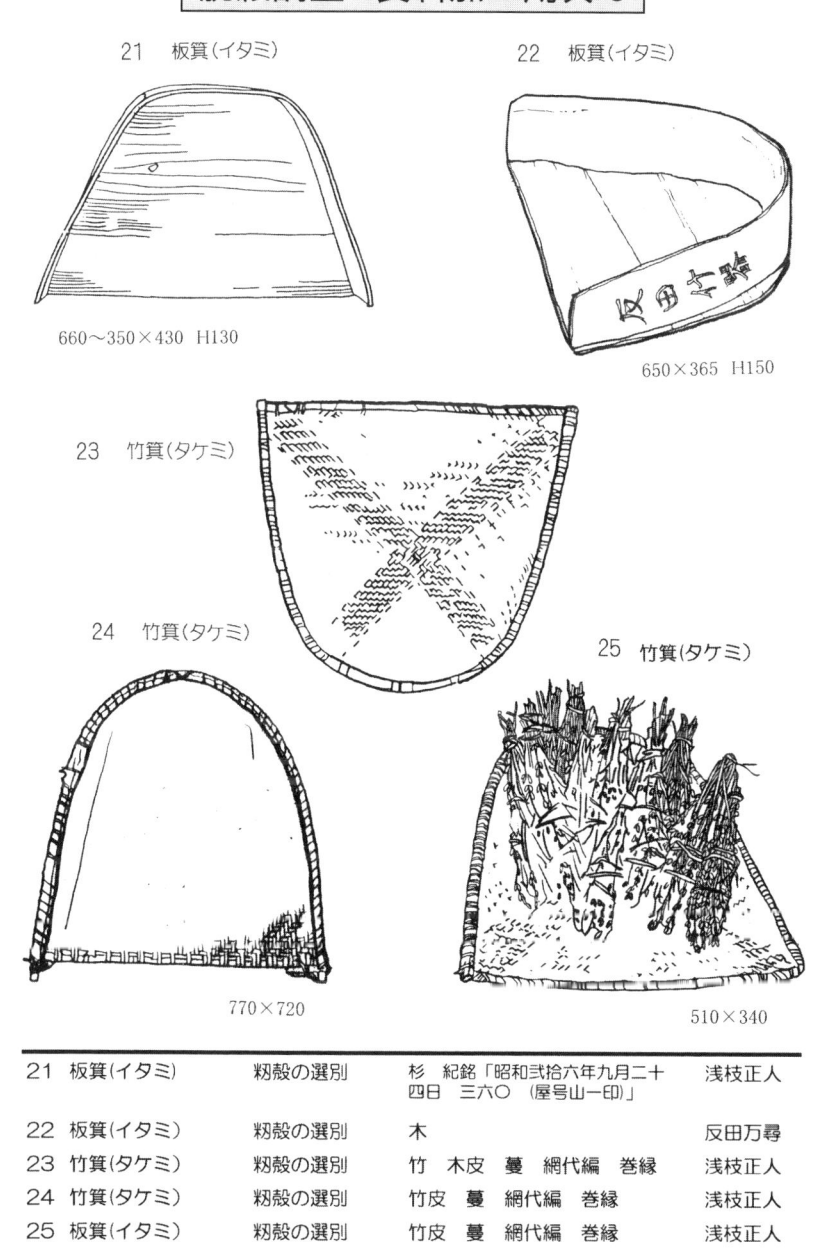

脱穀調整・食料加工用具6

21　板箕(イタミ)

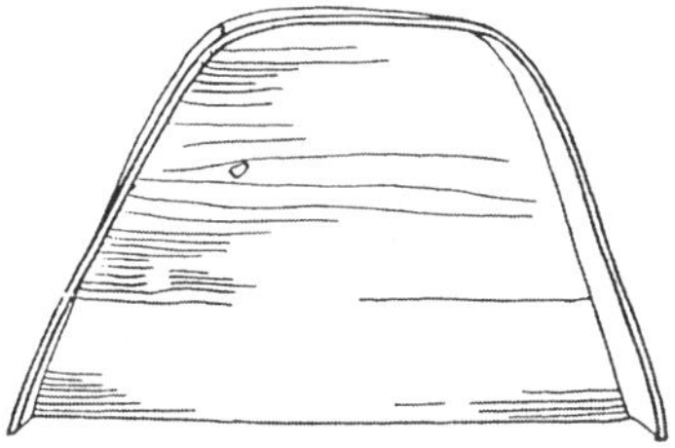

660〜350×430　H130

22　板箕(イタミ)

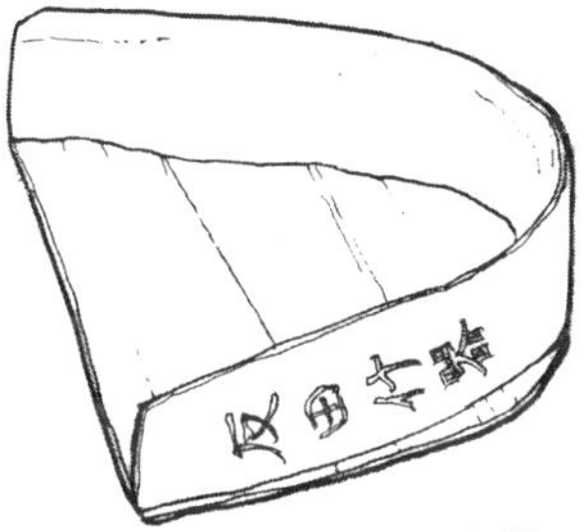

650×365　H150

23　竹箕(タケミ)

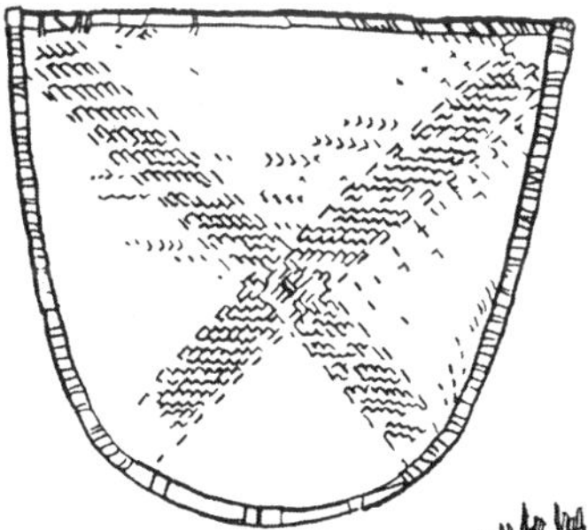

24　竹箕(タケミ)

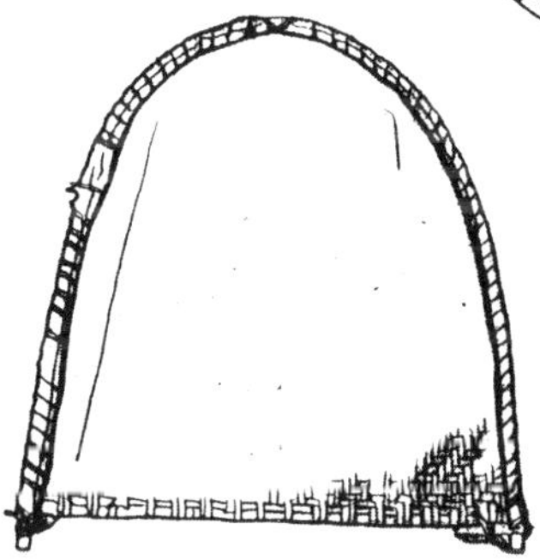

770×720

25　竹箕(タケミ)

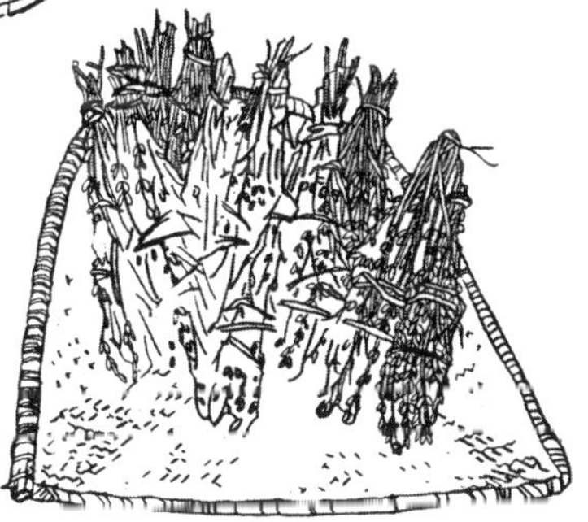

510×340

21　板箕(イタミ)	籾殻の選別	杉　紀銘「昭和弐拾六年九月二十四日　三六〇（屋号山一印）」	浅枝正人
22　板箕(イタミ)	籾殻の選別	木	反田万尋
23　竹箕(タケミ)	籾殻の選別	竹　木皮　蔓　網代編　巻縁	浅枝正人
24　竹箕(タケミ)	籾殻の選別	竹皮　蔓　網代編　巻縁	浅枝正人
25　板箕(イタミ)	籾殻の選別	竹皮　蔓　網代編　巻縁	浅枝正人

脱穀調整・食料加工用具 7

26　万石通し(マンゴク)

27　じょうご(ハリコノジョウゴ)

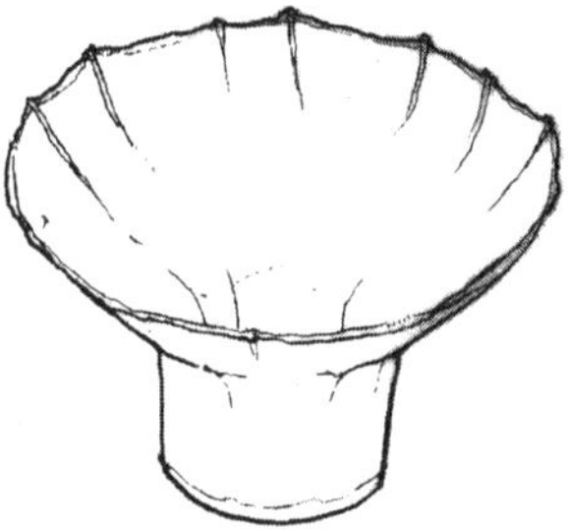

H320 口φ470 底φ220

29　えぶり(モミサガシ)

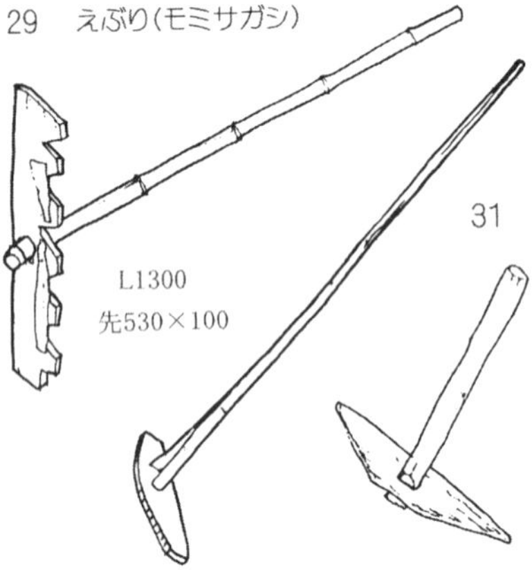

L1300
先530×100

28　じょーご(ジョーゴ)

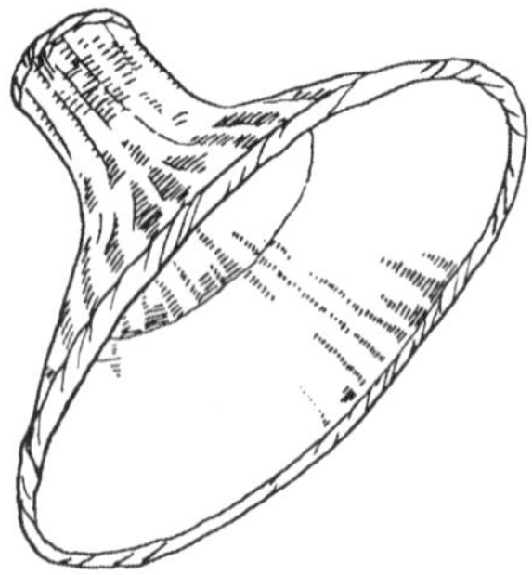

φ520(口φ150)

31　えぶり

400×75

30　えぶり

26 万石通し(マンゴク)	籾殻とり	木　針金	浅枝正人
27 じょうご(ハリコノジョウゴ)	米をとおす	竹編に和紙張	反田万尋
28 じょーご(ジョーゴ)	米をとおす	竹　ござ目	浅枝正人
29 えぶり(モミサガシ)	麦ならし	木　竹	反田万尋
30 えぶり	麦ならし	木	清木義孝
31 えぶり	トウスの米出し	木	反田万尋

脱穀調整・食料加工用具 8

32　豆腐箱(トウフバコ)

405×240×280

33　豆腐箱

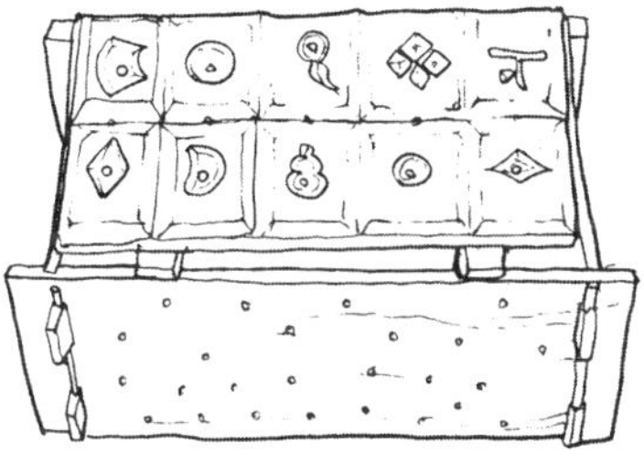

35　杵

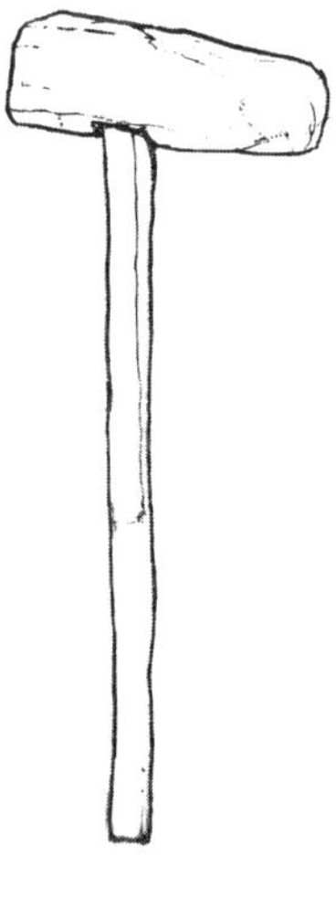

34　豆腐箱(トウフバコ)

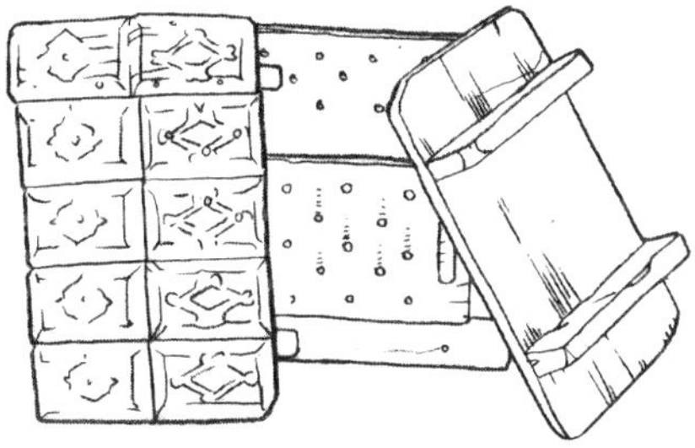

32	豆腐箱（トウフバコ）	豆腐造り	木	側に孔　蓋にレリーフ	青山藤登
33	豆腐箱	豆腐造り	木	側に孔　蓋にレリーフ	石井　一
34	豆腐箱（トウフバコ）	豆腐造り	木	側に孔　蓋にレリーフ	実升三郎次
35	杵	餅搗き	木		反田万尋

脱穀調整・食料加工用具 21　板箕

脱穀調整・食料加工用具 26　万石通し

脱穀調整・食料加工用具 34　豆腐箱

煮焼蒸用具 4　羽釜

煮焼蒸用具 2・3　かんす

煮焼蒸用具 7　弦鍋

煮焼蒸用具 9・10　鉄瓶

煮焼蒸用具 11　やかん

煮焼蒸用具 13　焼酎釜

煮焼蒸用具 20　五徳

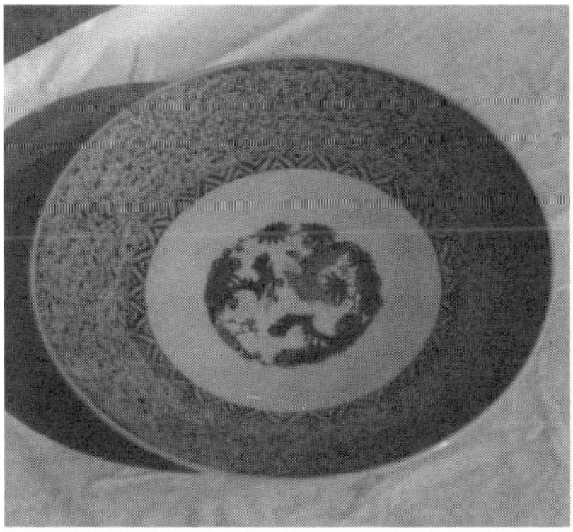
食料調理・食用具 20　皿鉢

食料調理・食用具 26　大皿

煮焼蒸用具 1

1　茶釜(カンス)

2　かんす(カンス)

口φ154　胴φ240 羽30

3　かんす(カンス)

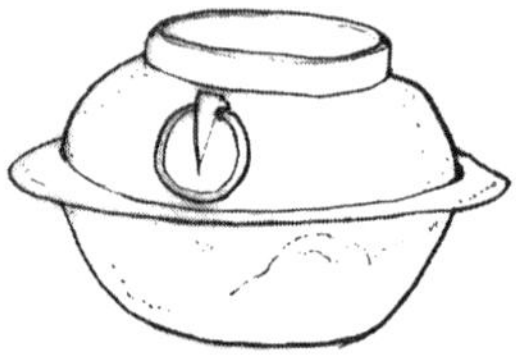

4　羽釜(ハガマ)

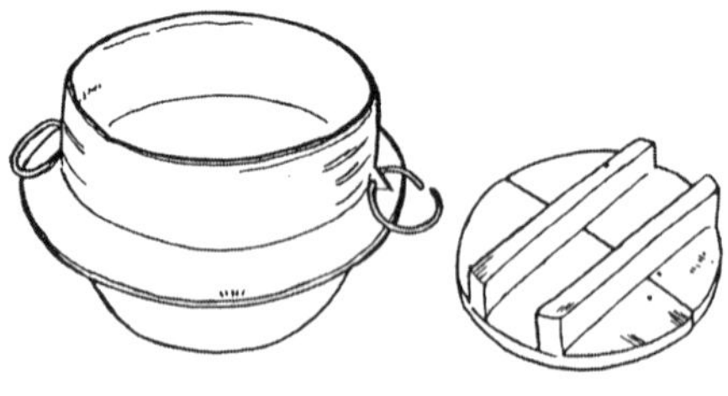

H284×口φ334　羽40

5　羽釜(はがま)

	名称（地方名）	使用法	材料・形態	使用者
1	茶釜(カンス)	湯　茶沸かし	鋳鉄　花文様のレリーフ 羽　環　蓋有	青山藤登
2	かんす（カンス）	湯　茶沸かし	鋳物	反田万尋
3	かんす（カンス）	湯　茶沸かし	鋳物	反田万尋
4	羽釜（ハガマ）	御飯炊き	鋳物　かん　木蓋	浅枝正人
5	羽釜（はがま）	御飯炊き	鋳物	反田万尋

煮焼蒸用具 2

6　鍋

H490(F160)　φ480

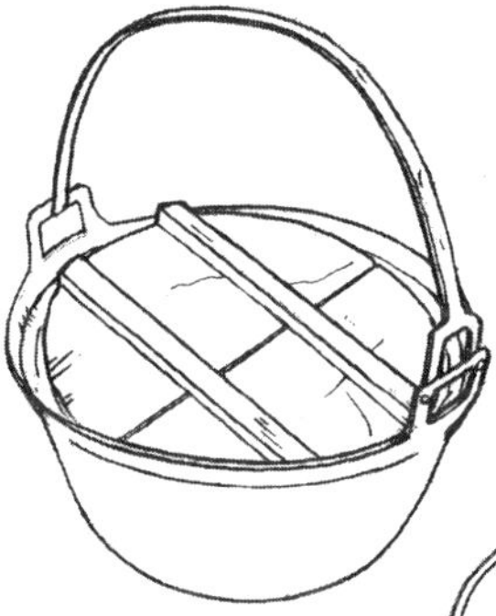

7　弦鍋(ツルナベ)

H430(F160)　口φ435

8　ゆきひら

(ユキヒラ)

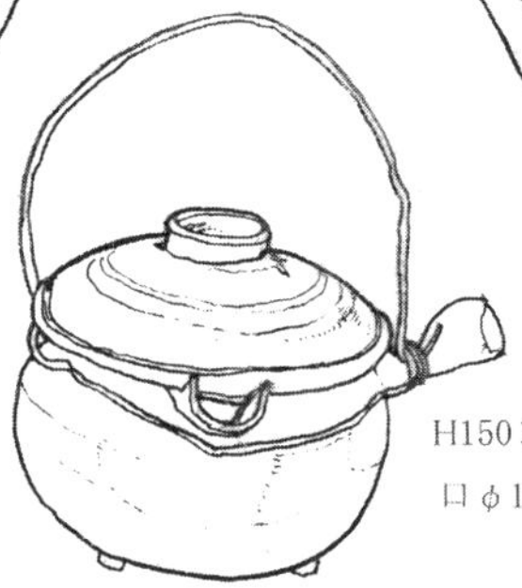

H150×

口φ150(115)

9　鉄瓶(テツビン)

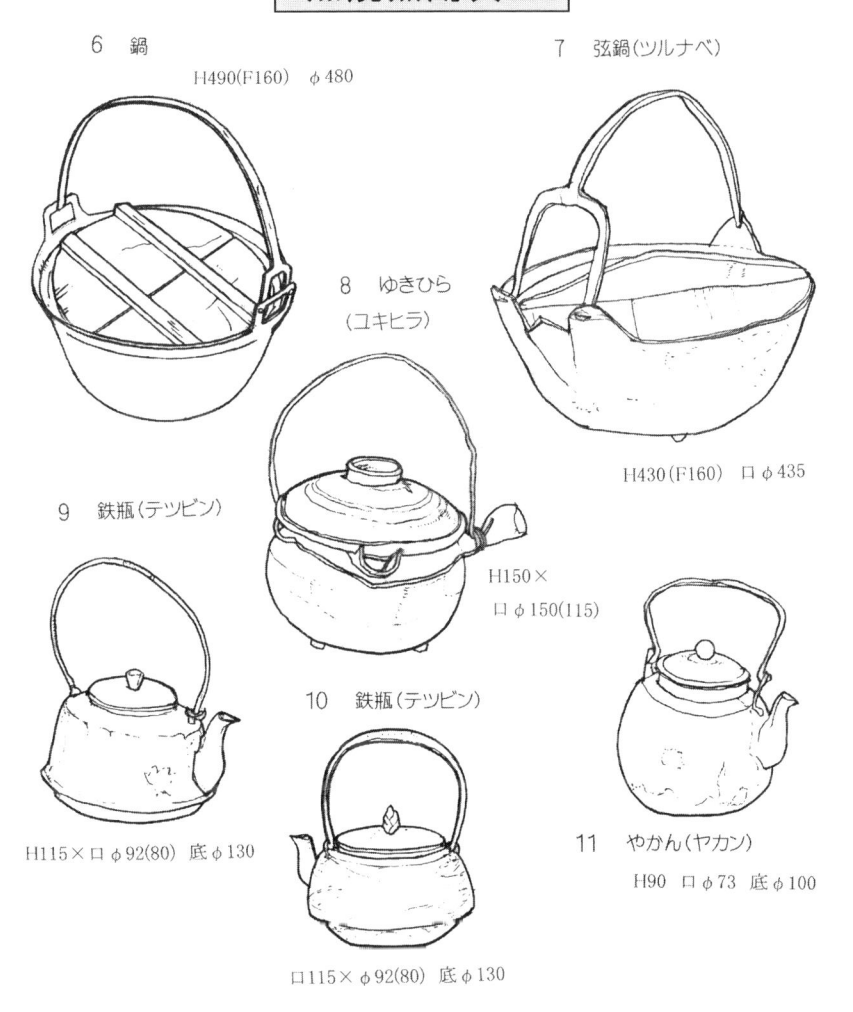

H115×口φ92(80)　底φ130

10　鉄瓶(テツビン)

口115×φ92(80)　底φ130

11　やかん(ヤカン)

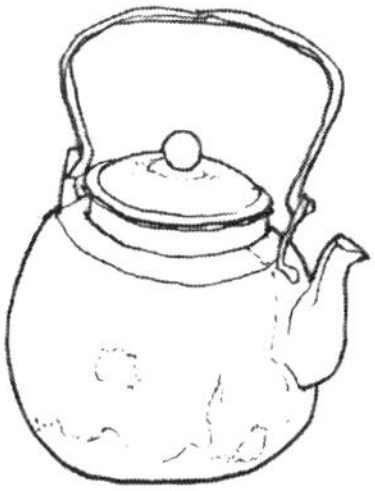

H90　口φ73　底φ100

6　鍋	汁　おかずを煮る	真鍮（か）　取手　木蓋付	浅枝正人
7　弦鍋(ツルナベ)	汁　おかず煮	鋳物　弦鉄　蓋木	反田万尋
8　ゆきひら（ユキヒラ）	おかゆ煮	陶器　取っ手　針金	反田万尋
9　鉄瓶（テツビン）	湯沸かし	鋳物	反田万尋
10　鉄瓶（テツビン）	湯沸かし	鋳物	反田万尋
11　やかん（ヤカン）	湯沸かし	銅	反田万尋

煮焼蒸用具 3

12　せんべい焼き（センベイヤキ）

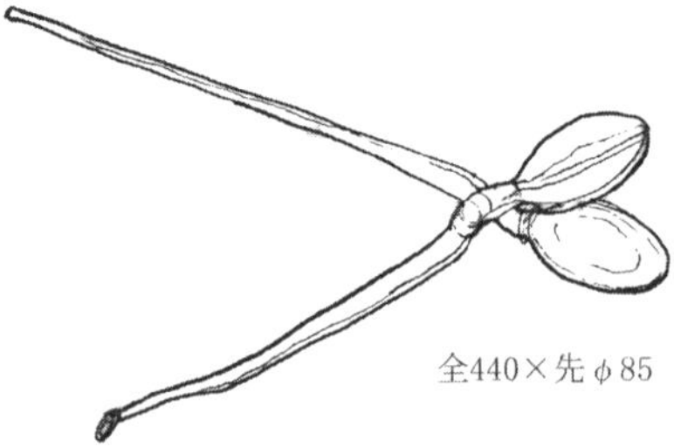

全440×先φ85

14　鉄器（テッキ）

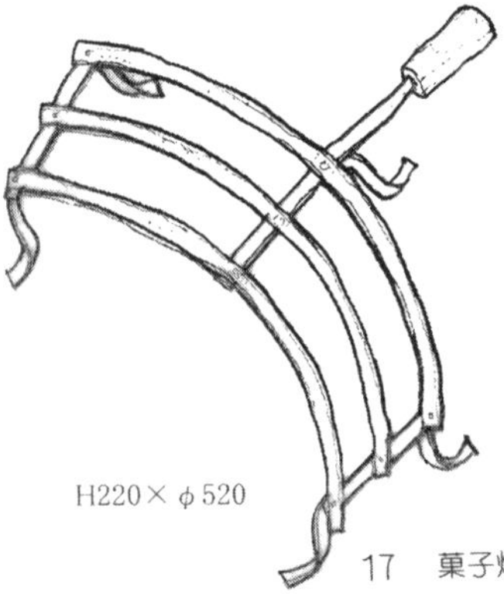

H220×φ520

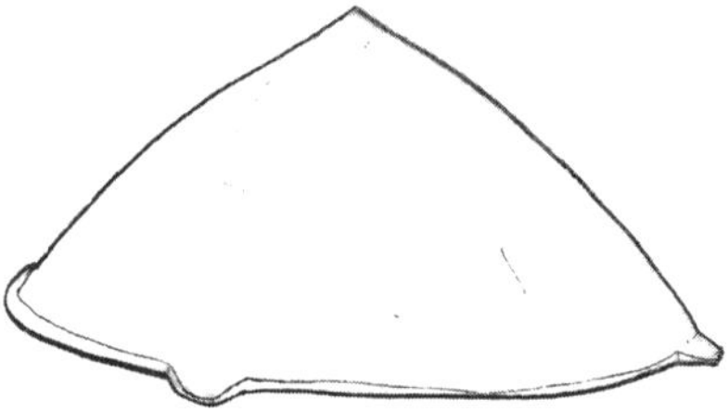

13　焼酎釜（ランビキ）

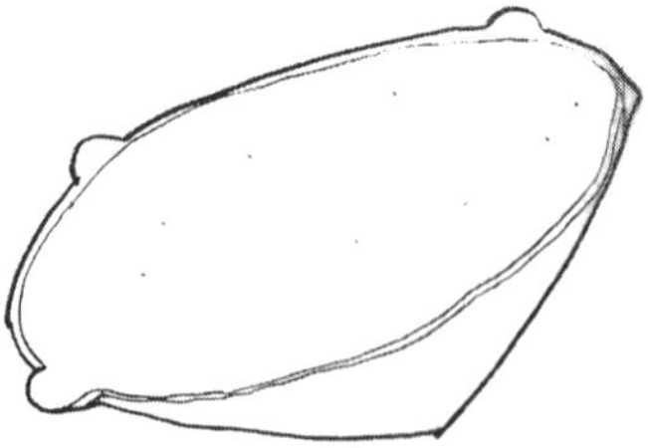

410×125×80

15　菓子焼き

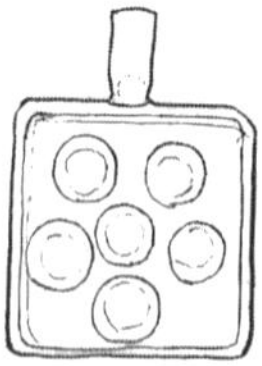

16　菓子焼き

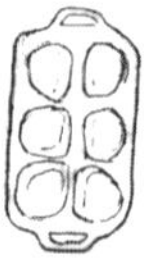

17　菓子焼き

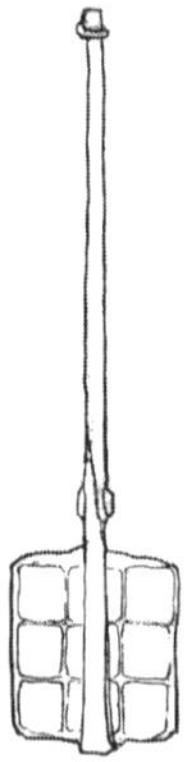

12 せんべい焼き（センベイヤキ）	煎餅焼き	鉄	反田万尋
13 焼酎釜（ランビキ）	焼酎の蒸留器	鋳物鉄	反田万尋
14 鉄器（テッキ）	餅焼	鉄　木	反田万尋
15 菓子焼き	菓子焼き	鋳鉄	石井　一
16 菓子焼き	菓子焼き	鋳鉄	石井　一
17 菓子焼き	菓子焼き	鋳鉄	石井　一

煮焼蒸用具4

18　蒸籠（セイロ）

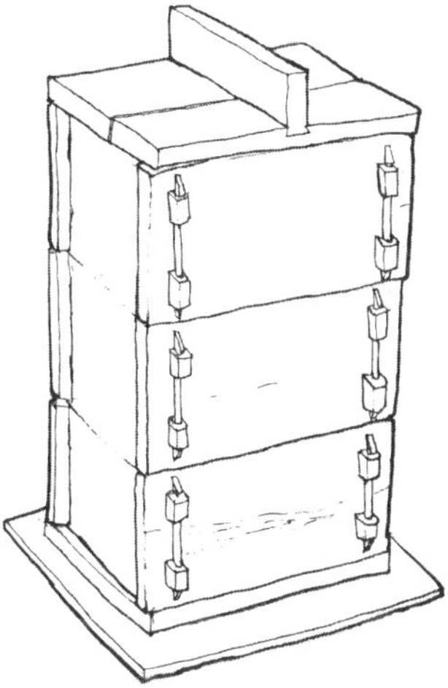

19　置き竈

21　置き竈

20　五徳（ゴトク）

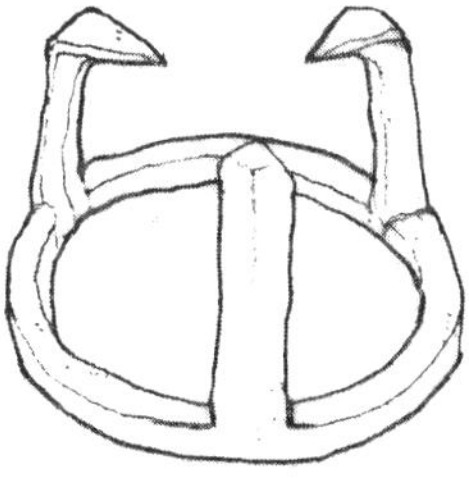

80×φ140

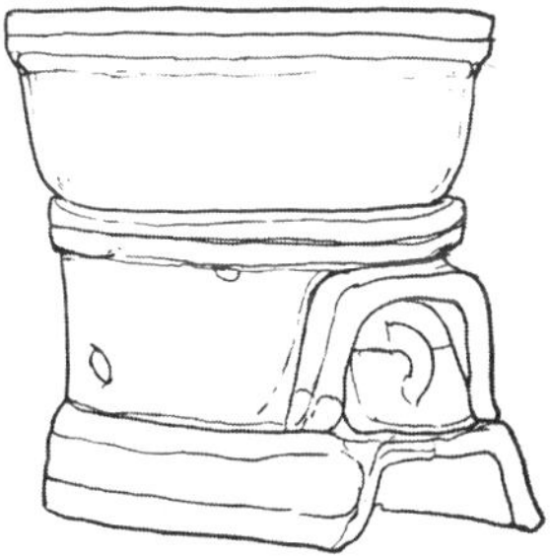

22　焜炉

18	蒸籠（セイロ）	蒸し器	木　三段　蓋付	青山藤登
19	置き竈	鍋釜をのせ煮炊く	陶器	石井　一
20	五徳（ゴトク）	囲炉裏や火鉢におき 鍋釜をのせる	鉄	反田万尋
21	置き竈	鍋釜をのせ煮炊く	陶器	石井　一
22	焜炉	鍋釜をのせ煮炊く	陶器	石井　一

食料調理・食用具 1

1　簀

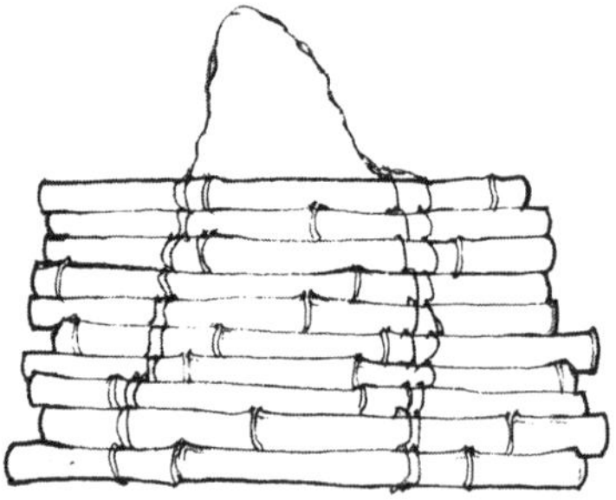

560×400

2　すり鉢

φ350(325)160(150)　×φ350

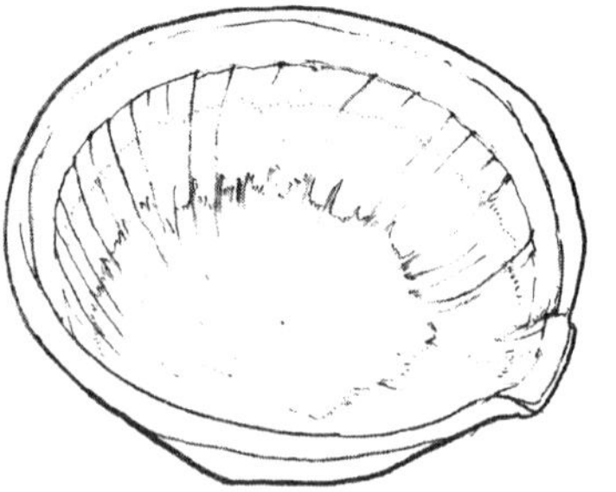

3　ささら(ササラ)

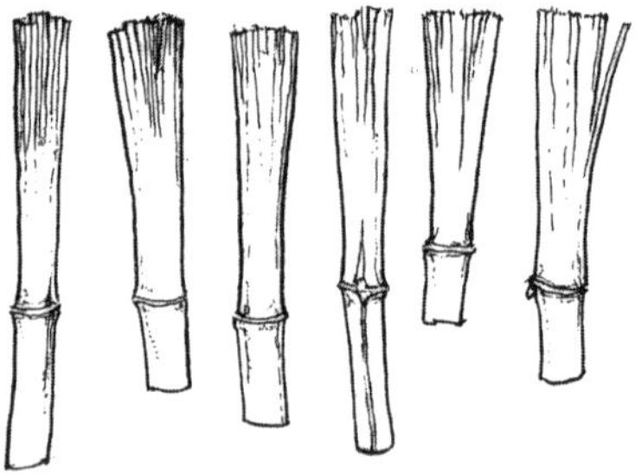

4　ところ天突き

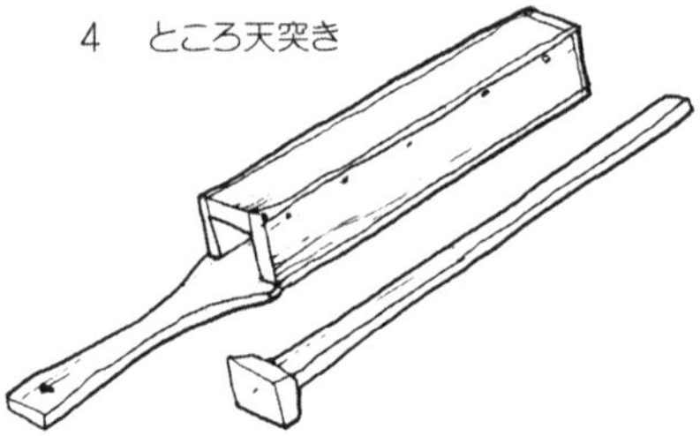

5　寿司の押し型

130×95×78

6　麺棒(メンボウ)

850×φ35

	名称（地方名）	使用法	材料・形態	使用者
1	簀	豆腐作りの簀	竹　シュロ紐止	浅枝正人
2	すり鉢	ごま擂り	陶器　外側釉薬	反田万尋
3	ささら（ササラ）	筅籠　擂鉢の掃除	真竹	反田万尋
4	ところ天突き	ところ天突き	木	石井　一
5	寿司の押し型	寿司の型	木	反田万尋
6	麺棒（メンボウ）	ソバやうどんを延ばす	木	岡崎幹郎

食料調理・食用具2

7　飯櫃

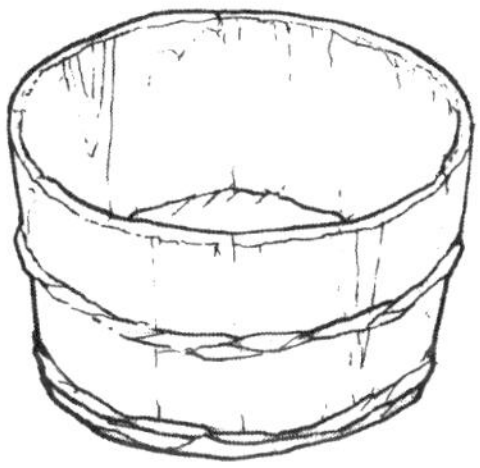

160(135)×φ395

8　飯櫃

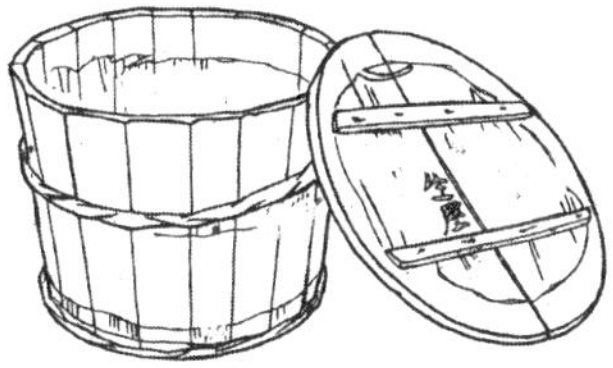

176(143)×φ187

9　飯櫃

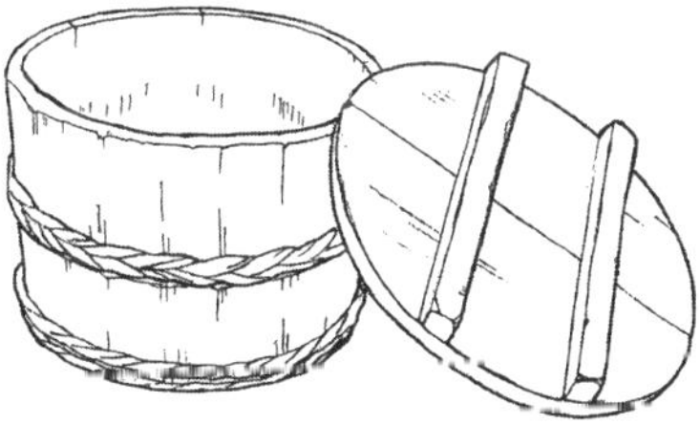

196(150)×φ198(175)

10　（ウオフネ）　φ455×625

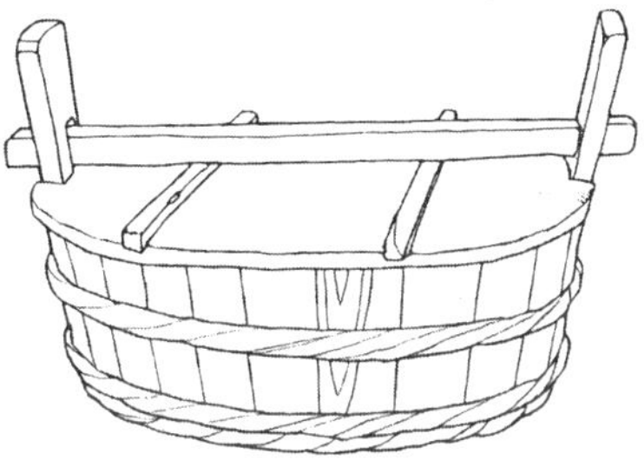

11　魚桶（サカナオケ）

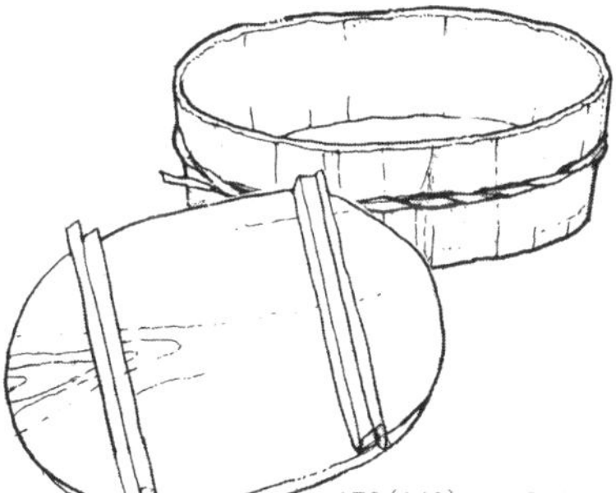

170(140)×φ540～φ345

12　半切り桶

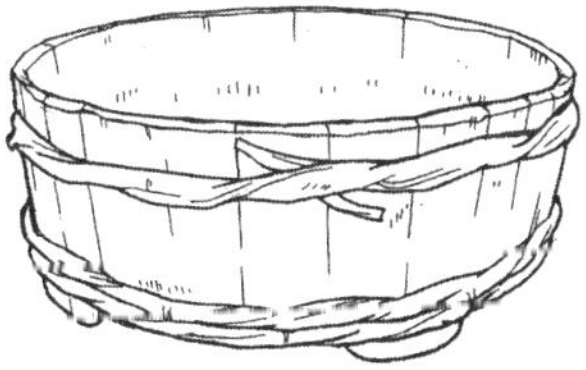

H215×φ610(580)

7	飯櫃 （オハチ　メシビツ　メシオケ）	御飯入れ	木	竹たが	板目	反田万尋
8	魚桶（サカナオケ）	御飯入れ	木	竹たが	渋塗(?)	浅枝正人
9	魚桶（サカナオケ）	御飯入れ	木	竹たが	渋塗(?)	浅枝正人
10	魚桶（サカナオケ）	魚入れ	木	竹たが	蓋付	浅枝正人
11	魚桶（サカナオケ）	魚入れ	木	竹たが	柾目　板目	反田万尋
12	魚桶（サカナオケ）	魚入れ	木	竹たが	渋塗(?)	浅枝正人

食料調理・食用具３

13　皿（サラ）

φ161

14　大皿（サハチ）

15　皿

13	皿（サラ）	おかずを盛る	磁器		浅枝正人
14	大皿（サハチ）	おかずを盛る	磁器	花尽し	梶原貴志人
15	皿	おかずを盛る	磁器	白地に染付　寿文字	岡崎幹郎

食料調理・食用具４

16　皿鉢（サハチ）

φ200

17　皿鉢（サハチ）

φ310

18　皿鉢（サハチ）

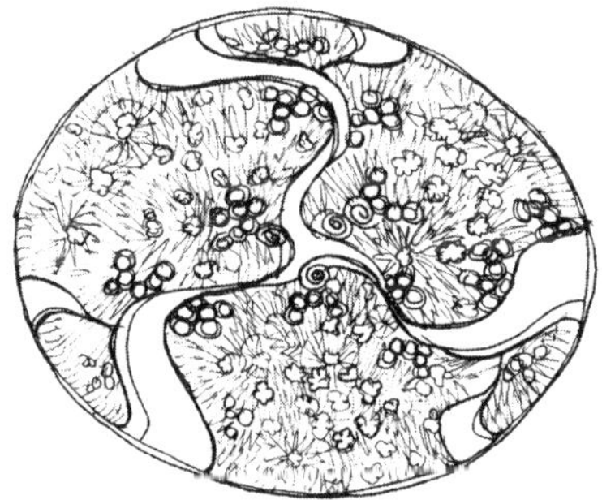

16	皿鉢（ｻﾊﾁ）	おかずを盛る	人寄用	磁器	白地に紺染付	風景	岡崎幹郎
17	皿鉢（ｻﾊﾁ）	おかずを盛る	人寄用	磁器	白地に紺染付	龍に雲	岡崎幹郎
18	皿鉢（ｻﾊﾁ）	おかずを盛る	人寄用	磁器	白地に紺染付	花尽し	岡崎幹郎
				裏に銘			

食料調理・食用具5

19　皿鉢（サハチ）

ϕ 313

20　皿鉢（サハチ）

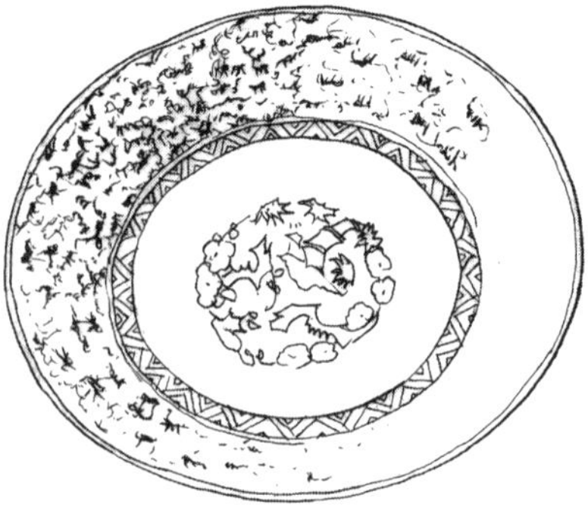

ϕ 300

21　皿鉢（サハチ）

ϕ 313

19 皿鉢（サハチ）	おかずを盛る　人寄用	磁器　白地に紺染付 山水画	岡崎幹郎
20 皿鉢（サハチ）	おかずを盛る　人寄用	磁器　白地に藍染付 表･松竹梅　裏･蔓唐草	岡崎幹郎
21 皿鉢（サハチ）	おかずを盛る　人寄用	磁器　白地に紺染付 山水画	岡崎幹郎

食料調理・食用具6

22　大皿（サハチ）

23　大皿（サハチ）

24　大皿（サハチ）

22	大皿（サハチ）	おかずを盛る	人寄用	磁器	山水画	梶原貴志人
23	大皿（サハチ）	おかずを盛る	人寄用	磁器	菊　木紋様	梶原貴志人
24	大皿（サハチ）	おかずを盛る	人寄用	磁器	山水画	梶原貴志人

食料調理・食用具 7

25　皿鉢（サハチ）

φ350

26　大皿（サハチ）

27　皿鉢（サハチ）

φ340

25 皿鉢（サハチ）	おかずを盛る　人寄用	磁器　白地に紺染付　松菊紋様屏風　茶釜模様	岡崎幹郎
26 大皿（サハチ）	おかずを盛る　人寄用	磁器　鳳凰	梶原貴志人
27 皿鉢（サハチ）	おかずを盛る　人寄用	磁器　白地に紺染付　花鳥	岡崎幹郎

食料調理・食用具 8

28　大皿(サハチ)

29　大皿(サハチ)

30　大皿(サハチ)

31　大皿(サハチ)

28	大皿（サハチ）	おかずを盛る　人寄用	磁器	山水画	梶原貴志人
29	大皿（サハチ）	おかずを盛る　人寄用	磁器	山水画	梶原貴志人
30	大皿（サハチ）	おかずを盛る　人寄用	磁器	山水画	梶原貴志人
31	大皿（サハチ）	おかずを盛る　人寄用	磁器	山水画	梶原貴志人

食料調理・食用具 9

32　菓子椀（ハッスン）

33　菓子椀（フタツキカシキ）

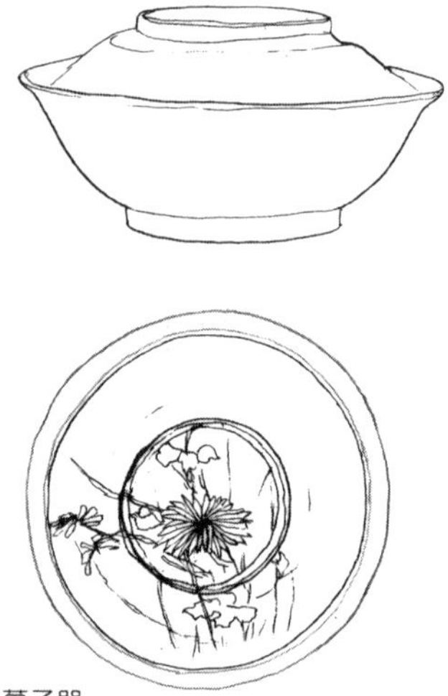

34　大平椀（ハッスン）

35　菓子器

275　φ265

32	菓子椀（ハッスン）	菓子入れ　祝儀用	木	朱漆塗	金蒔絵	花紋様	岡崎幹郎
33	菓子椀（フタツキカシキ）	菓子入れ　祝儀用	木	朱漆塗	金蒔絵	松に鶴紋様	岡崎幹郎
34	大平椀（ハッスン）	祝儀用	木	朱漆塗	金蒔絵	松竹梅	浅枝正人
35	菓子器	菓子入れ　祝儀用	木	朱漆塗	金蒔絵	高杯型	岡崎幹郎

食料調理・食用具 10

36　徳利(トックリ)

37　土瓶(ドビン)

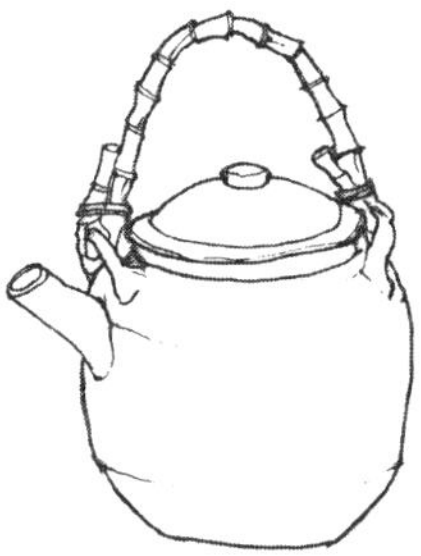

38　水差し

39　徳利(ブドウトックリ)

40　一升徳利(トックリ)

41　一升徳利(イッショウトックリ)

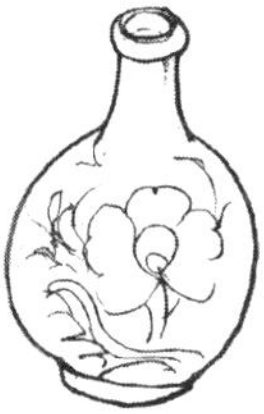

43　一升徳利
(イッショウトックリ)

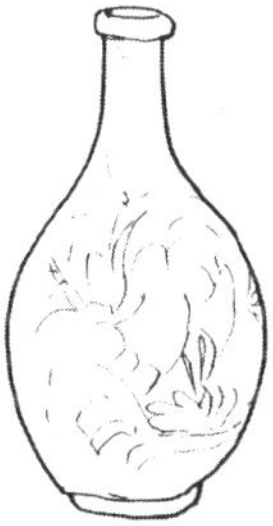

H250　口φ40　底φ140

44　水差し
(ミズサシ)

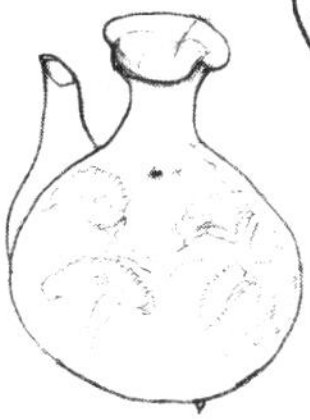

H140　口φ58　胴φ16

42　一升徳利(イッショウトックリ)

36 徳利（ﾄｯｸﾘ）	酒入れ	陶器か磁器　三合入	浅枝正人
37 土瓶（ﾄﾞﾋﾞﾝ）	湯茶入れ	陶器　釉薬　取っ手竹の根	反田万尋
38 水差し	水入れ	陶器　釉薬	反田万尋
39 徳利（ﾌﾞﾄﾞｳﾄｯｸﾘ）	酒入れ	陶磁器　白地に紺染付　ぶどう	岡崎幹郎
40 一升徳利（ﾄｯｸﾘ）	酒入れ	磁器　白地に紺染付	岡崎幹郎
41 一升徳利（ｲｯｼｮｳﾄｯｸﾘ）	酒入れ	磁器　藍染付　草花文様	反田万尋
42 一升徳利（ｲｯｼｮｳﾄｯｸﾘ）	酒入れ	磁器　藍染付 草花文様	反田万尋
43 一升徳利（ｲｯｼｮｳﾄｯｸﾘ）	酒入れ	磁器　藍染付　草花文様	反田万尋
44 水差（ﾐｽﾞｻｼ）	水入れ	陶磁器　白地に松図染付	岡崎幹郎

食料調理・食用具 11

45　徳利（トックリ）

H255　口φ42(34)
首80　底φ160

46　一升徳利（トックリ）

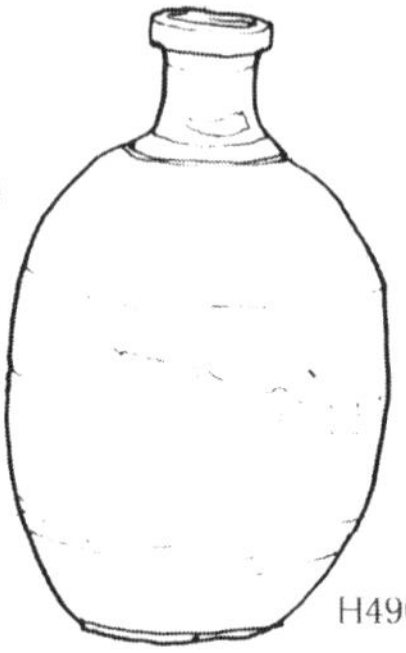

H490

47　徳利（五升トックリ）

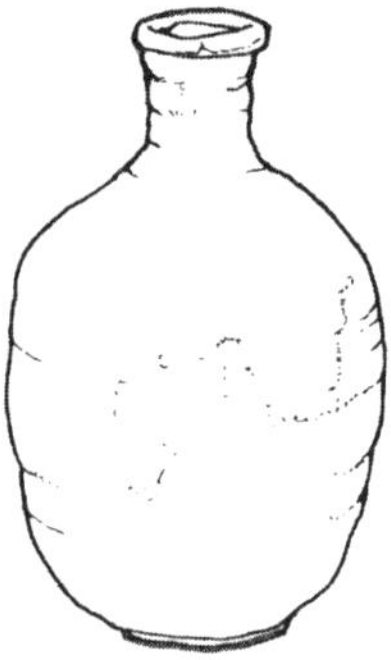

H220(145)　口φ73(53)

48　一升瓶（イッショウビン）

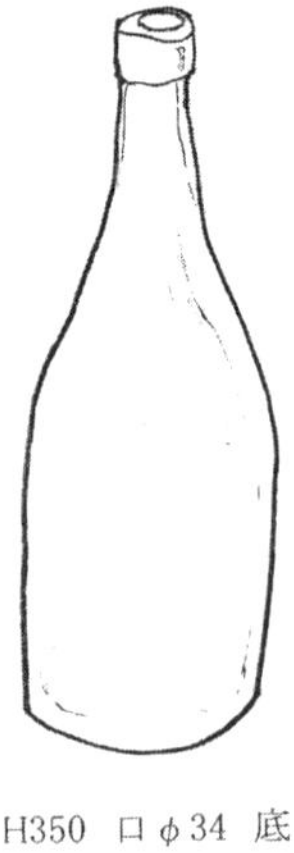

H350　口φ34　底φ120

49　一升瓶（イッショウビン）

H400　底φ100

50　徳利（トックリ）

H250　口φ35　底φ100　首85

45 徳利（トックリ）	酒入れ	陶器　一升入	浅枝正人
46 一升徳利（トックリ）	酒入れ	陶磁器	岡崎幹郎
47 徳利（五升トックリ）	酒入れ	陶器　五升入	浅枝正人
48 一升瓶（イッショウビン）	酒入れ	ガラスビン	岡崎幹郎
49 一升瓶（イッショウビン）	酒入れ	ガラス　黒色	反田万尋
50 徳利（トックリ）	酒入れ	陶器　一升入	浅枝正人

食料調理・食用具 12

51　盃洗

52　盃洗

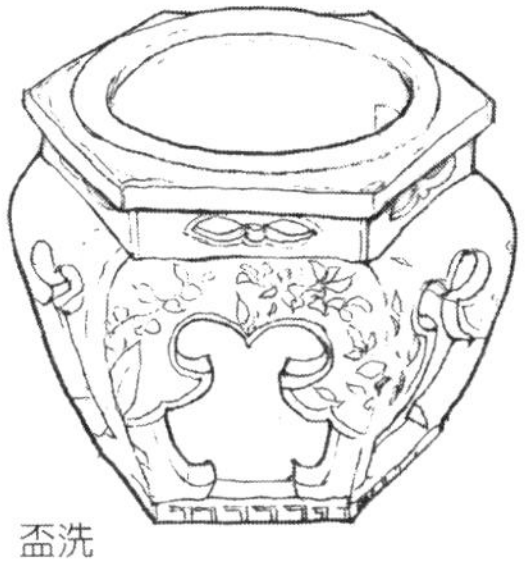

53　盃洗

H155　口φ153

54　盃洗

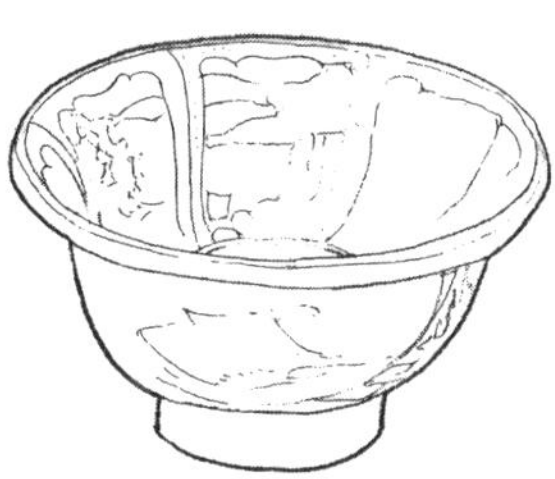

55　盃洗

56　盃洗

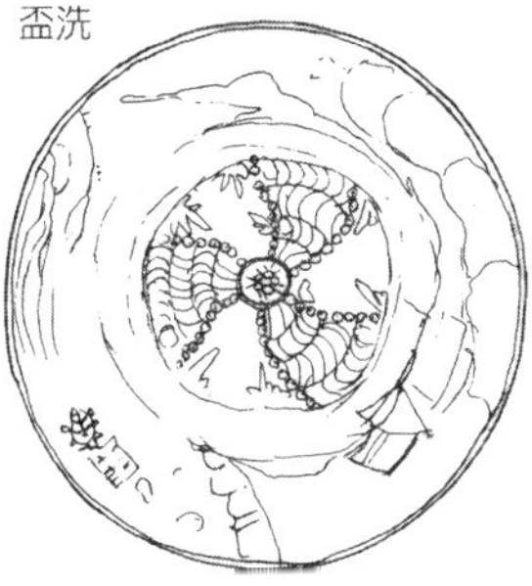

H130　φ100

51	盃洗	盃洗い	磁器	白地に紺染付	山水		岡崎幹郎
52	盃洗	盃洗い	磁器	白地に紺染付	花紋様	上部六角	岡崎幹郎
53	盃洗	盃洗い	真鍮				岡崎幹郎
54	盃洗	盃洗い	磁器	白地に紺染付	山水		岡崎幹郎
55	盃洗	盃洗い	磁器	白地に紺染付	山水		岡崎幹郎
56	盃洗	盃洗い	磁器	白地に紺染付	山水		岡崎幹郎

食料調理・食用具 37　土瓶

食料調理・食用具 40・42・43　一升徳利

食料調理・食用具 38　水差し

食料調理・食用具 57・58　箱膳

食料調理・食用具
61 ～ 65　皿

食料調理・食用具 76　膳

食料調理・食用具 74　丸膳

食料調理・食用具 85　切溜

食料調理・食用具 85　切溜の蓋

食料調理・食用具 84　重箱

食料調理・食用具 92　銚子

食料調理・食用具 94　飾銚子

食料調理・食用具 96　盃

食料調理・食用具13

57　箱膳（ハコゼン）

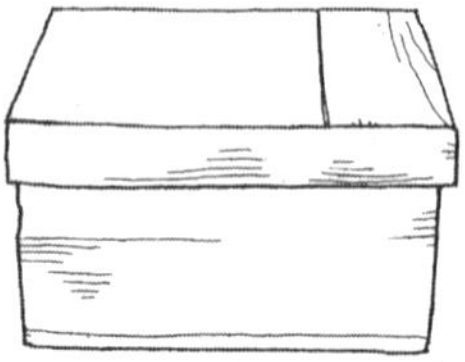

76×218(203)×218(203)

58　箱膳（ハコゼン）

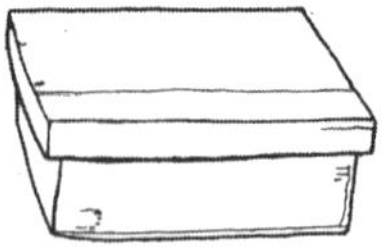

76×218(203)×218(203)

59　猪口（スジョコ）

60　猪口（スジョコ）

66×大φ94(87) 底φ75

61　皿（カラツモノ）

62　小鉢

63　皿（カラツモノ）

66　小皿（コザラ）

67　小皿（コザラ）

68　皿（カラツモノ）

69　小皿（コザラ）

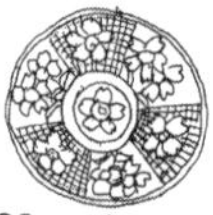

64　皿（カラツモノ）

65　皿（カラツモノ）

70　小鉢

71　小皿（コザラ）

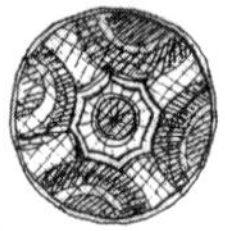

57	箱膳（ハコゼン）	食器入れ兼台　個別用	木　塗物　蓋付膳	浅枝正人
58	箱膳（ハコゼン）	食器入れ兼台　個別用	木　塗物　蓋付膳	浅枝正人
59	猪口（スジョコ）	酢物入	磁器　藍釉	浅枝正人
60	猪口（スジョコ）	酢物入	磁器　藍釉	浅枝正人
61	皿（カラツモノ）	おかずを盛る	磁器　白地に紺染付　山水	岡崎幹郎
62	小鉢	おかず入れ	磁器	岡崎幹郎
63	皿（カラツモノ）	おかずを盛る	磁器　白地に紺染付　山水	岡崎幹郎
64	皿（カラツモノ）	おかずを盛る	磁器　白地に紺染付　山水	岡崎幹郎
65	皿（カラツモノ）	おかずを盛る	磁器　白地に紺染付　山水	岡崎幹郎
66	小皿（コザラ）	おかずを盛る	磁器　白地に染付　花紋	岡崎幹郎
67	小皿（コザラ）	おかずを盛る	磁器　白地に染付　花紋	岡崎幹郎
68	皿（カラツモノ）	おかずを盛る	磁器　白地に染付　花紋	岡崎幹郎
69	小皿（コザラ）	おかず入れ	磁器　白地に染付　花紋	岡崎幹郎
70	小鉢	おかず入れ	木　黒漆塗　金蒔絵	岡崎幹郎
71	小皿（コザラ）	おかず入れ	磁器　白地に染付　花紋	岡崎幹郎

食料調理・食用具 14

72　高足膳（クロヌリゼン）

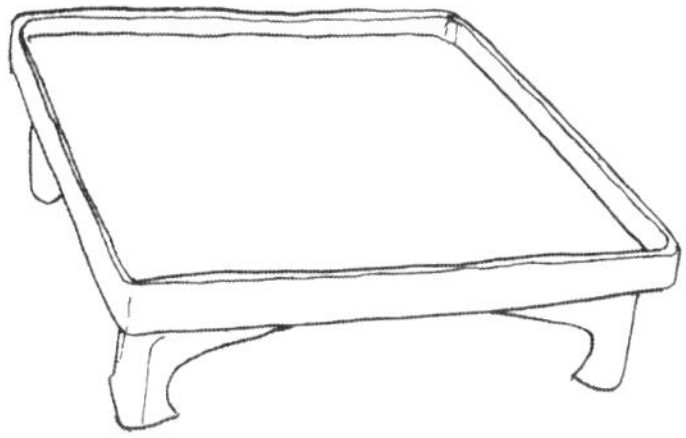

270方形

73　高足膳（アカヌリゼン）

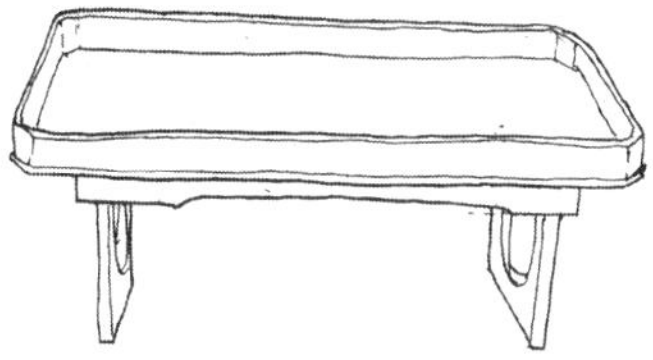

150×286方形

74　丸膳（マルゼン）

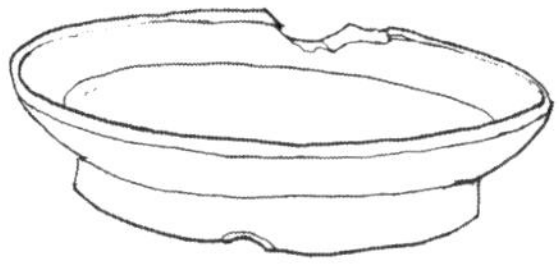

75　猫足膳

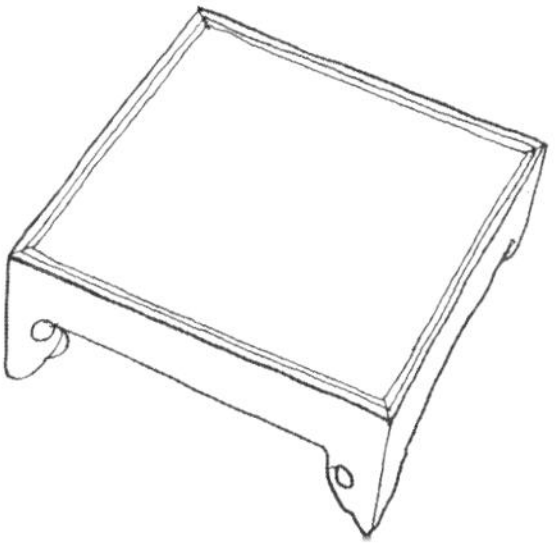

300方形

76　膳（コオダチゼン）

H75　302×302

72	高足膳（クロヌリゼン）	祝儀不祝儀用の器の台	木	黒漆塗　高足付	岡崎幹郎
73	高足膳（アカヌリゼン）	祝儀用の器の台	木	漆塗り	岡崎幹郎
74	丸膳（マルゼン）	祝儀不祝儀用の器の台	木	刳り物	実升三郎次
75	猫足膳	祝儀不祝儀用の器の台	木	表黒漆塗	岡崎幹郎
76	膳（コオダチゼン）	祝儀不祝儀用の器の台	木	漆塗	浅枝正人

食料調理・食用具 15

77　高足膳（クロヌリゼン）

330方形

78　平膳（ゼン）

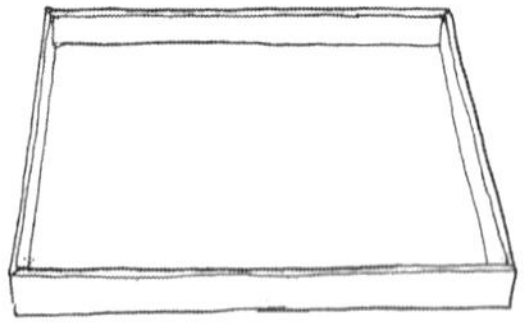

79　膳

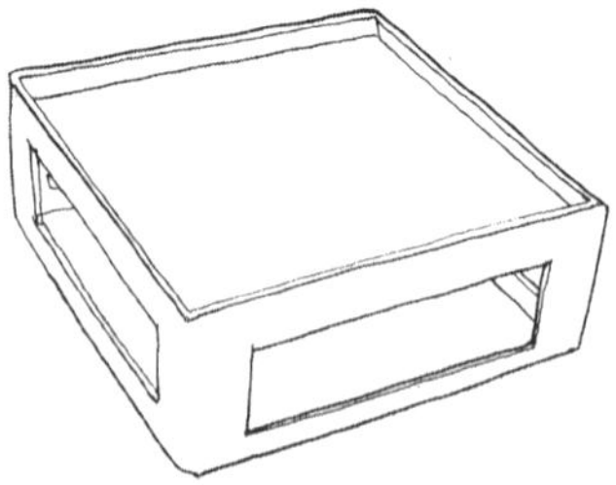

77	高足膳（クロヌリゼン）	祝儀不祝儀用の器の台	木　黒漆塗　高足付　一の膳二の膳セット	岡崎幹郎
78	平膳（ゼン）	祝儀不祝儀用の器の台	木　漆塗	岡崎幹郎
79	膳	祝儀不祝儀用の器の台	木　漆塗	岡崎幹郎

食料調理・食用具16

80　高足膳（クロヌリゼン）

330方形

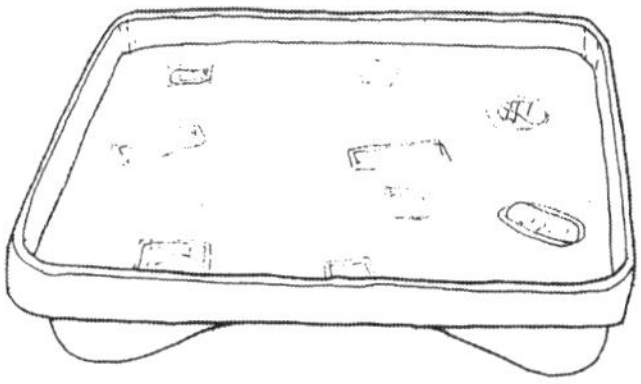

81　足付膳

82　高足膳　椀（飯　汁　平　壺）

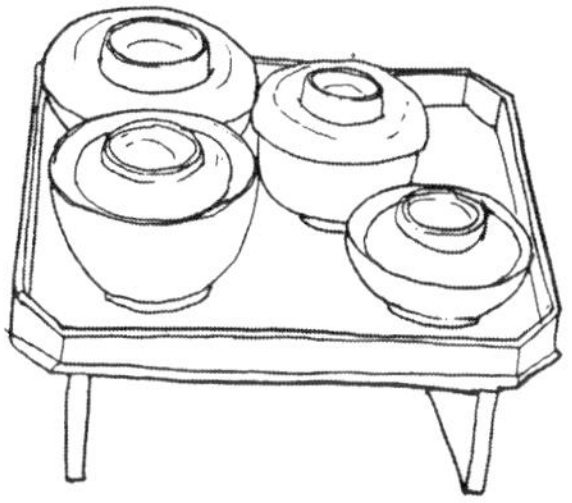

300方形

83　かし椀　箱（カシワン　カシワンハノコ）

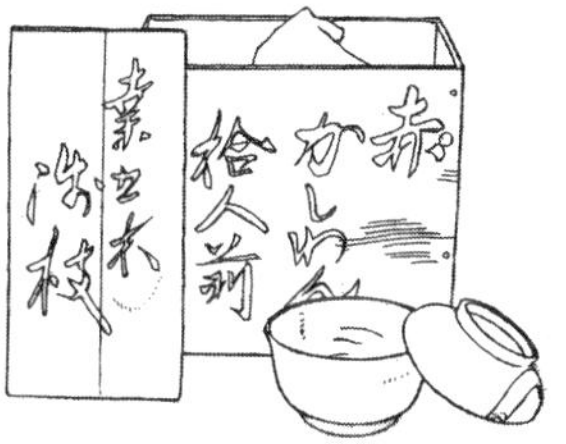

箱・280（268）×148（130）

80	高足膳（クロヌリゼン）	祝儀不祝儀用の台	木　黒漆塗　高足付き	岡崎幹郎
81	足付膳	祝儀不祝儀用の台	木　黒漆塗　縁金 印紋様　足付	岡崎幹郎
82	高足膳 椀（飯　汁　平　壺）	祝儀不祝儀用の器 と台	木　膳　刷り漆 椀　黒漆塗	岡崎幹郎
83	かし椀　箱 （カシワン　カシワンハノコ）	人寄せ用の器	椀　朱漆塗　木箱	浅枝正人

食料調理・食用具 17

84　重箱（イエジュウ）

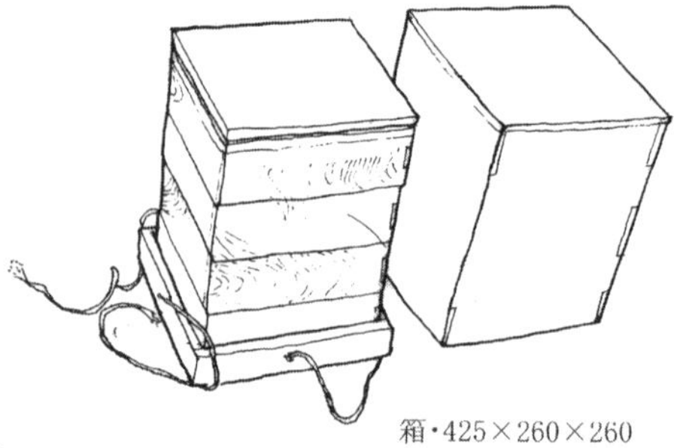

箱・425×260×260

85　切溜（イレコ）

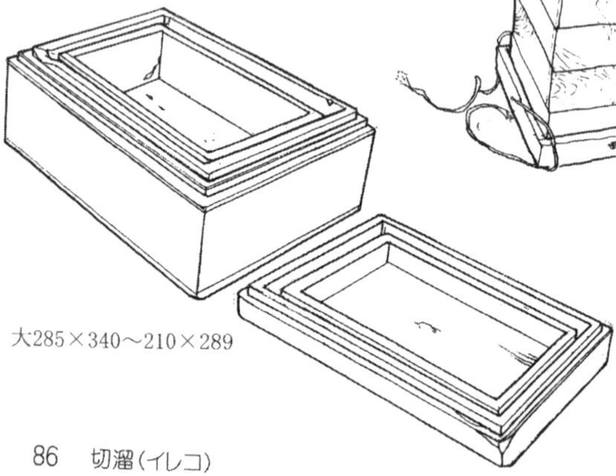

大285×340～210×289

86　切溜（イレコ）

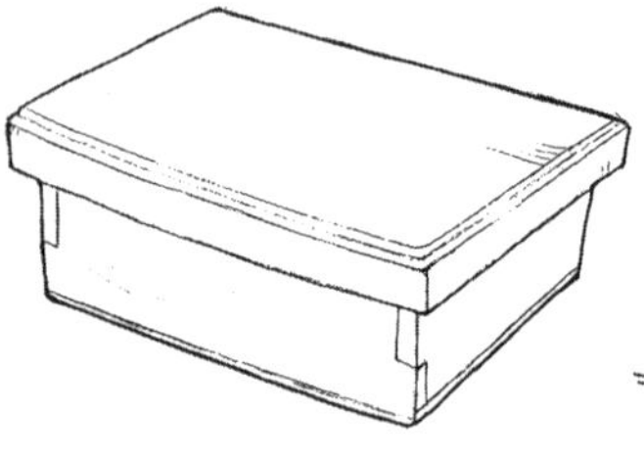

289(260)×211(186)

87　重箱（イエジュウ）

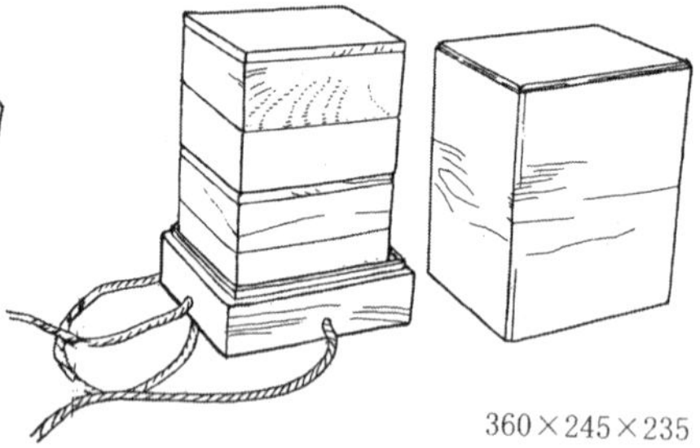

360×245×235

84	重箱（イエジュウ）	馳走いれ	木	漆塗	4重	箱入	浅枝正人
85	切溜（イレコ）	馳走いれ	木	漆塗	四重		浅枝正人
86	切溜（イレコ）	馳走いれ	木	漆塗	一重		浅枝正人
87	重箱（イエジュウ）	祝儀不祝儀の馳走入	木	漆塗	四重	外箱	反田万尋

食料調理・食用具 18

88　弁当箱（ベントウバコ、ベントウバコイレ）

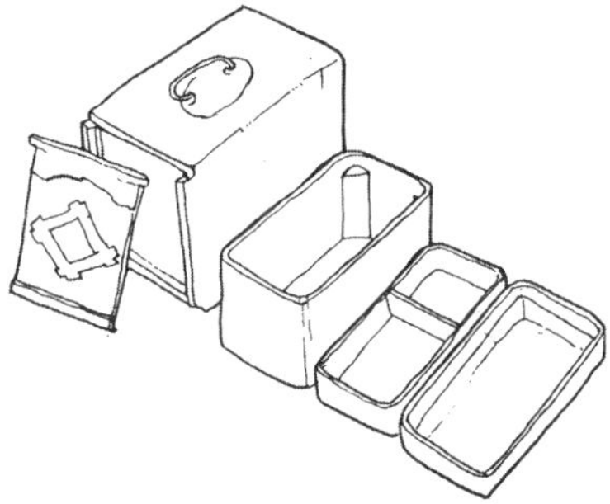

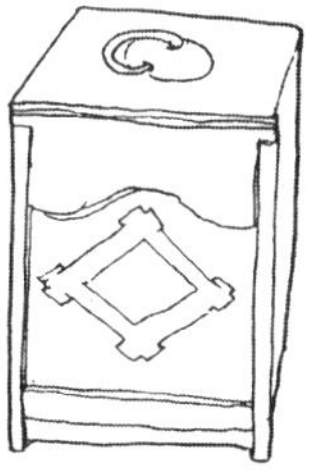

145×193×105　飯入15×170×85

89　ちろり（ドーコ付チロリ）

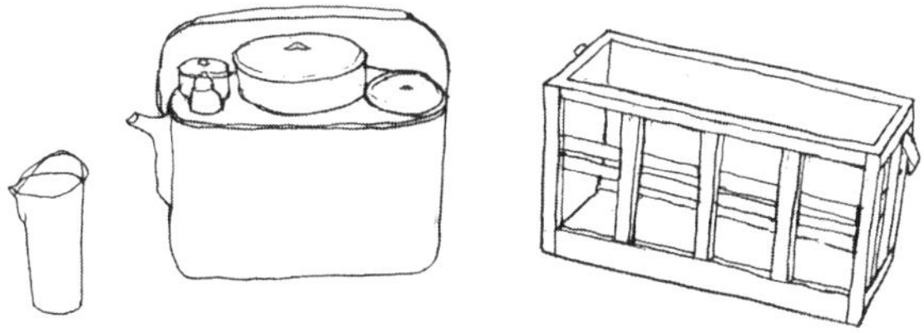

140×265×160

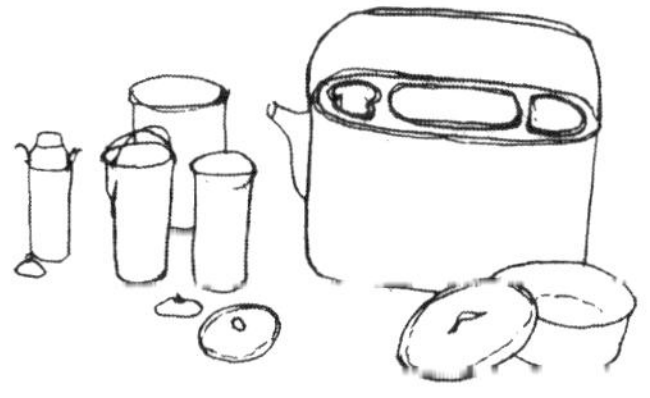

88	弁当箱 （ベントウバコ、ベントウバコイレ）	弁当入	木	紋付	黒漆塗	三重	岡崎幹郎
89	ちろり（ドーコ付チロリ）	酒燗	外枠木	中は銅合金			岡崎幹郎

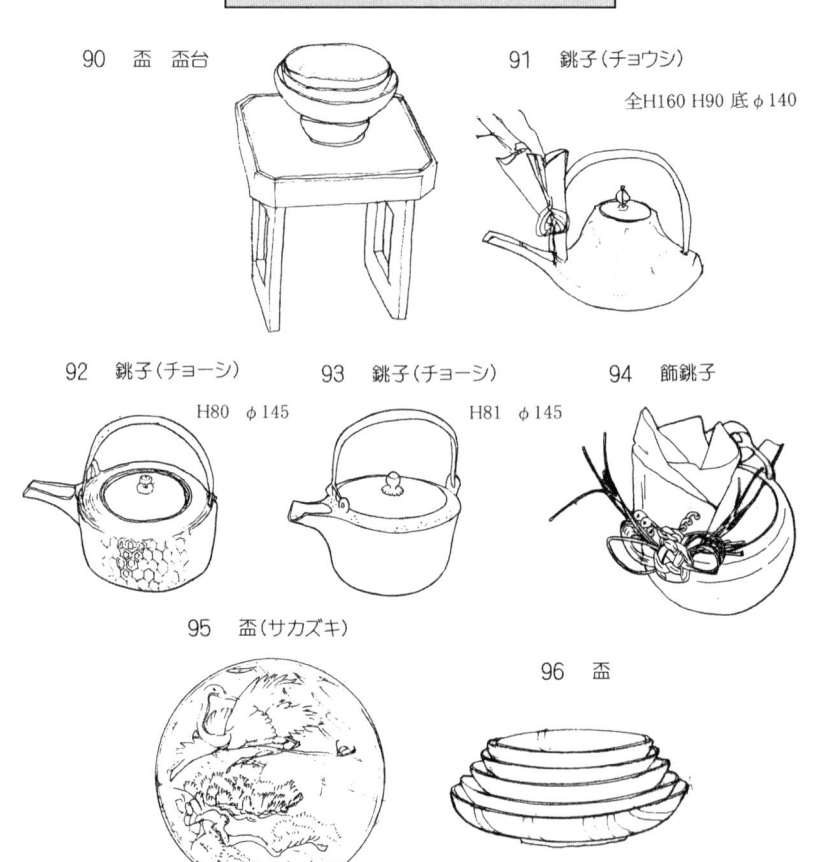

食料調理・食用具 19

90　盃　盃台

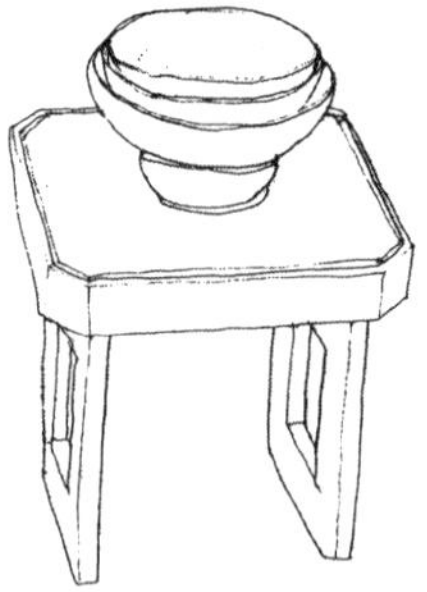

91　銚子（チョウシ）

全H160 H90 底ϕ140

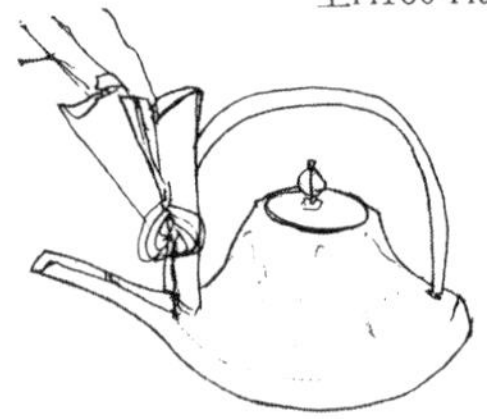

92　銚子（チョーシ）

H80　ϕ145

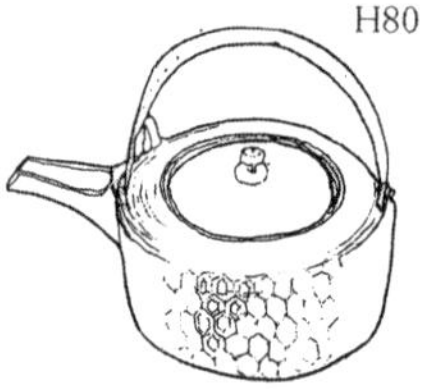

93　銚子（チョーシ）

H81　ϕ145

94　飾銚子

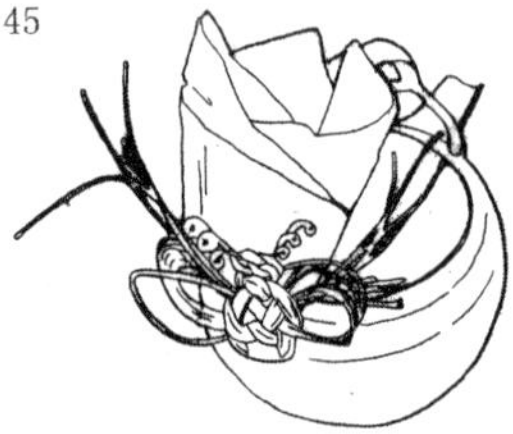

95　盃（サカズキ）

96　盃

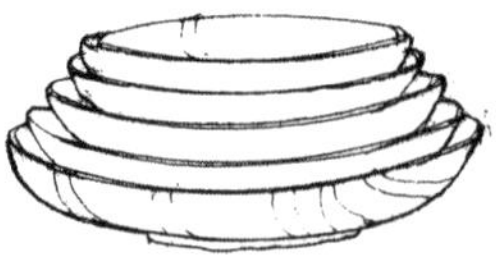

90 盃　盃台	祝儀用飲酒セット	盃　盃台は木に朱漆塗	岡崎幹郎
91 銚子（チョウシ）	祝儀の酒入れ	鋳物	岡崎幹郎
92 銚子（チョーシ）	祝言の酒入れ	鋳物	浅枝正人
93 銚子（チョーシ）	祝言の酒入れ	鋳物	浅枝正人
94 飾銚子	祝儀の酒入れ	真鍮　水引	梶原貴志人
95 盃（サカズキ）	祝儀の飲酒用	木　朱漆塗　金蒔絵 松に鶴紋様	岡崎幹郎
96 盃（サカズキ）	祝儀の飲酒用	木　朱漆塗　金蒔絵 松に鶴紋様　五重	岡崎幹郎

容器・包装用具 1

1　五斗桶（オケ）

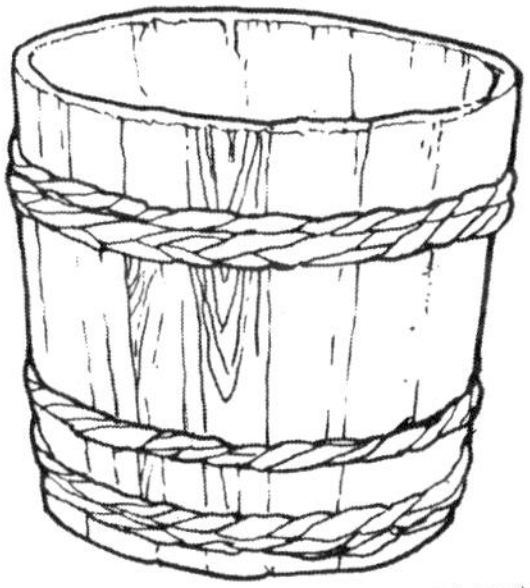

H510(455)　φ550(内515

2　桶（オケ）

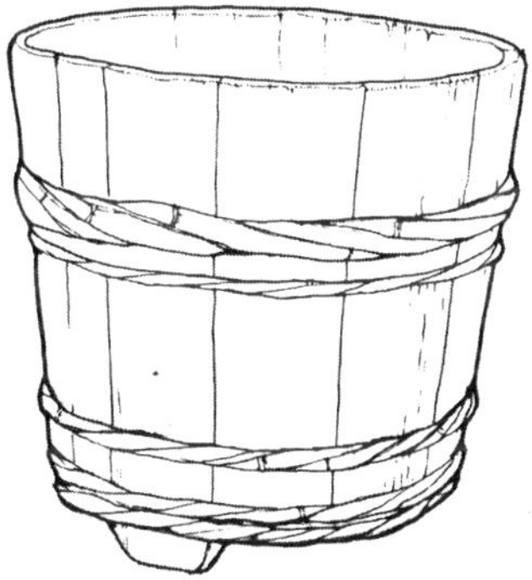

3　桶

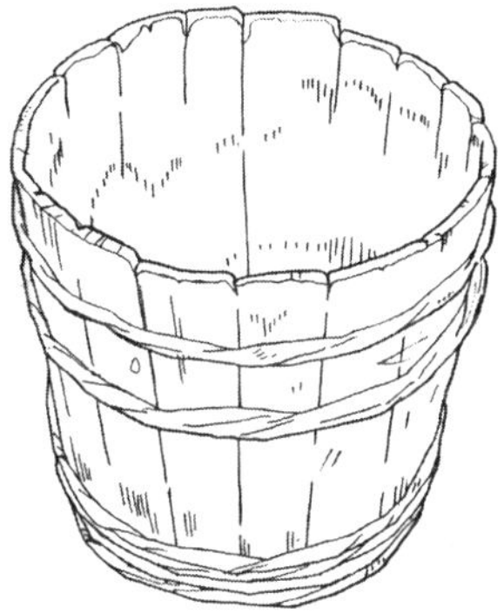

4　半ぎり桶（ハンギリオケ）

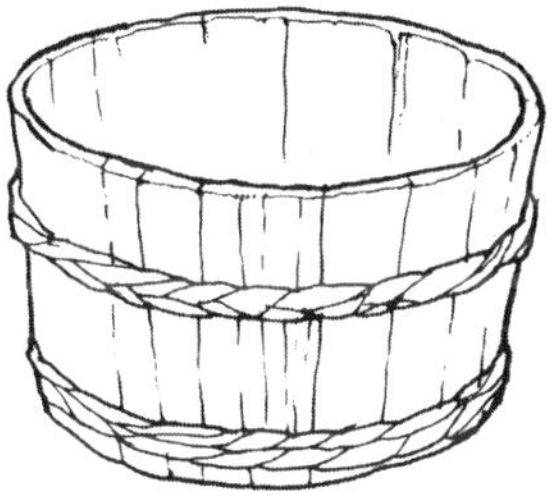

H400(350)　φ685(655)

	名称（地方名）	使用法	材料・形態	使用者
1	五斗桶（オケ）	米入れ	杉　竹たが5巻　板目　5斗入	反田万尋
2	桶（オケ）		木　竹たが　足付	岡崎幹郎
3	桶	殻類入れ	木　竹たが	浅枝正人
4	半ぎり桶（ハンギリオケ）		杉　竹たが	反田万尋

容器・包装用具 2

5　桶

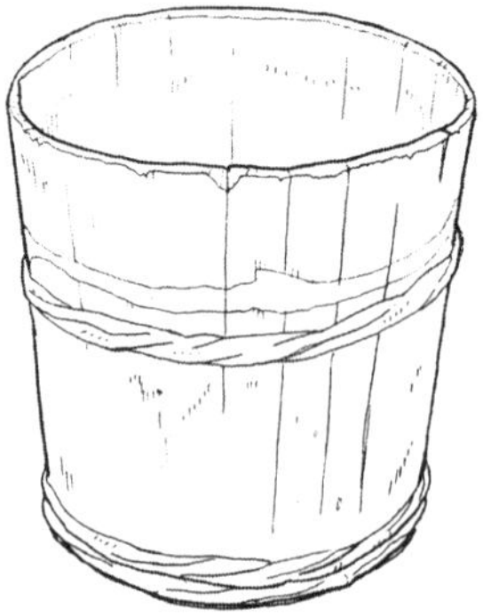

6　桶(コメビツ)

H530　φ515

7　三升樽（タル）

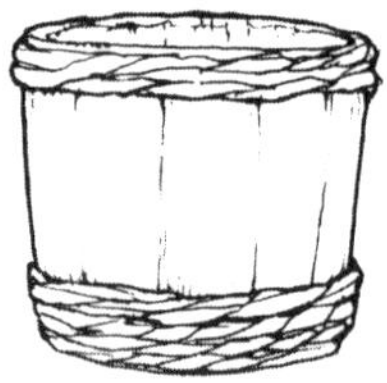

210　φ255(225)

8　桶

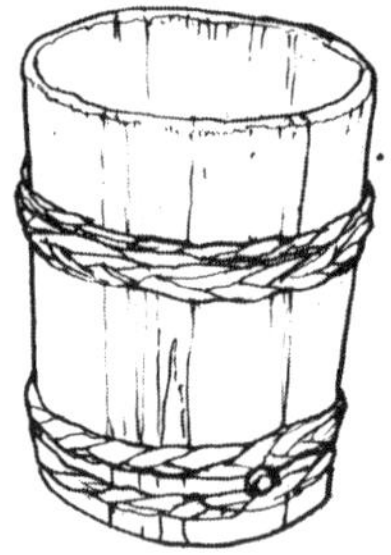

485(440)　φ366(336)

5	桶	殻類入れ	木	竹たが			浅枝正人
6	桶（コメビツ）	米入れ	木	竹たが			浅枝正人
7	三升樽（タル）		杉	竹たが	板目	3升入	反田万尋
8	桶		杉	竹たが	板目	つく付	反田万尋

容器・包装用具3

9　甕

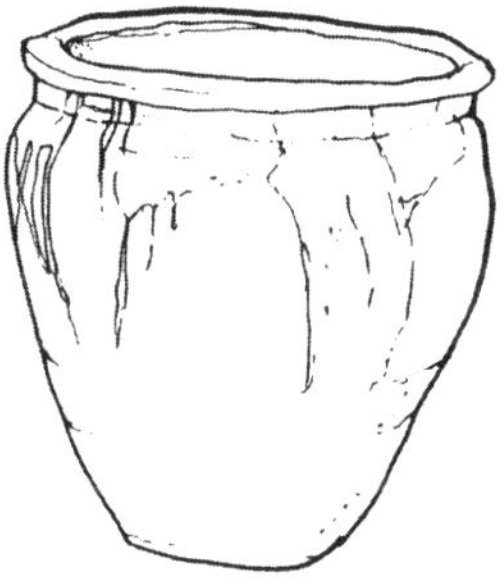

10　甕

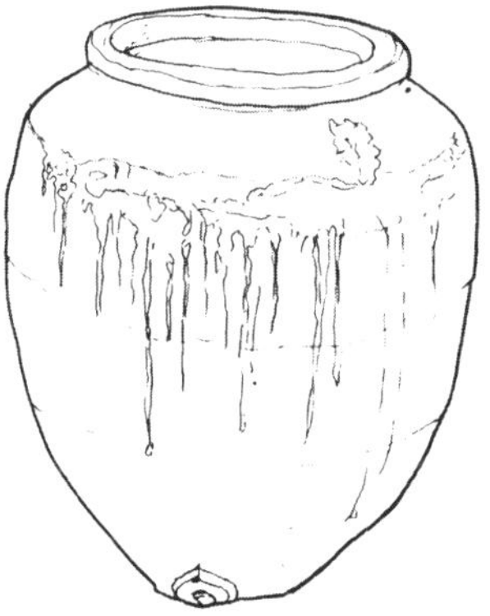

630　口φ455　縁35　底φ190

11　甕(カメ)

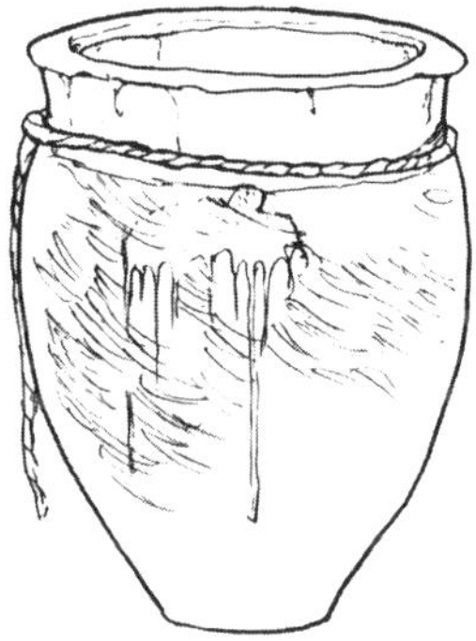

12　甕(ハンド)

9	甕		陶器	鉄釉		浅枝正人
10	甕	醤油などの液体を入れる	陶器	鉄釉	下に口有り	岡崎幹郎
11	甕（カメ）	灰屋に有り　小便壺（カ）	陶器	釉薬		青山藤登
12	甕（ハンド）		陶器	茶釉		岡崎幹郎

容器・包装用具4

13　茶壺（チャツボ）

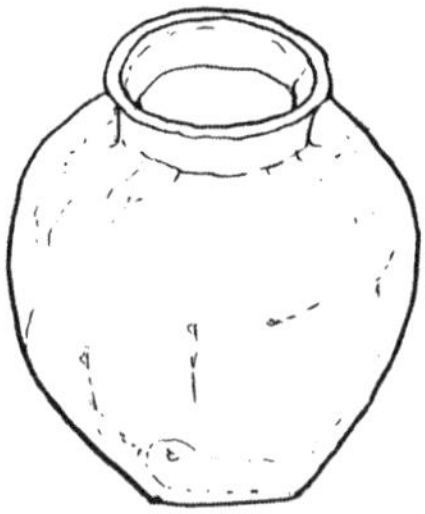

14　甕（ショウチュウガメ）

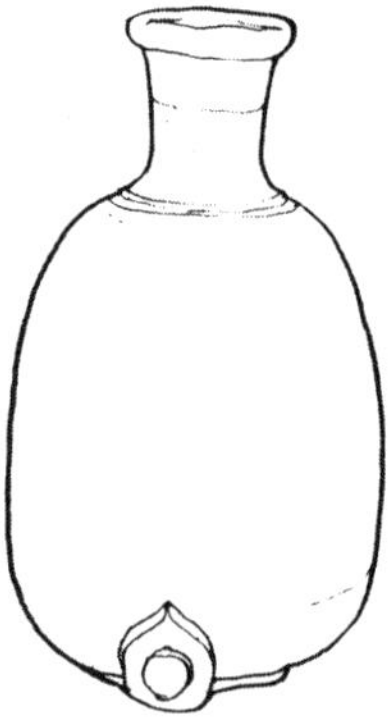

15　鉢（ウエキバチ）

115　口φ102(72)

16　甕

17　焼酎甕

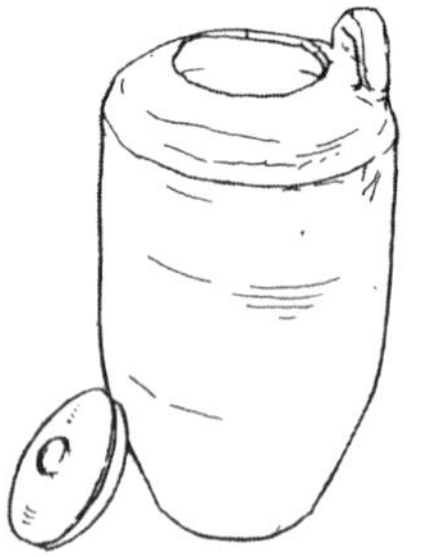

13 茶壺（チャツボ）	茶入れ	素焼き陶器	青山藤登
14 甕（ショウチュウガメ）	焼酎入れ	陶器　白釉　口有り	岡崎幹郎
15 鉢（ウエキバチ）	植木	陶器　茶釉	浅枝正人
16 甕	塩　梅干入れ	陶磁器　茶釉	浅枝正人
17 焼酎甕	醤油入れ	陶器　茶釉　取手　蓋付	浅枝正人

容器・包装用具 5

18　箱

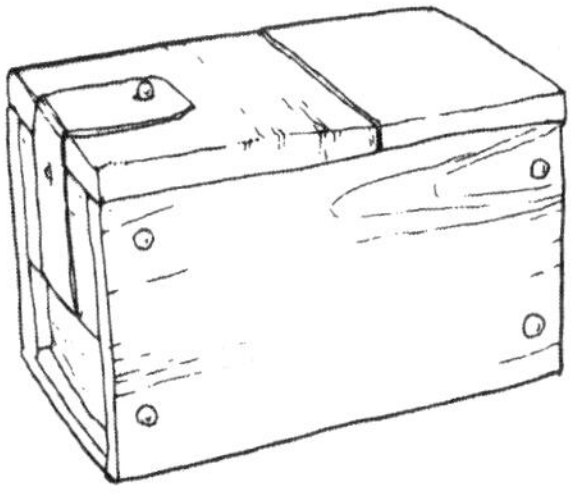

19　銭箱（ゼニバコ）

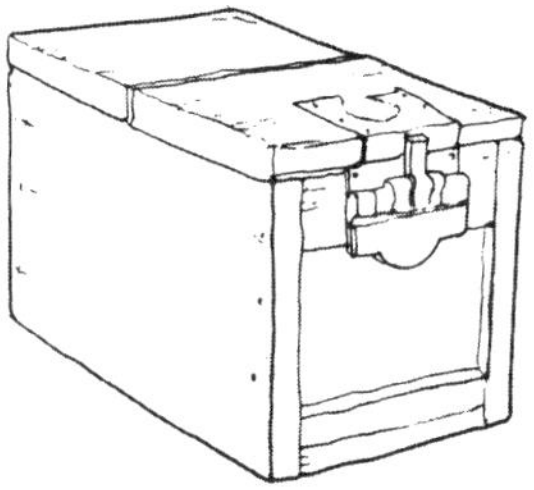

280×260×490

20　手提げ箱

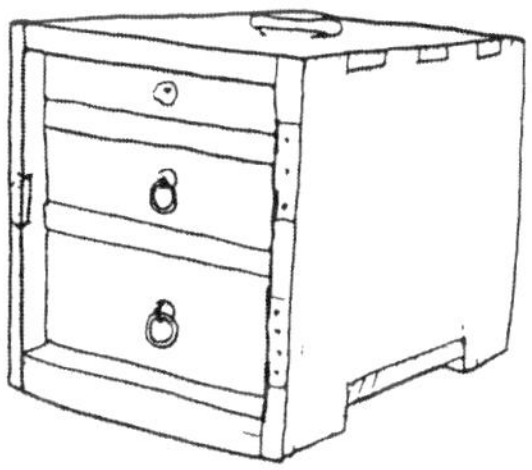

21　印鑑箱（インカンバコ）

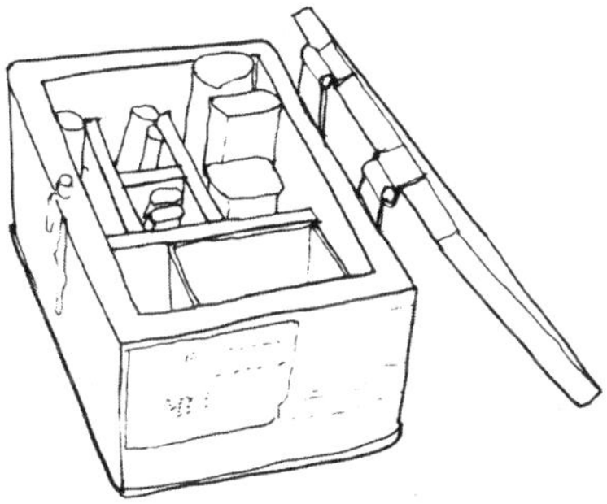

18 箱	もの入れ	木　引出付き　金具付き	反田万尋
19 銭箱（ゼニバコ）	銭入れ	木　鉄　止金付　鍵	岡崎幹郎
20 手提げ箱	もの入れ	木　引出付 紀銘「明治四十年宗像」	反田万尋
21 印鑑箱（インカンバコ）	印鑑入れ	木　金属止金	岡崎幹郎

容器・包装用具 6

22　籠（ヨツアシカゴ）

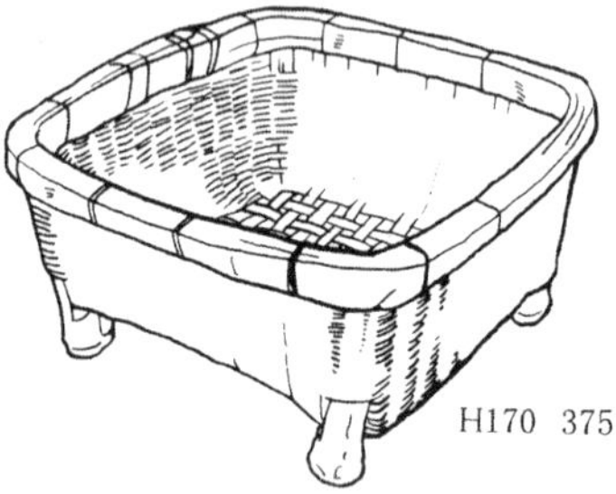

H170　375×335

23　籠

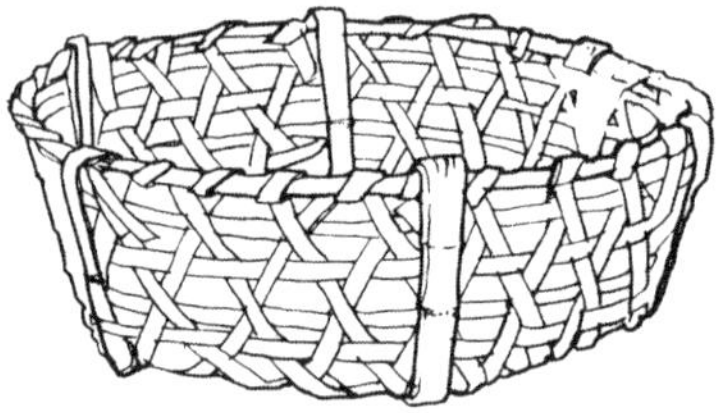

24　行李

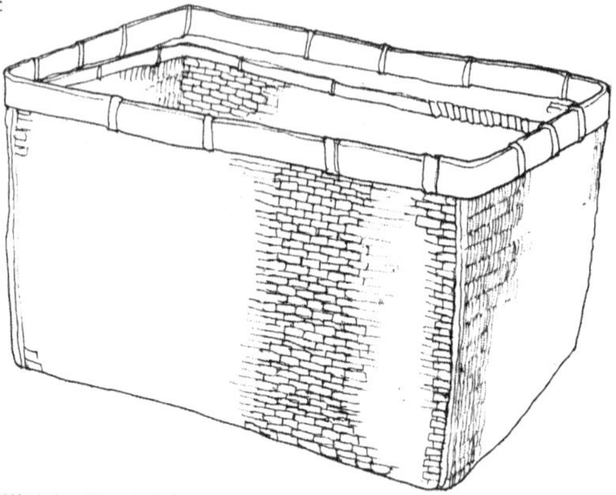

25　衣紋掛け（エモンカケ）

22　籠（ヨツアシカゴ）	食器入れ	竹　胴ゴザ目　四つ目底 柾割当て縁針金止	浅枝正人
23　籠	もの入れ	竹底 側差し六つ目 巻縁	岡崎幹郎
24　行李	衣類入れ	柳 縁は竹 胴はござ目 柾割竹縁	岡崎幹郎
25　衣紋掛け（エモンカケ）	着物かけ	竹　布紐	岡崎幹郎

容器・包装用具 7

26　張子の笊（1升入りハリコ）

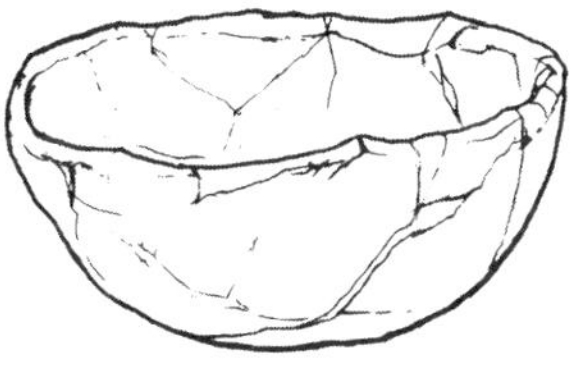

φ255(240)　H(90)

27　張子のしょうけ（ハリコ）

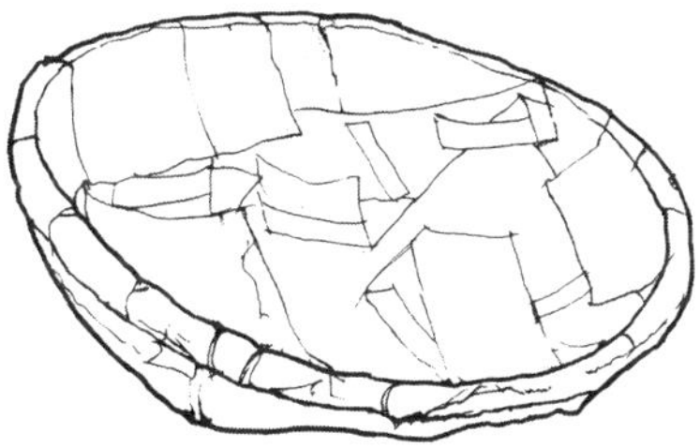

φ430　幅420　H200　F(150)

28　張子のしょうけ（ハリコ）

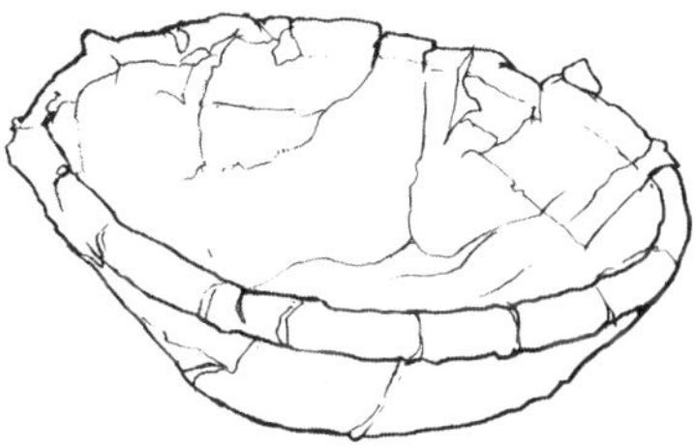

φ520(480)　H(150)

29　張子の手箕（ハリコ）

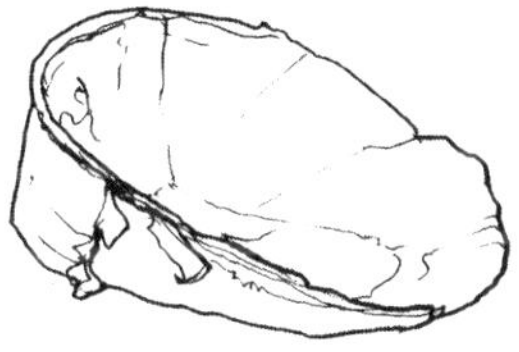

奥行き530　幅555　全H220

26 張子の笊（1升入ハリコ）	もの入れ	竹製の笊に和紙貼り	1升入	反田万尋
27 張子のしょうけ（ハリコ）	もの入れ	竹製の笊に和紙貼り		反田万尋
28 張子のしょうけ（ハリコ）	もの入れ	竹製の笊に和紙　新聞紙貼り		反田万尋
29 張子の手箕（ハリコ）	もの入れ	竹製の笊に和紙貼り		反田万尋

容器・包装用具 8

30　櫃入れ

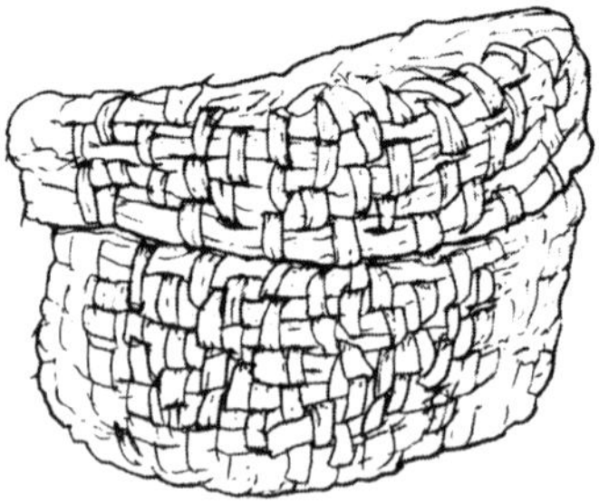

31　茶碗入れ（チャワンイレノフゴ）

φ240(210)　H365(310)

32　飯櫃入れ（メシビツノフゴ）

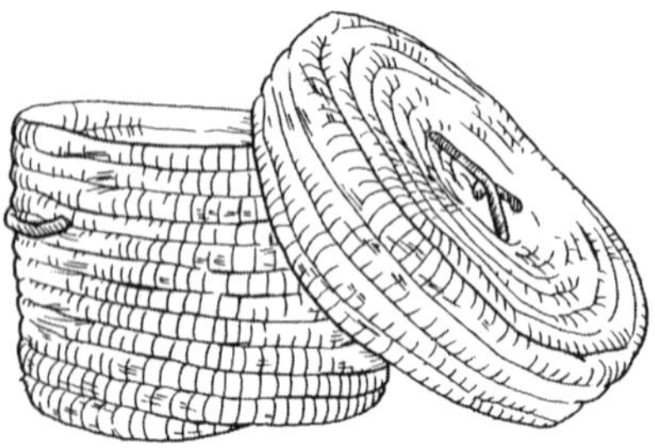

φ380　H25　縁T20

30 櫃入れ	保温用容器	藁 巻き上げ編み	石井　一
31 茶碗入れ（チャワンイレノフゴ）	茶碗入れ	藁 網代編み	浅枝正人
32 飯櫃入れ（メシビツノフゴ）	飯櫃の保温	藁とたこ糸　巻上げ編	浅枝正人

容器・包装用具 9

33　籠（チャワンメゴ）

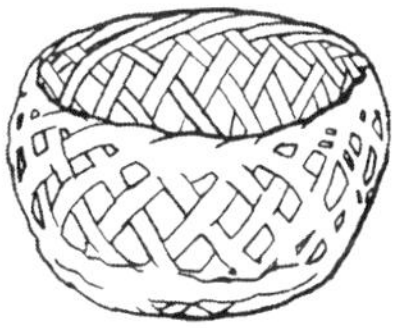

口 φ305　H175　F120

34　籠

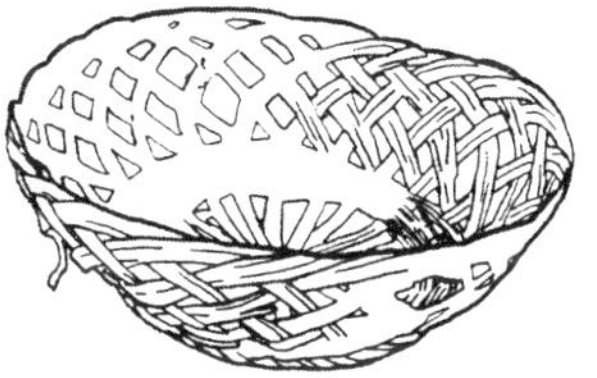

口 φ435(420)　H150　F125

35　木鉢(キバチ)

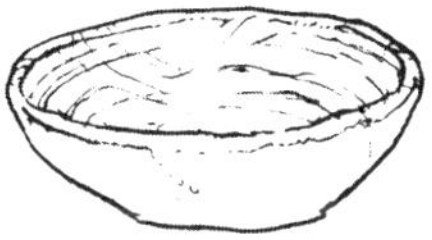

φ206(194)　底 φ120　H50　F45

36　籠　（チャワンメゴ）

口 φ305　H175　F120

37　土篩(ツチフルイ)

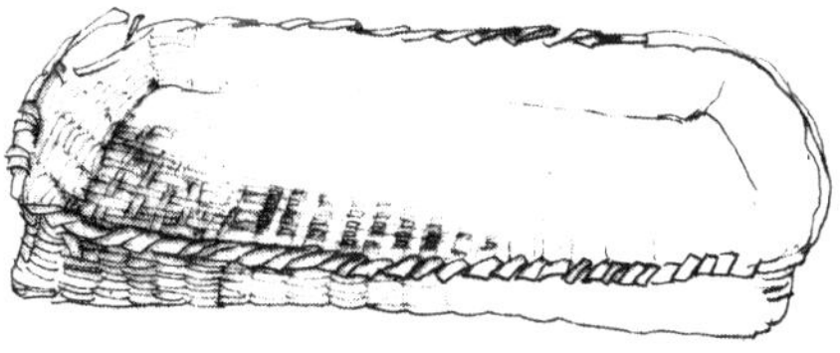

底700×700　.H100

33 籠（チャワンメゴ）	もの入れ	しの竹４本、めご編み	浅枝正人
34 籠	食器や野菜の水切	割竹 めご編み	浅枝正人
35 木鉢（キバチ）	もの入れ	木	反田万尋
36 籠（チャワンメゴ）	もの入れ	しの竹４本 めご編み	浅枝正人
37 土篩（ツチフルイ）	土ふるい	竹　底四つ目 側ござ目 巻縁	岡崎幹郎

容器・包装用具 10

38　道具入れ

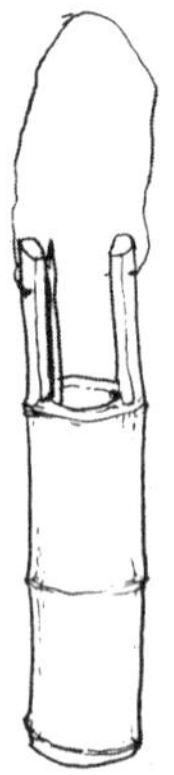

39　道具入れ

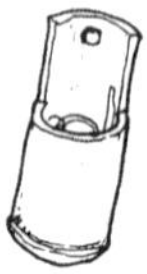

40　道具入れ

41　杓子立て(ヨロズ)

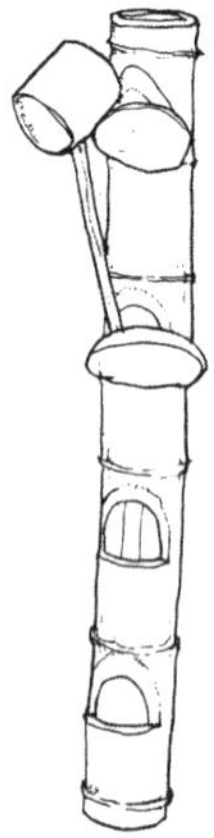

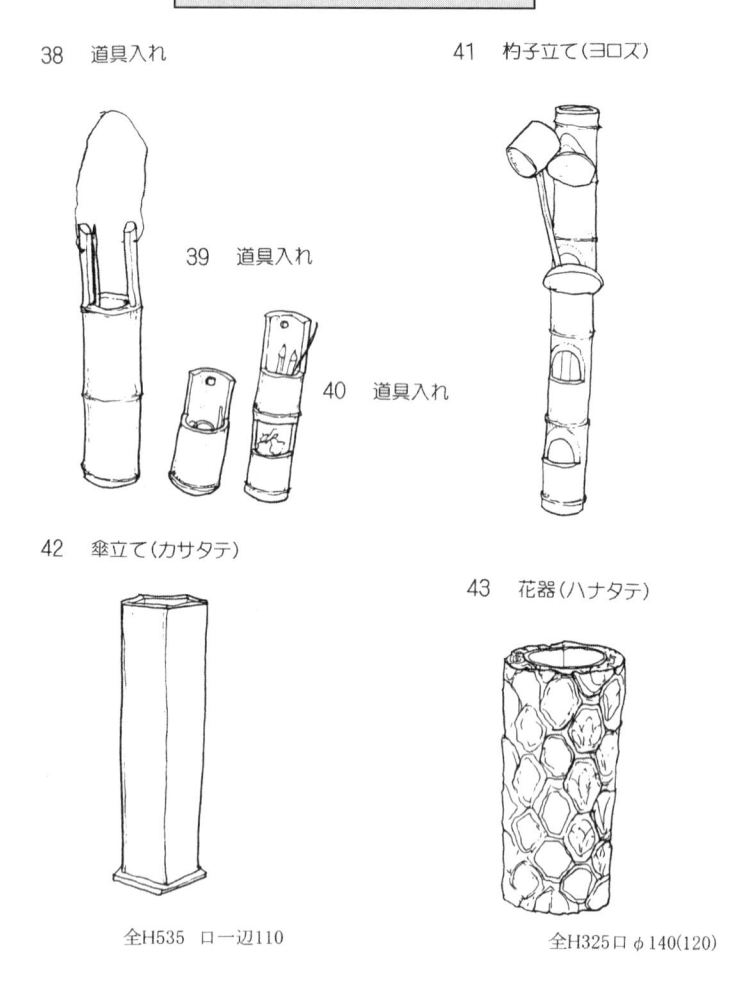

42　傘立て(カサタテ)

全H535　口一辺110

43　花器(ハナタテ)

全H325口φ140(120)

38 道具入れ	小道具入れ	竹 吊式	石井　一
39 道具入れ	小道具入れ	竹 吊式	石井　一
40 道具入れ	小道具入れ	竹 吊式	石井　一
41 杓子立て（ヨロズ）	杓子　柄杓入れ	竹	石井　一
42 傘立て（カサタテ）	傘立て	木 五角形	岡崎幹郎
43 花器（ハナタテ）	仏前用の花器	ソテツの皮　ブリキ缶	岡崎幹郎

容器・包装用具11

44　文箱（フミバコ）

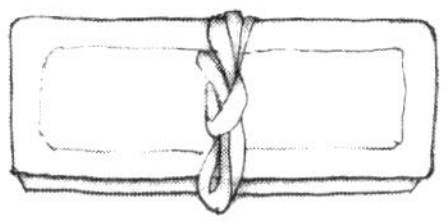

L230×80

45　衣装箱（イショウバコ）

46　箱

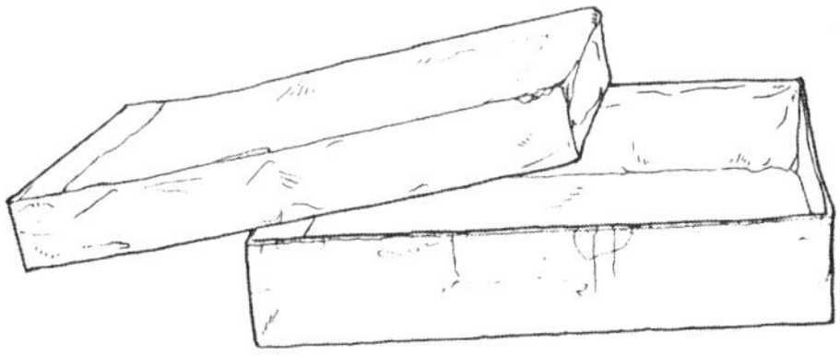

L960×241

47　室蓋（モロブタ）

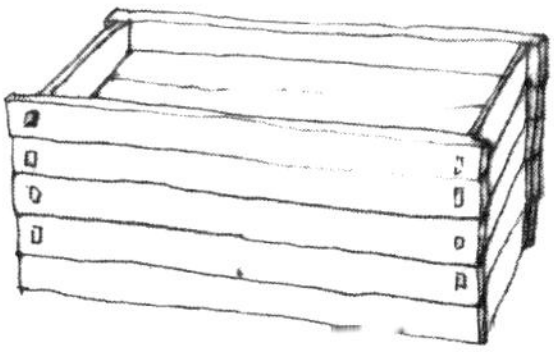

480(460)×305(285)　H450　F3

44 文箱（フミバコ）	手紙を入れる	木 漆塗 紐結び	岡崎幹郎
45 衣装箱（イショウバコ）	衣装入れ（裃）	木 漆塗 紋付	岡崎幹郎
46 箱		張り子	浅枝正人
47 室蓋（モロブタ）	麹用	木	反田万尋

容器・包装用具 12

48　ちょうず鉢

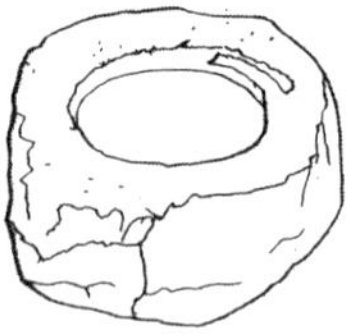

49　甕

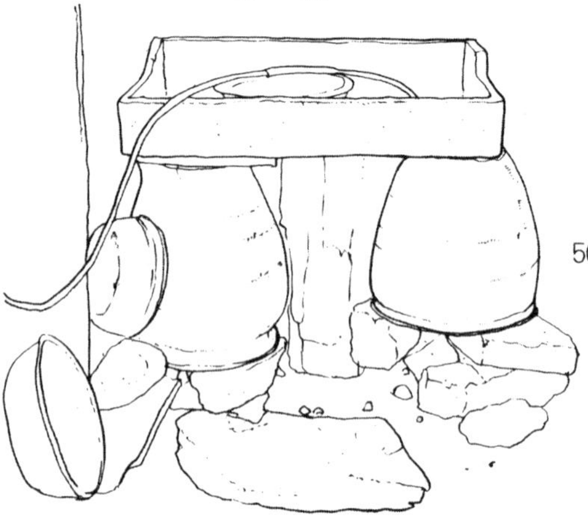

50　甕

53　柄杓

52　洗面器

54　柄杓

51　桶

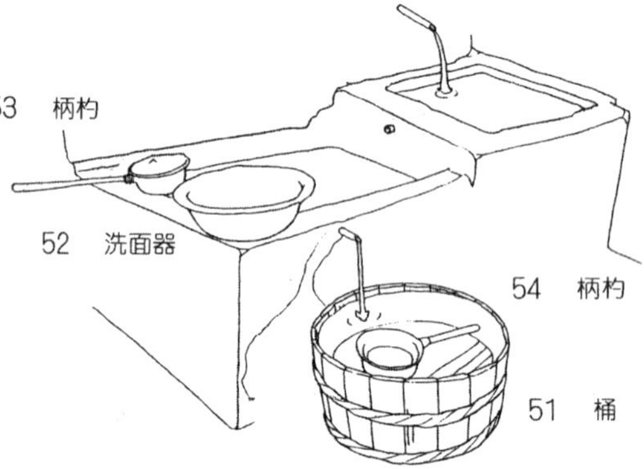

55　手水鉢

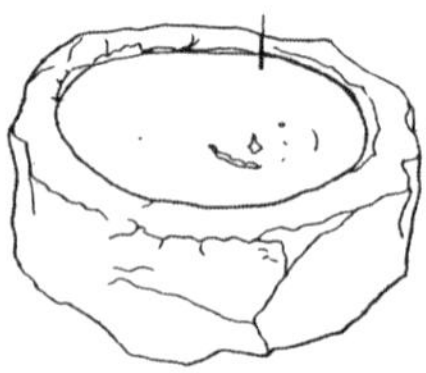

48	ちょうず鉢	手洗い用	石	梶原貴志人
49	甕	外流しの台に流用	陶器　茶に黒の釉薬	反田万尋
50	甕	外流しの台に流用	陶器　茶に黒の釉薬	反田万尋
51	桶	水溜め用	木 竹たが	浅枝正人
52	洗面器	顔洗い	鉄にホーロー引	浅枝正人
53	柄杓	水汲み	アルミ 木	浅枝正人
54	柄杓	水汲み	アルミ 木	浅枝正人
55	手水鉢	手洗い	石	清木義孝

容器・包装用具 13

56　袱紗（フクサ）

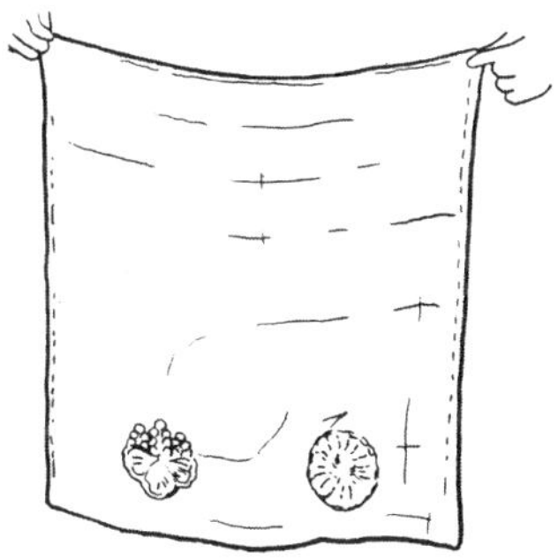

L670×640

57　風呂敷（フロシキ）

1200×1650

58　俵締め器

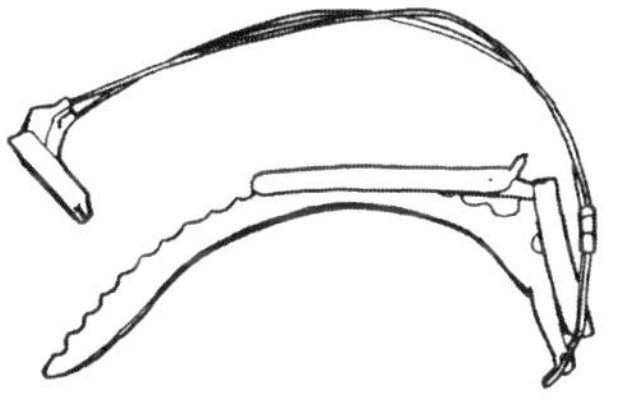

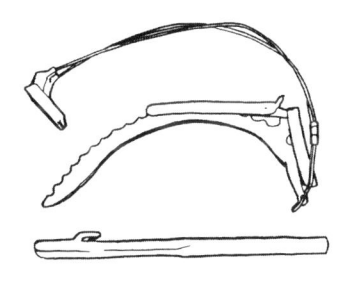

56	袱紗（フクサ）	ものを被う		浅枝正人
57	風呂敷（フロシキ）	ものを包む	木綿 紺染 4幅 『三柏紋・浅枝』	浅枝正人
58	俵締め器	俵の口閉め	鉄	清木義孝

容器・包装用具 4　半ぎり桶

容器・包装用具 12　甕

容器・包装用具 10　甕

容器・包装用具 27　張子のしょうけ

容器・包装用具 32　飯櫃入れ

容器・包装用具 57　風呂敷

運搬・交通用具 4　背負い梯子

運搬・交通用具 8　背負い梯子

運搬・交通用具 26　背負い籠

運搬・交通用具 33　ほかい

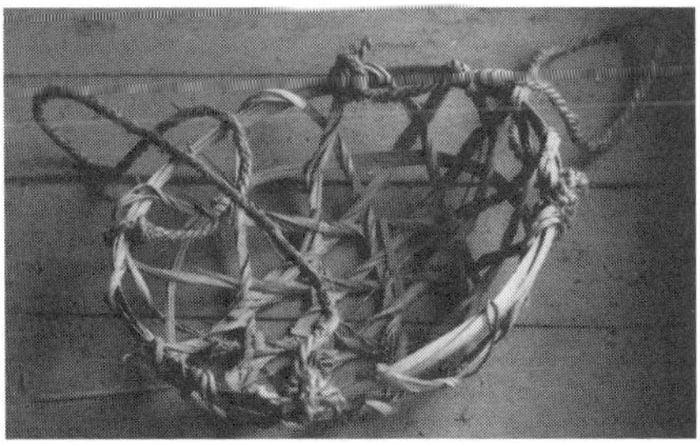

運搬・交通用具 36　苗籠

運搬・交通用具 49　角樽

運搬・交通用具１

1　背負い梯子（オイコ）

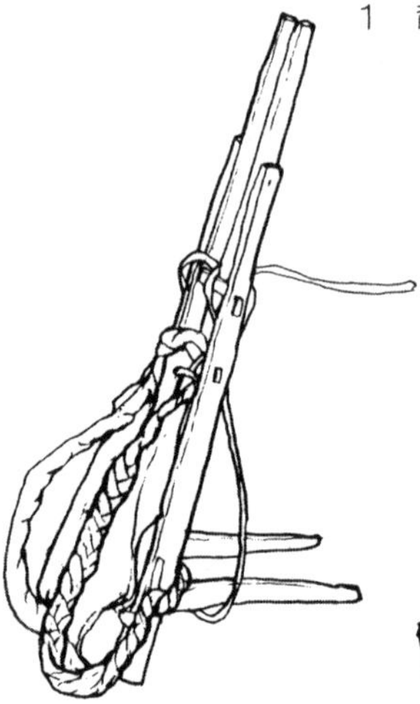

2　背負い梯子（オイコ）

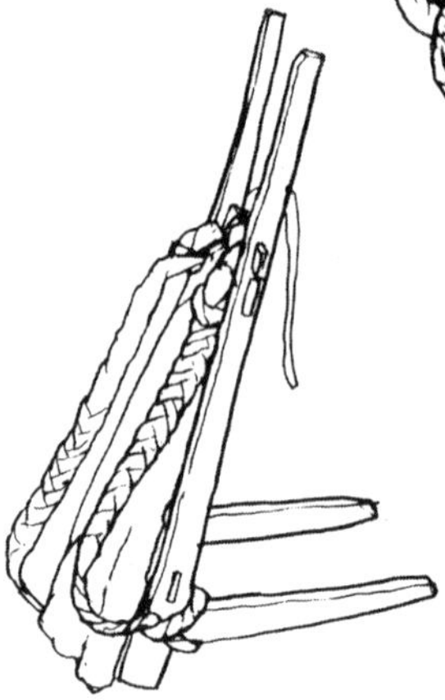

3　背負い梯子（オイコ）

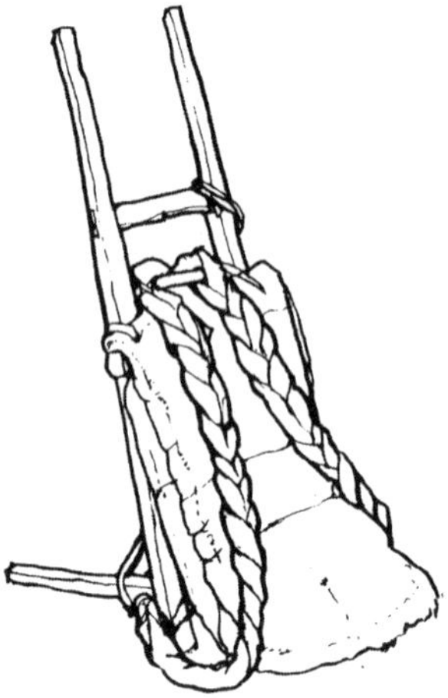

H870　枠の太さ50　板のL290

	名称（地方名）	使用法	材料　形態	使用者
1	背負い梯子（オイコ）	草木　穀類運び	木　背中当　トーマイ袋 連尺は藁　爪有り	樋田福一
2	背負い梯子（オイコ）	草木　穀類運び	木　背中当　トーマイ袋 連尺は藁　爪有り	樋田福一
3	背負い梯子（オイコ）	草木　穀類運び	木　藁と布の連尺　爪有り	反田万尋

運搬・交通用具2

4　背負い梯子（オイコ）

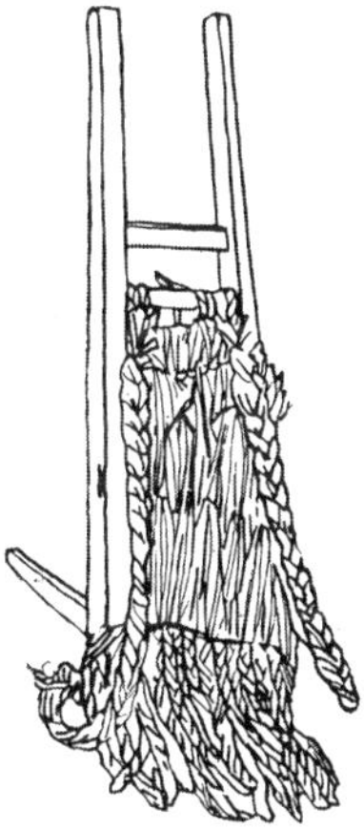

5　背負い梯子

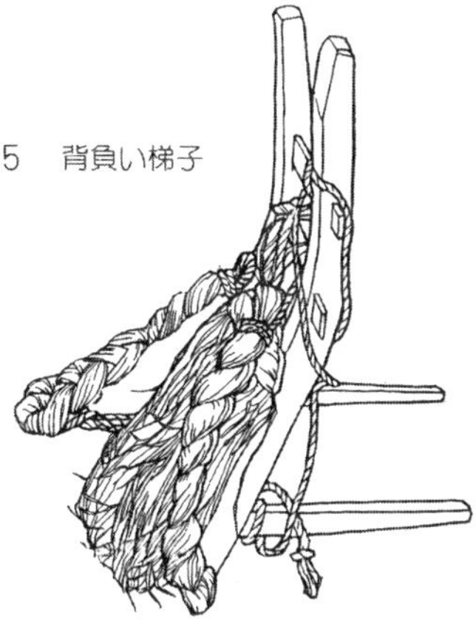

6　背負い梯子（オイコ）

L855

4	背負い梯子（オイコ）	草木　穀類運び	木	背当て·連尺は藁　爪有り	清木義孝
5	背負い梯子	草木　穀類運び	木	連尺は藁　爪有り	清木義孝
6	背負い梯子（オイコ）	草 薪運び	木	藁 木綿ロープ 爪有り	浅枝正人

運搬・交通用具３

7　背負梯子（チョウセンオイコ）

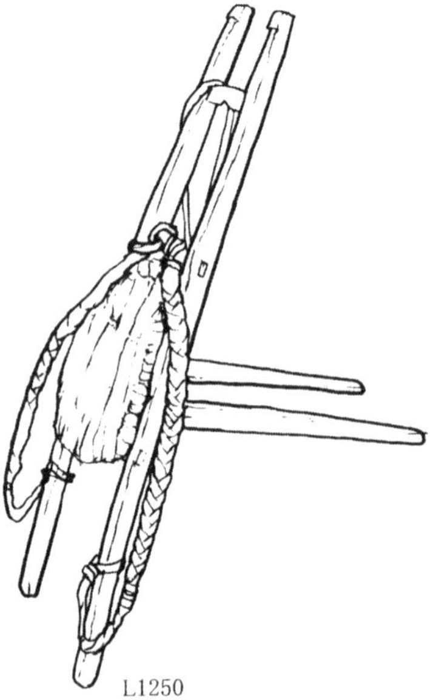

L1250

8　背負い梯子（チョウセンオイコ）

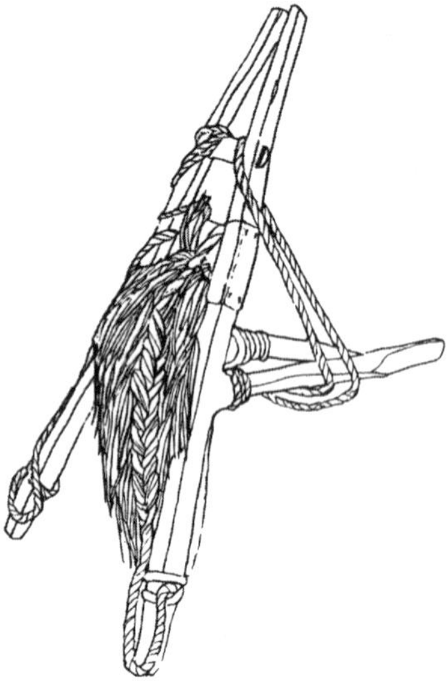

全H780　上部桟までのH540　上巾21

7	背負梯子 （チョウセンオイコ）	草 薪運び	木　藁　爪が鋭角につく	浅枝正人
8	背負い梯子 (チョウセンオイコ)	草木 穀類運び	木　背中当　連尺は藁 ヒムロ　爪は鋭角につく	樋田福一

運搬・交通用具 4

9　背負梯子

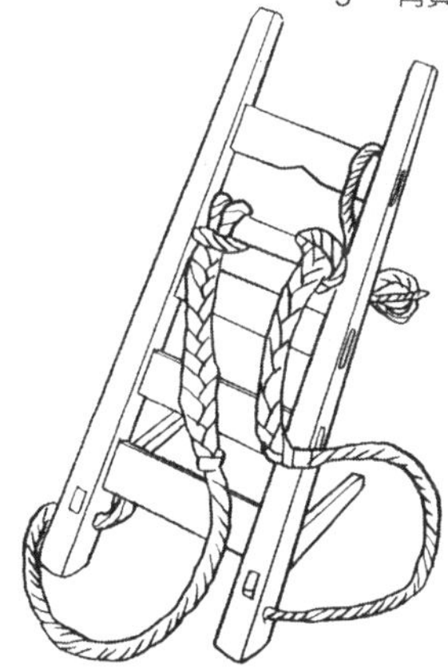

10　背負い梯子（コドモオイコ）

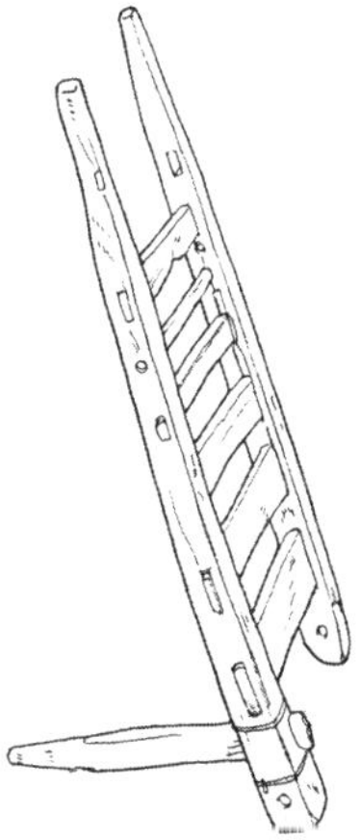

11　背負い梯子

9	背負梯子	草 薪運び	木	爪有り	浅枝正人
10	背負い梯子 （コドモオイコ）	荷運び	木	連尺は藁　子供用　爪有り	実升三郎次
11	背負い梯子	草木 穀類運び	木	連尺は藁　爪有り	清木義孝

運搬・交通用具 5

12　背負い梯子の枠

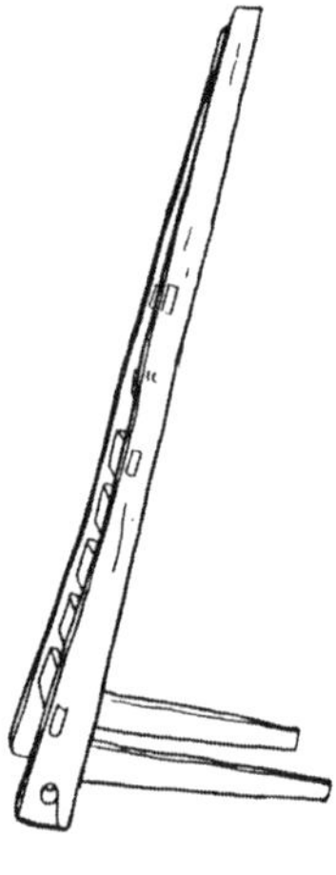

13　背負い梯子（オイコ）

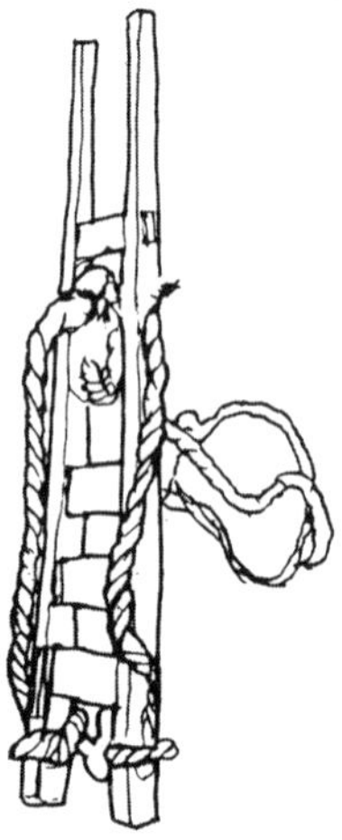

H900

14　負い縄

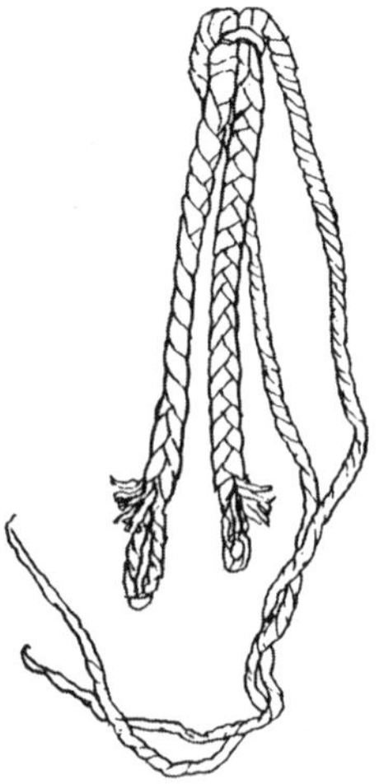

15　背負籠（クサカリカゴ）

φ650×H450

16　背負い籠（クサカリカゴ）

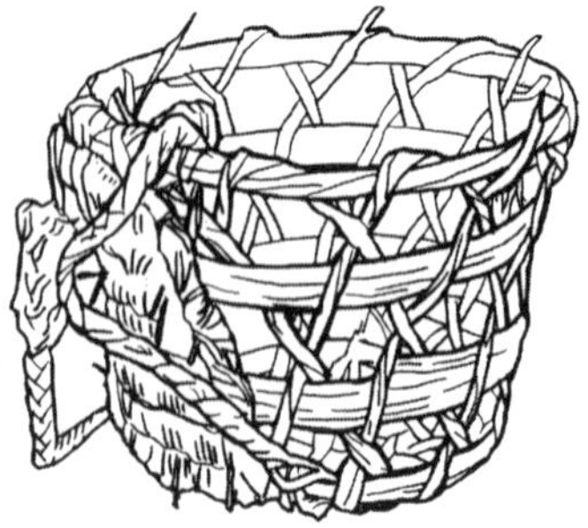

12	背負い梯子の枠	草木　穀類運び	木　爪有	清木義孝
13	背負い梯子（オイコ）	草木　穀類運び	木　藁と布の連尺	反田万尋
14	負い縄	背負子や背負籠の荷縄	藁	石井　一
15	背負籠（クサカリカゴ）	草　薪運び	竹　六目編　巻縁 藁の背当て　連尺	浅枝正人
16	背負い籠（クサカリカゴ）	草運び	竹　ねじり六つ目	実升三郎次

運搬・交通用具 6

17　背負い籠（オイカゴ）

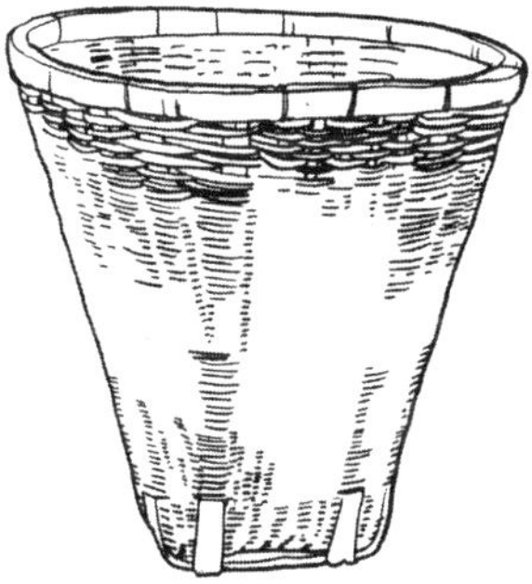

18　負い籠（ツチオイコ）

19　背負い籠（ツチオイコ）

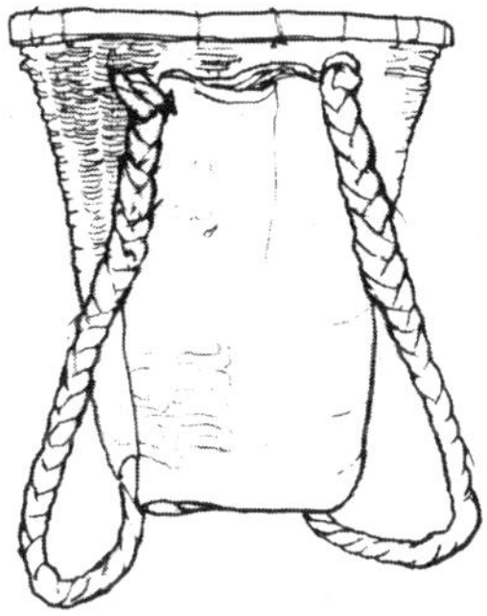

H490　口 ϕ 450×480

20　背負い籠（オイビク）

口 ϕ 335×265　H400

21　背負い籠

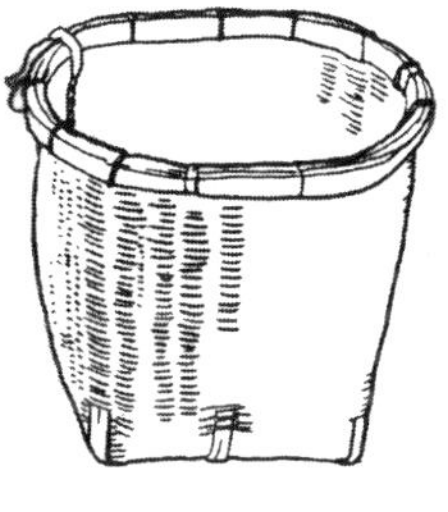

17	背負い籠（オイカゴ）	運搬	竹　ござ目　柾割り当縁 針金止	実升三郎次
18	負い籠（ツチオイコ）	土運び	竹　ござ目　柾割り当縁 背負紐　背当て藁	青山藤登
19	背負い籠（ツチオイコ）	土運び	ござ目　柾割当て縁　針金止 背当　トーマイ袋　連尺藁	樋田福一
20	背負い籠（オイビク）	運搬	竹　ござ目　巻縁　針金止 背当木綿布　連尺　藁　麻	反田万尋
21	背負い籠	運搬	竹　ござ目　柾割り当縁 針金止	実升三郎次

運搬・交通用具 7

22　背負い籠（オイビク）

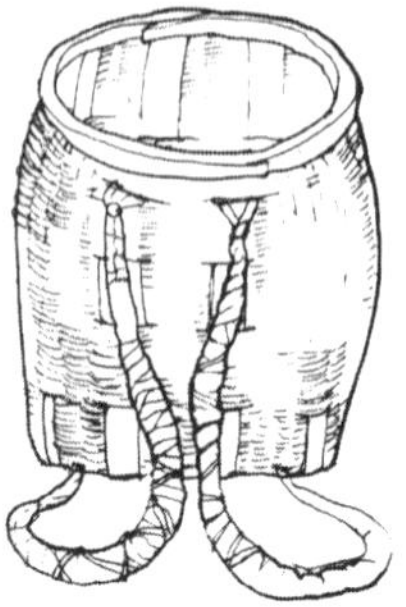

H420　口 ϕ 340

底 ϕ 280×200

23　背負籠

24　背負い籠（オイビク）

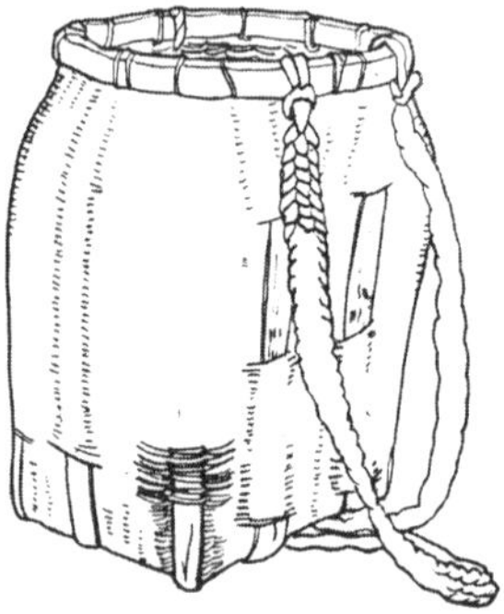

口 ϕ 360×340　H430

25　背負籠（ヨーザンカゴ）

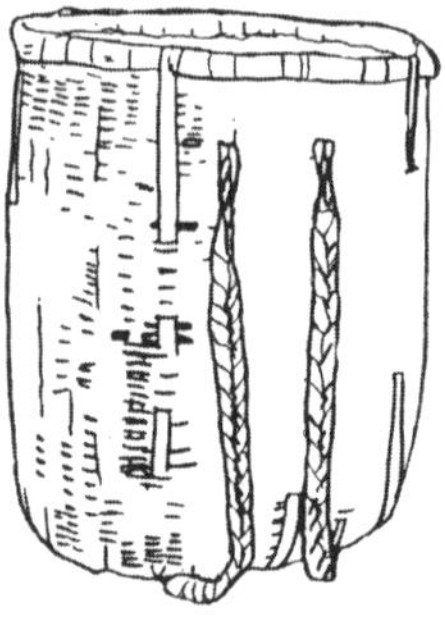

ϕ 640　H770

26　背負い籠　買い物籠

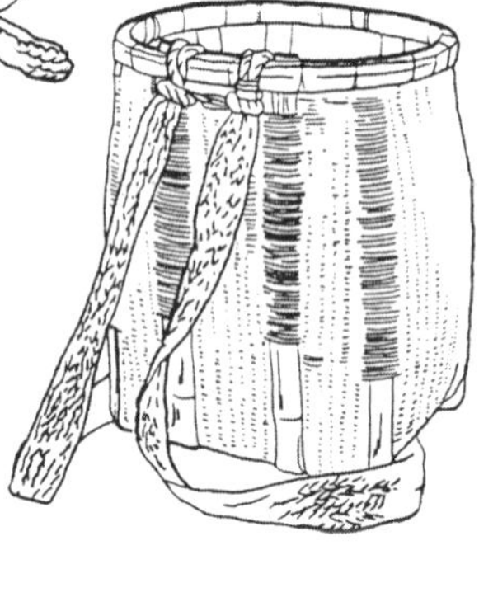

22	背負い籠（オイビク）	運搬	ござ目　柾割当て縁　針金止 連尺は布と麻縄	樋田福一
23	背負籠	草・薪運び	竹　ゴザ目　柾割当て縁針金止 連尺はシュロ　藁縄に木綿布	浅枝正人
24	背負い籠（オイビク）	運搬	竹　ござ目　巻縁　針金止 背当　木綿布　連尺　藁　麻	反田万尋
25	背負籠（ヨーザンカゴ）	桑運び	竹　胴はゴザ目　柾割当て縁 針金止　連尺　藁	浅枝正人
26	背負い籠　買い物籠	買い物	竹　負い紐は麻　柾割当て縁 針金止　ござ目	清木義孝

運搬・交通用具8

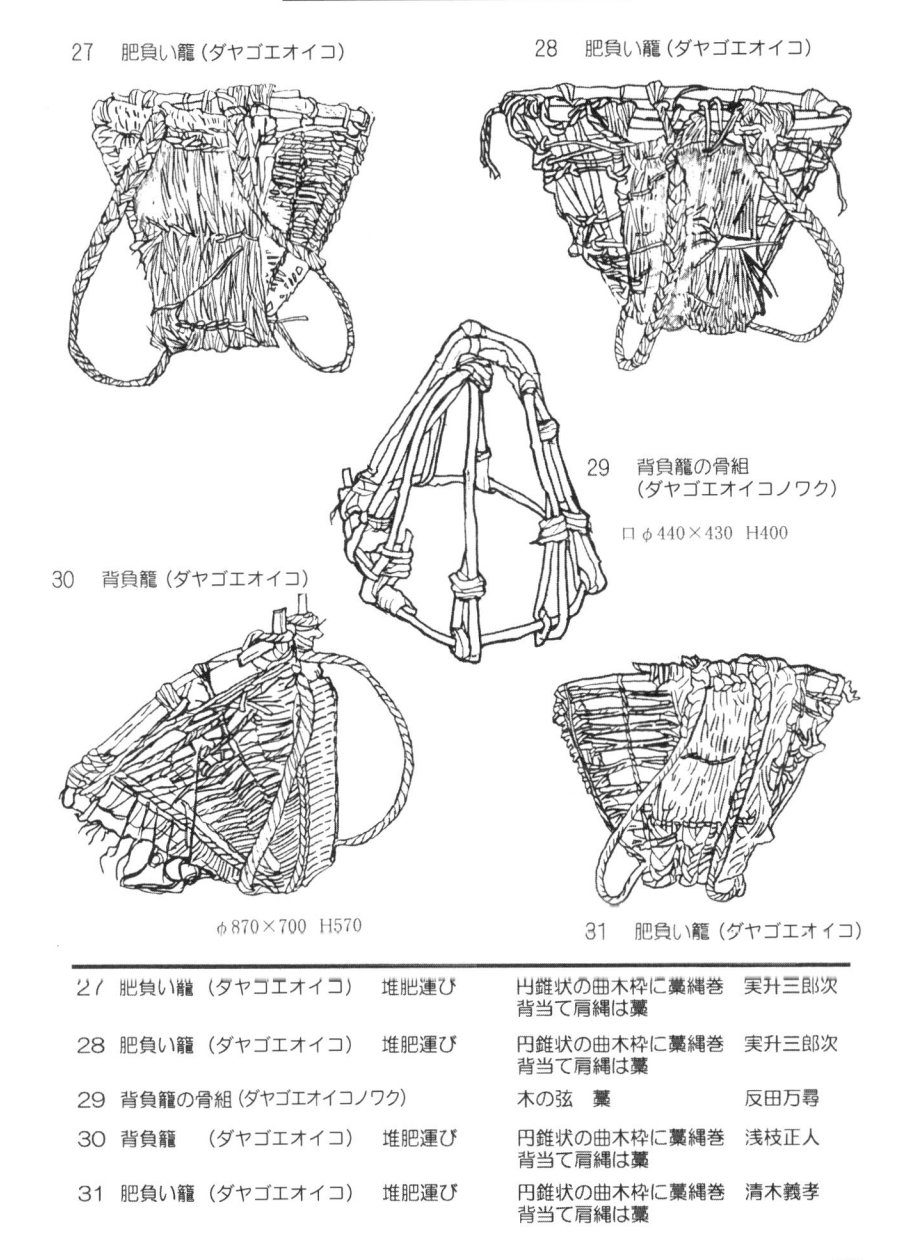

27　肥負い籠(ダヤゴエオイコ)

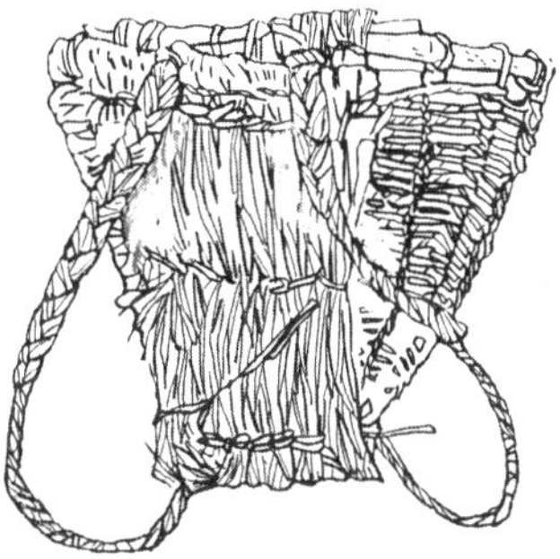

28　肥負い籠(ダヤゴエオイコ)

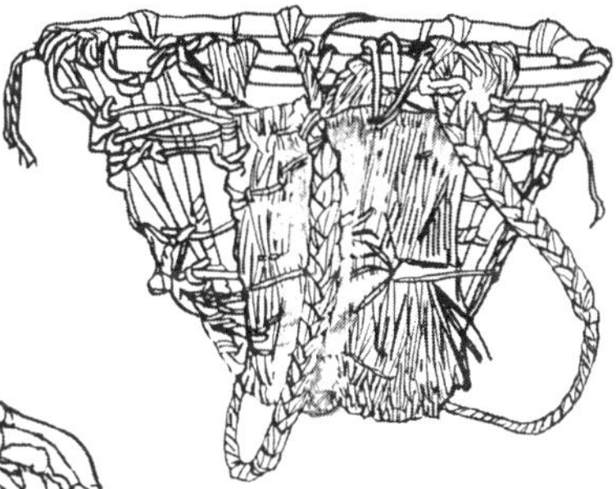

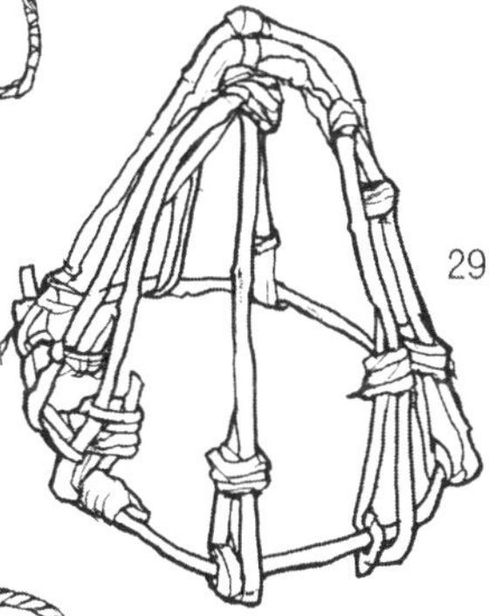

29　背負籠の骨組
(ダヤゴエオイコノワク)

口 ϕ440×430　H400

30　背負籠(ダヤゴエオイコ)

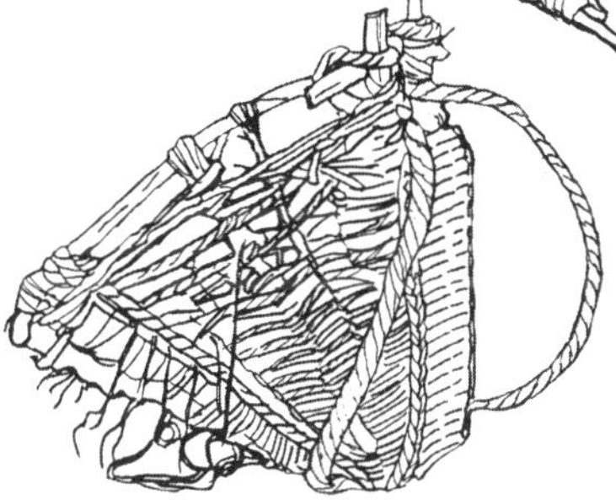

ϕ870×700　H570

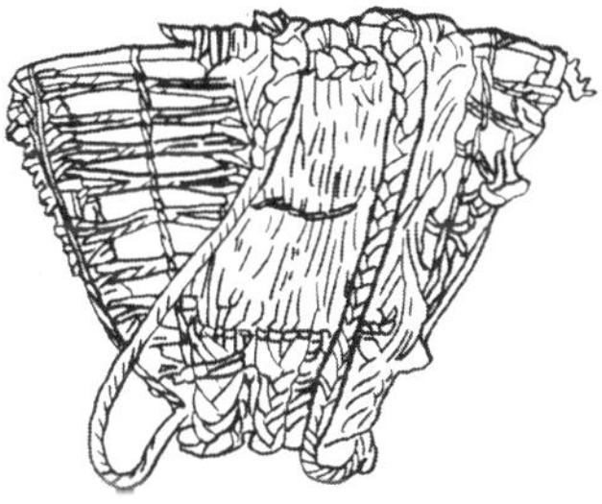

31　肥負い籠(ダヤゴエオイコ)

27	肥負い籠	(ダヤゴエオイコ)	堆肥運び	円錐状の曲木枠に藁縄巻 背当て肩縄は藁	実升三郎次
28	肥負い籠	(ダヤゴエオイコ)	堆肥運び	円錐状の曲木枠に藁縄巻 背当て肩縄は藁	実升三郎次
29	背負籠の骨組	(ダヤゴエオイコノワク)		木の弦　藁	反田万尋
30	背負籠	(ダヤゴエオイコ)	堆肥運び	円錐状の曲木枠に藁縄巻 背当て肩縄は藁	浅枝正人
31	肥負い籠	(ダヤゴエオイコ)	堆肥運び	円錐状の曲木枠に藁縄巻 背当て肩縄は藁	清木義孝

運搬・交通用具９

32　火鉢受け（ヒバチウケ）

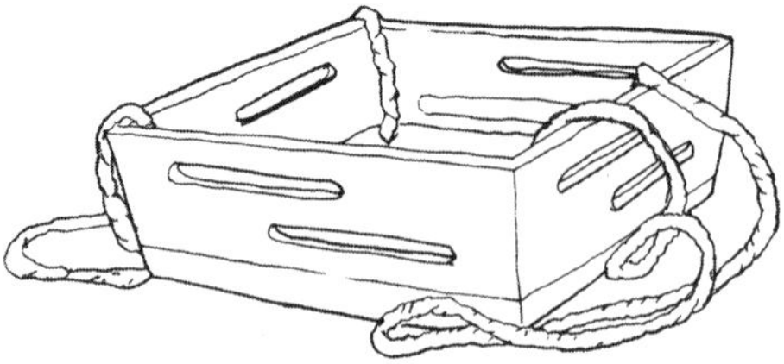

L422×146

33　ほかい（ホッカイ）

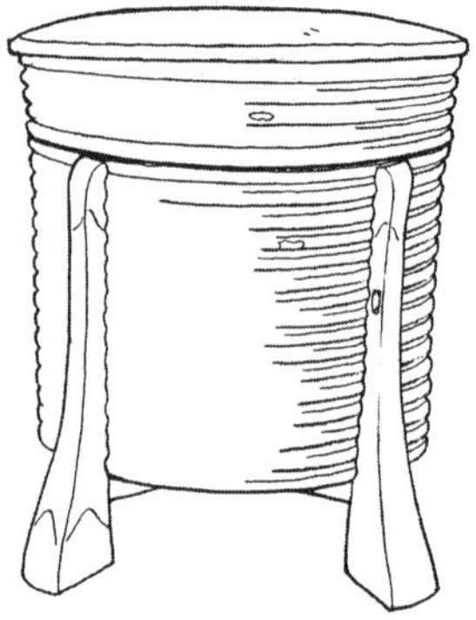

φ375　H420

34　葛籠・つづら（ツヅラ）

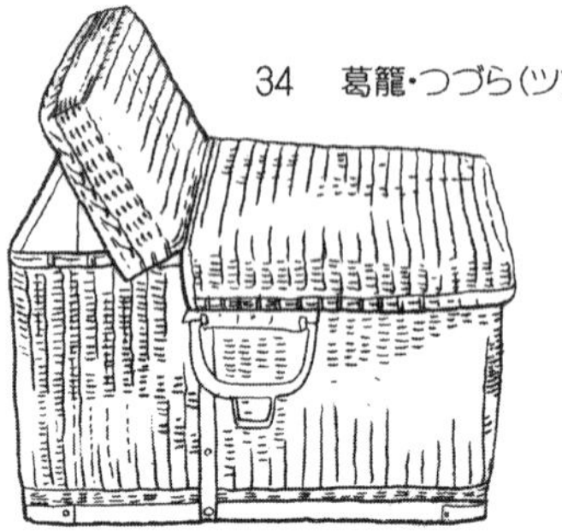

L630×400　H375

35　葛籠・つづら（ツヅラ）

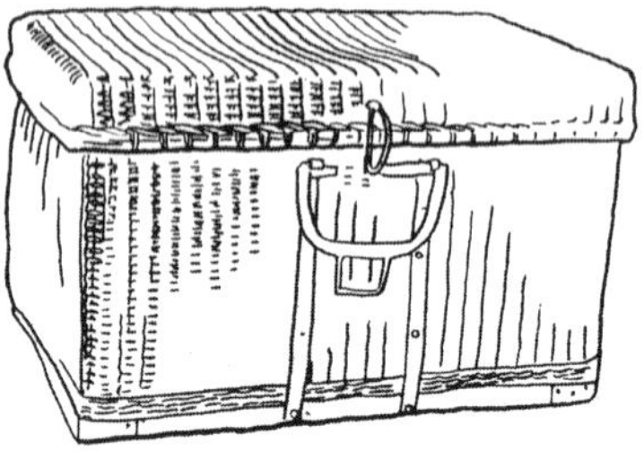

L640×640　H360

32	火鉢受け（ヒバチウケ）	火鉢の移動	木 シュロ 縄　「土師村　沖野屋　文化十四年　笹乃口ヨリ」	岡崎幹郎
33	ほかい（ホッカイ）	運搬	木　塗物　四足の反り足付円筒形	浅枝正人
34	葛籠・つづら（ツヅラ）	衣装運び	葛（カ）　天秤棒で担ぐ	浅枝正人
35	葛籠・つづら（ツヅラ）	衣装運び	葛（カ）　天秤棒で担ぐ	浅枝正人

運搬・交通用具 10

36　苗籠

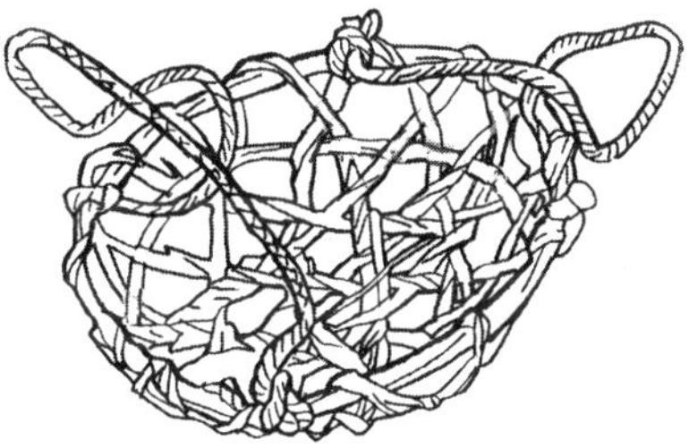

37　えんぼう(エンボウ)

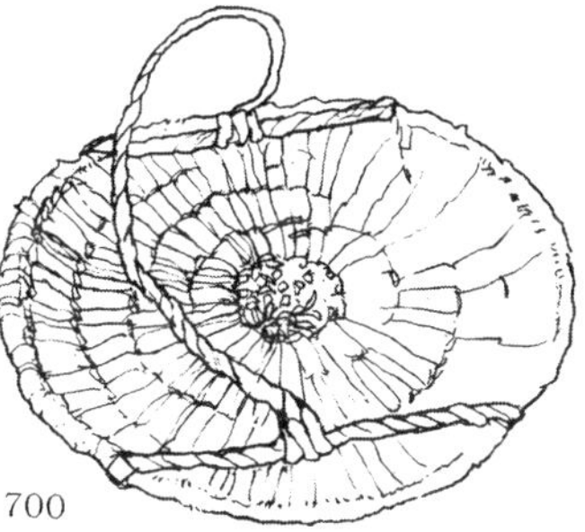

φ700

38　苗籠

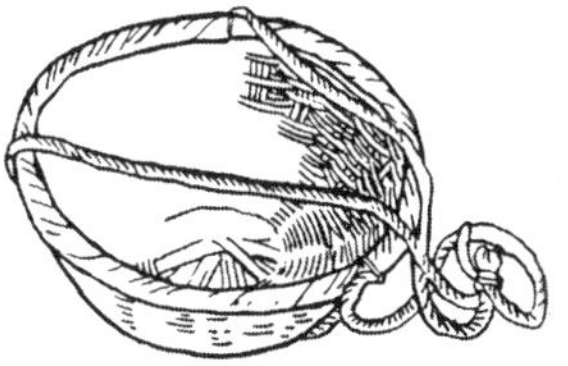

39　えんぼー(エンボー)

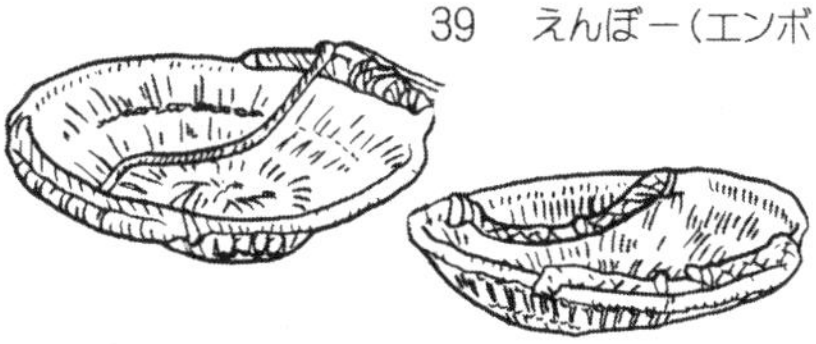

40　担ぎ棒(カツギボウ)

L1510 φ55

41　天秤棒(テンビンボウ)

L1500

36	苗籠	稲苗運び	竹	藁縄　六つ目編	清木義孝
37	えんぼう（エンボウ）	農作物　灰運び	藁		反田万尋
38	苗籠	稲苗運び	竹	胴ゴザ目　巻き縁　菊底	浅枝正人
39	えんぼー（エンボー）	土　灰運び	藁	円形　担い棒で担ぐ	実升三郎次
40	担ぎ棒（カツギボウ）	荷担ぎ	木	棒の一方につくあり	岡崎幹郎
41	天秤棒（テンビンボウ）	荷担ぎ	木	両端に二ケ有	岡崎幹郎

運搬・交通用具 11

42　竹箕

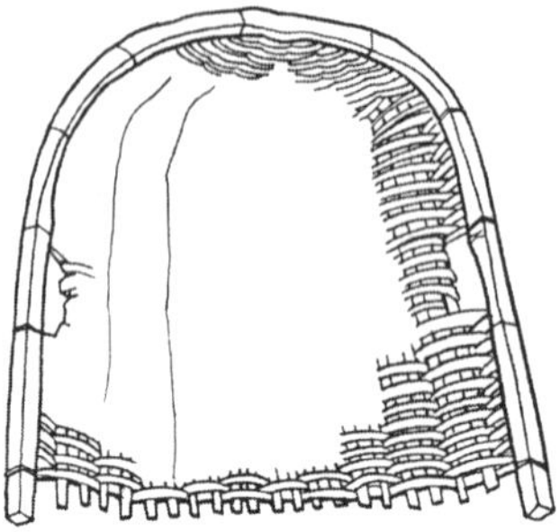

43　すくい(コメスクイ)

H200　奥行き515　前L400

44　笊(ザル)

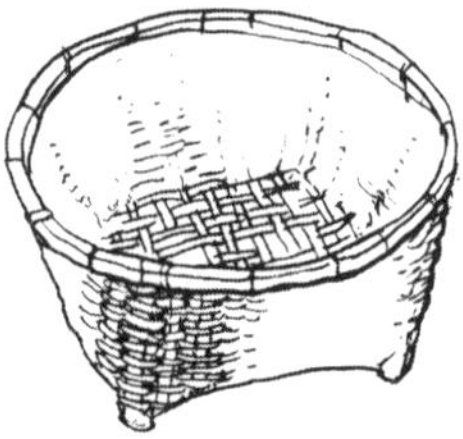

ϕ380　H160　底巾280×280

45　笊

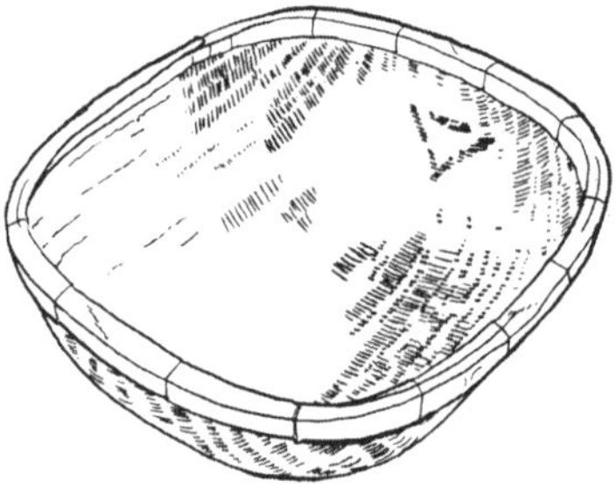

46　酒入れ(サケイレ)

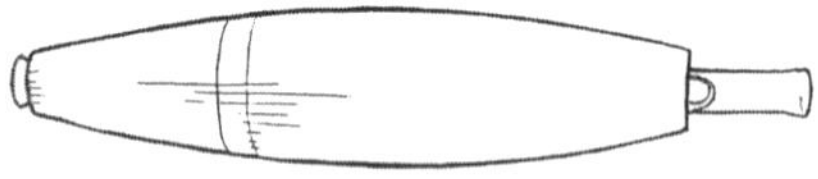

ϕ100、L715

42 竹箕	砂利運び	竹　胴はゴザ目　柾割当縁針金止	浅枝正人
43 すくい（コメスクイ）	米すくい	木　板目　「反田什器」	反田万尋
44 笊（ザル）	もの洗い	竹　四つ足　側ござ目　四つ目底	青山藤登
45 笊	米　野菜の水切り	竹　胴ゴザ目　柾割当縁針金止　屋号印	浅枝正人
46 酒入れ（サケイレ）	酒入れ	木　傘型	浅枝正人

運搬・交通用具 12

47　角樽(ツノダル)

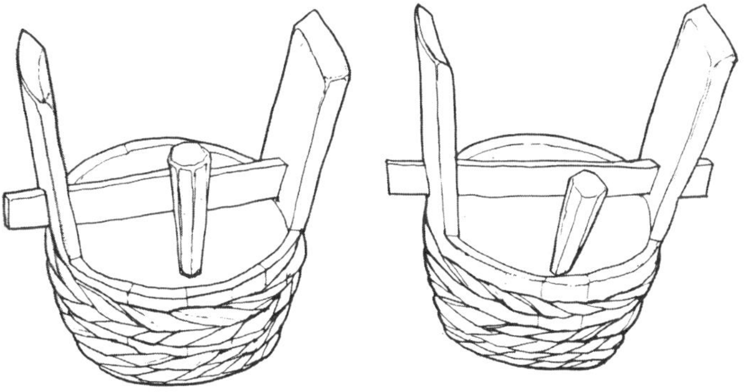

全H350　身H160　ϕ260(240)

48　手提げ桶

ϕ255×285　全H300　H195　F17

49　角樽(ツノダル)

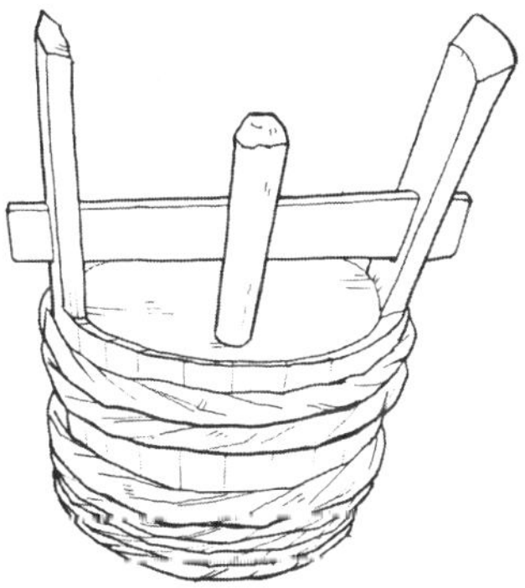

全H320　上幅305　H506　角長15

47 角樽（ツノダル）	祝儀の酒運び	木　一苛　竹たが　ツク	反田万尋
48 手提げ桶	液体入れ	木　竹たが　蓋付き	反田万尋
49 角樽（ツノダル）	祝儀の酒運び	木　竹たが　身朱たが黒漆塗	浅枝正人

運搬・交通用具 13

50　手桶

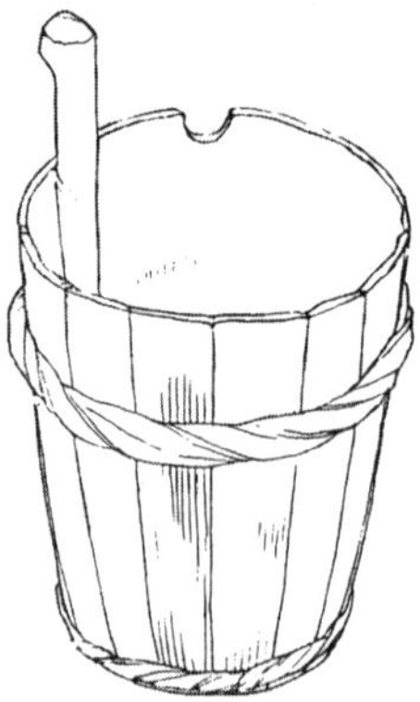

51　手桶(ミズタゴ)

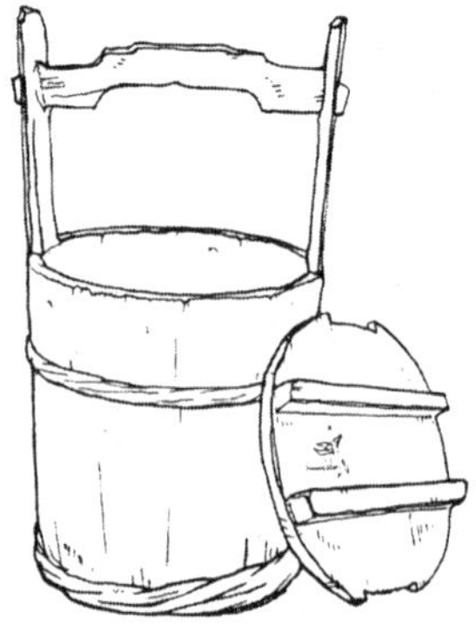

φ310　全H490　胴H390

52　手桶(テオケ)

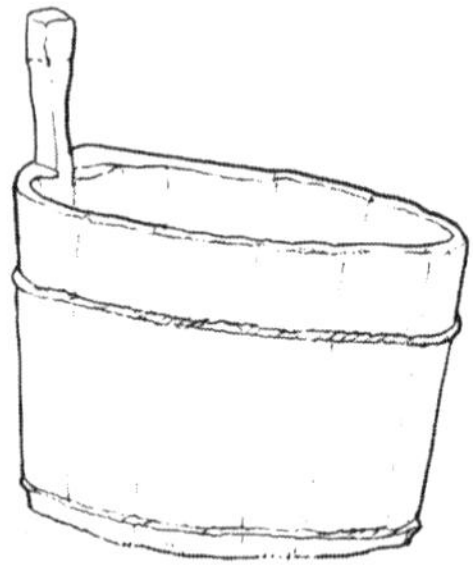

口φ295(277)　全H430

53　釣瓶桶

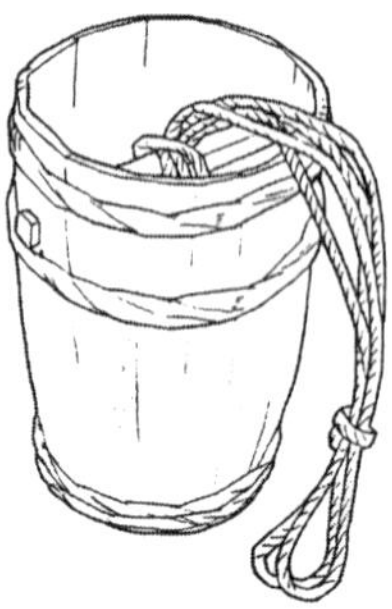

54　桶(タゴ)

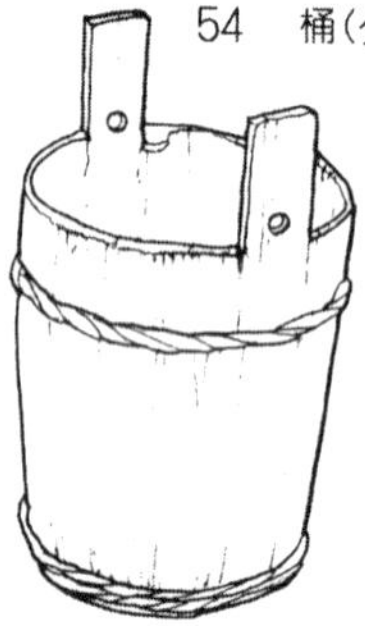

φ315　全H515　身H390　F355

50 手桶	殻入れ	木　竹たが　取手角付き	浅枝正人
51 手桶（ミズタゴ）	水運び	木　竹たが　取手付き	浅枝正人
52 手桶（テオケ）	水運び	木　金のタガ　狐口	反田万尋
53 釣瓶桶	井戸水汲み	木　竹たが　シュロ紐	浅枝正人
54 桶（タゴ）	米運び　米桶専用	木　板目　竹たが	反田万尋

運搬・交通用具 14

55　手提げ籠

巾約300

56　手提げ籠（テサゲカゴ）

58　提げ重

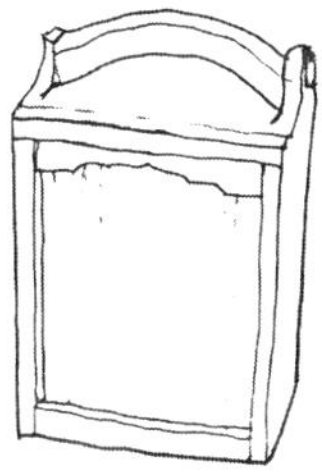

57　仏壇運び

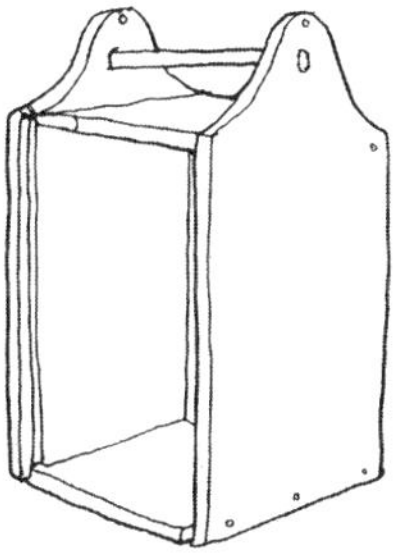

全H240

59　手提げ籠（テサゲカゴ）

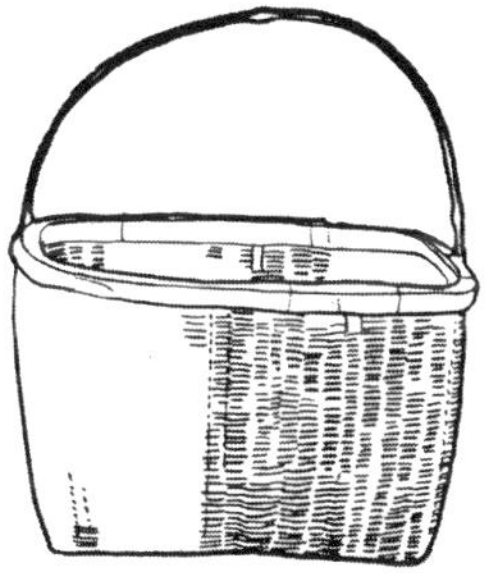

ϕ 240×290　H190

55	手提げ籠	買い物	竹　ござ目　巻き縁	清木義孝
56	手提げ籠（テサゲカゴ）	運搬	竹　胴はゴザ目　柾割当て縁 針金止　取手付き	浅枝正人
57	仏壇運び	仏壇運び	木　漆塗り	反田万尋
58	提げ重	弁当入れ	木	石井　一
59	手提げ籠（テサゲカゴ）	運搬	竹　胴はゴザ目　柾割当て縁 針金止　取手付	浅枝正人

運搬・交通用具 15

60　籠（自転車カゴ）

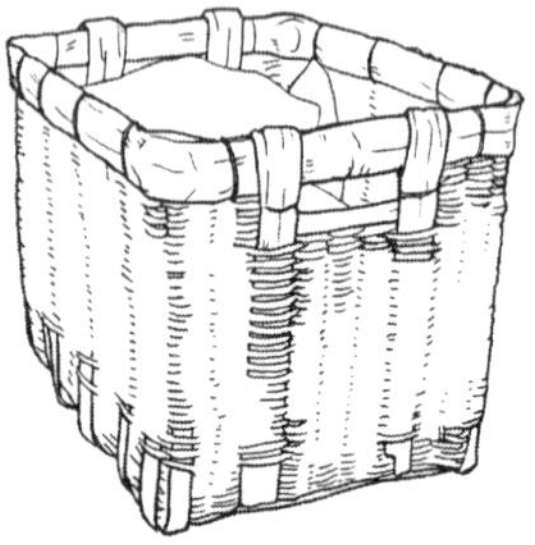

61　かます（カマス）

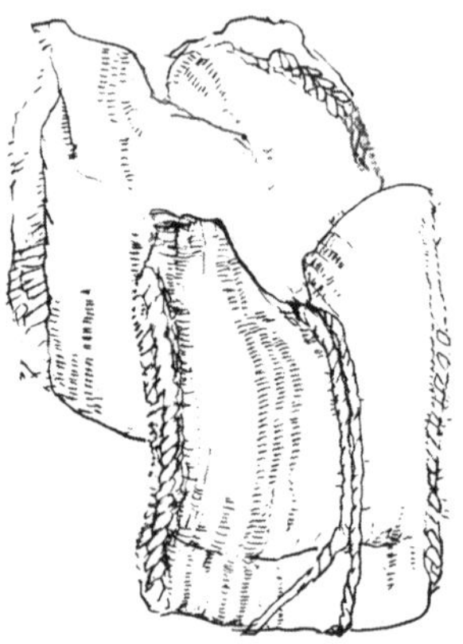

62　米俵

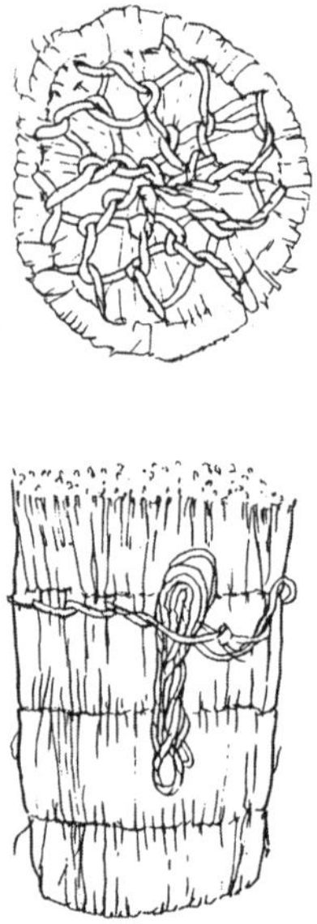

63　腰籠（チョウノビク）

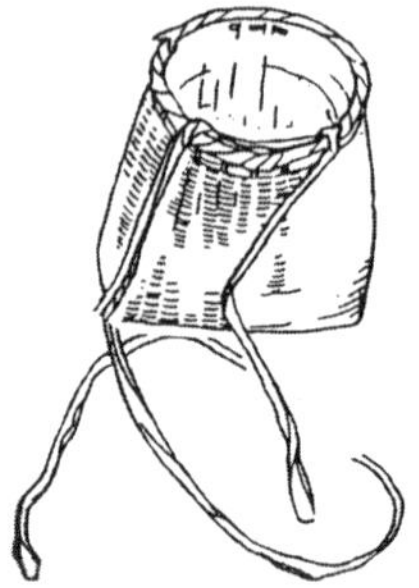

口 ϕ 135×125　H195

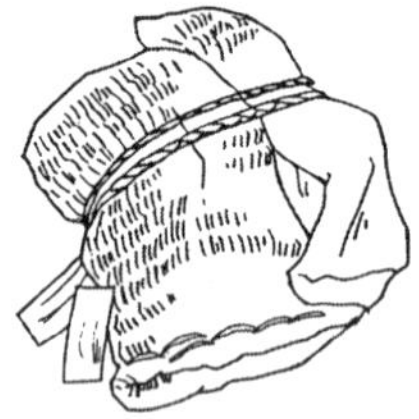

64　かます（カマス）

60　籠（自転車カゴ）	自転車用	竹	胴はゴザ目	浅枝正人
61　かます（カマス）	運搬	藁		青山藤登
62　米俵	米運搬	藁		青山藤登
63　腰籠（チョウノビク）	魚入れ	竹	胴はゴザ目　巻き縁　木綿紐	浅枝正人
64　かます（カマス）	へぎ皮入れ	藁		浅枝正人

運搬・交通用具 16

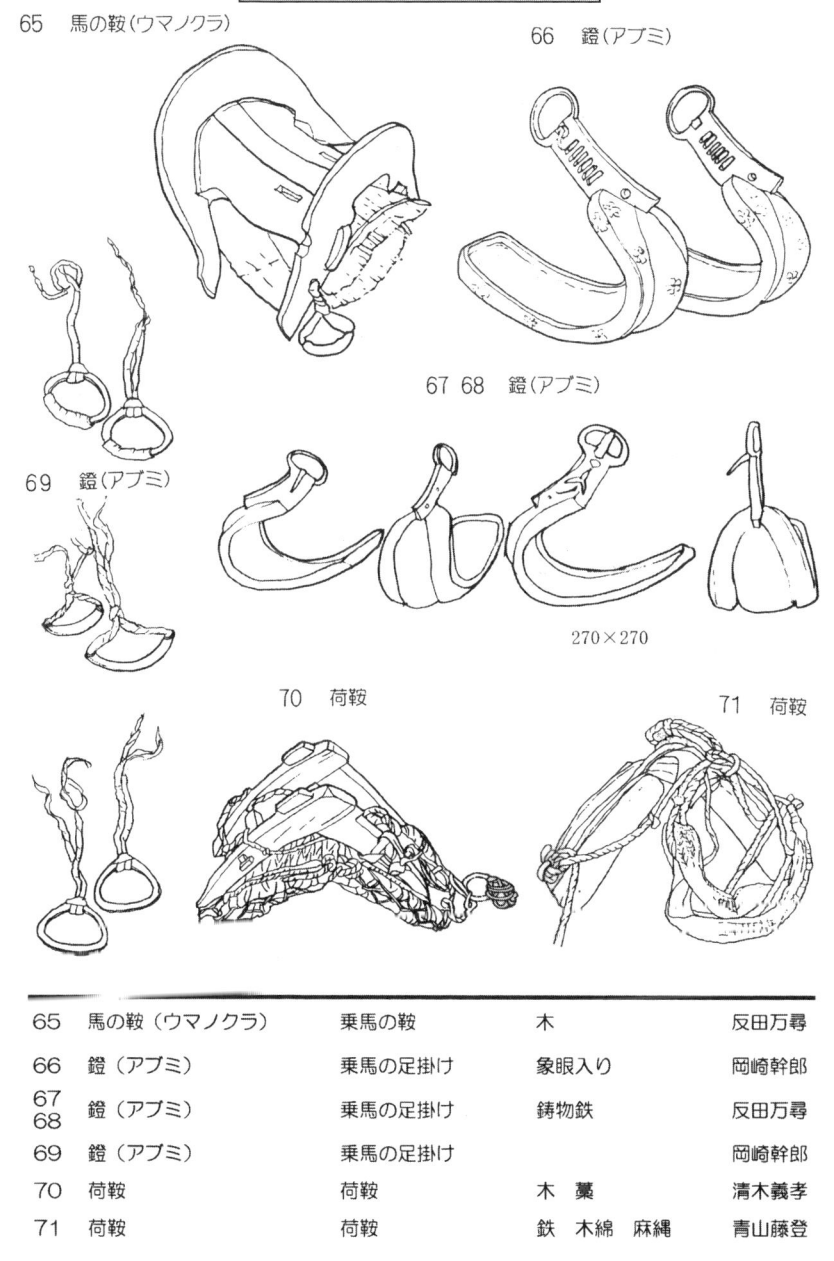

65　馬の鞍(ウマノクラ)

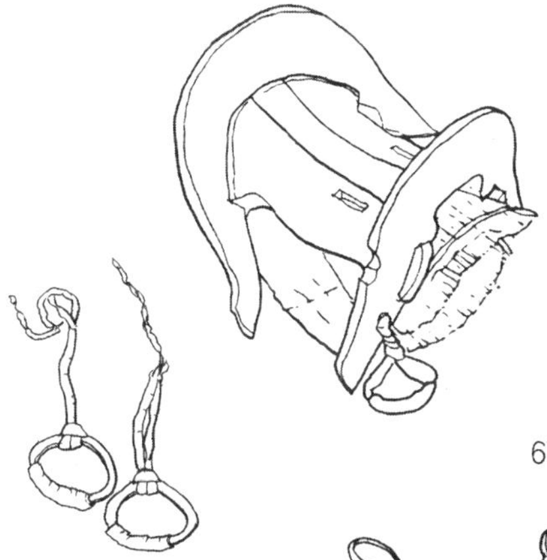

66　鐙(アブミ)

67 68　鐙(アブミ)

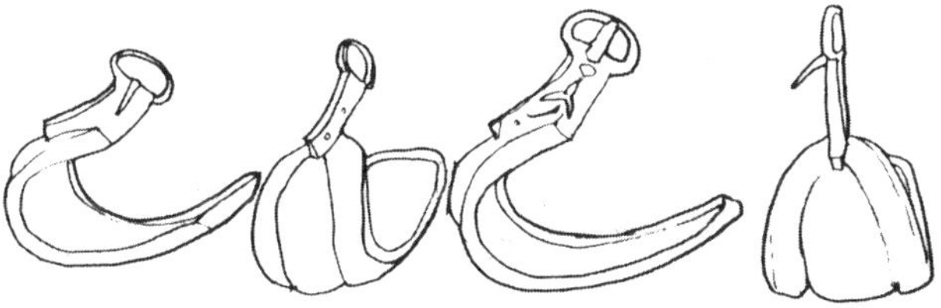

270×270

69　鐙(アブミ)

70　荷鞍

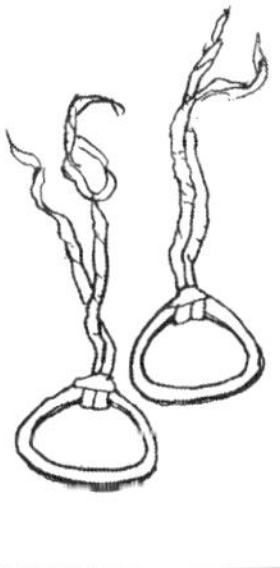

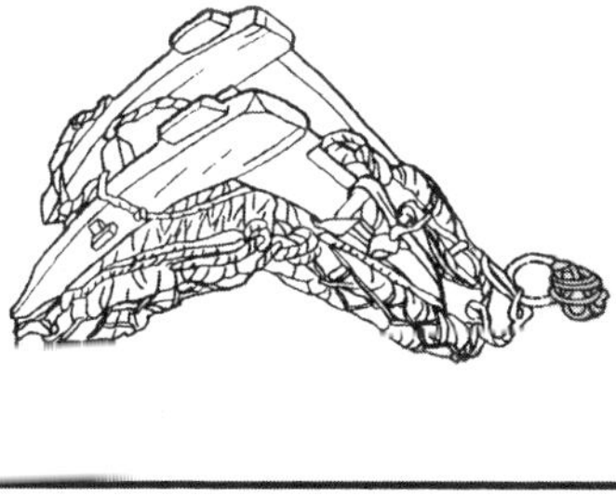

71　荷鞍

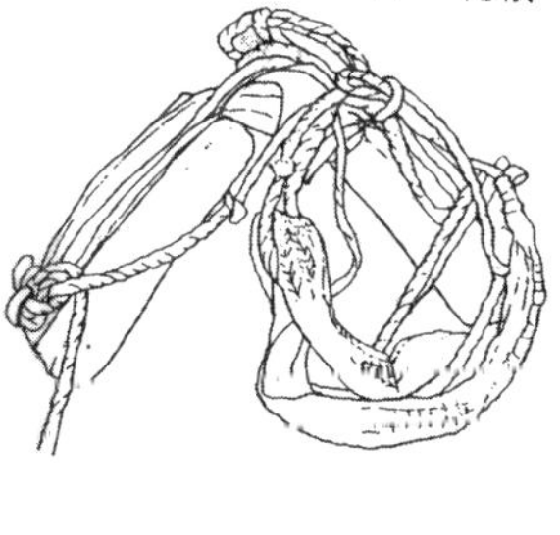

65	馬の鞍（ウマノクラ）	乗馬の鞍	木	反田万尋
66	鐙（アブミ）	乗馬の足掛け	象眼入り	岡崎幹郎
67 68	鐙（アブミ）	乗馬の足掛け	鋳物鉄	反田万尋
69	鐙（アブミ）	乗馬の足掛け		岡崎幹郎
70	荷鞍	荷鞍	木　藁	清木義孝
71	荷鞍	荷鞍	鉄　木綿　麻縄	青山藤登

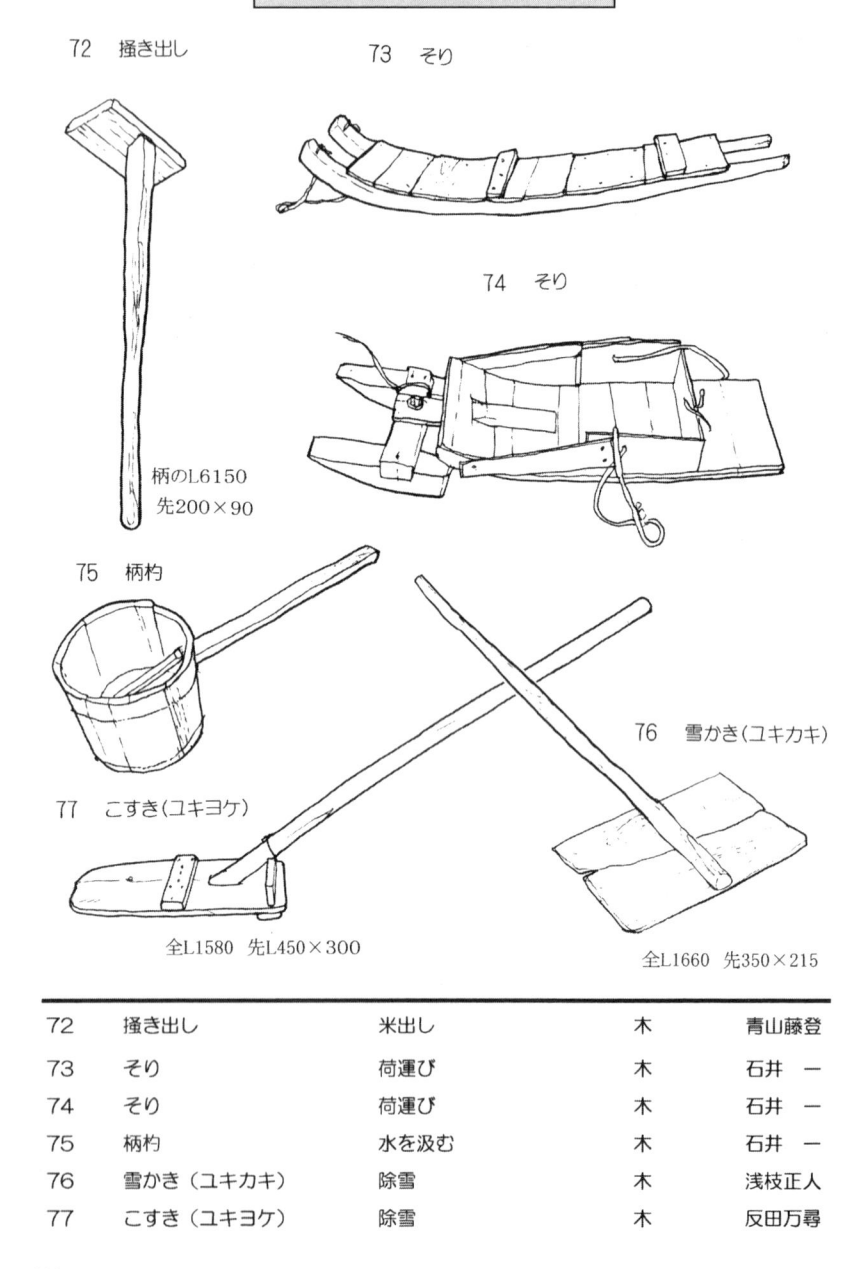

運搬・交通用具 17

72　掻き出し

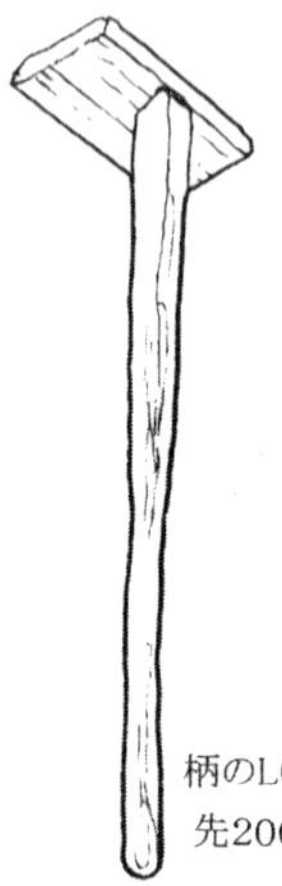

柄のL6150
先200×90

73　そり

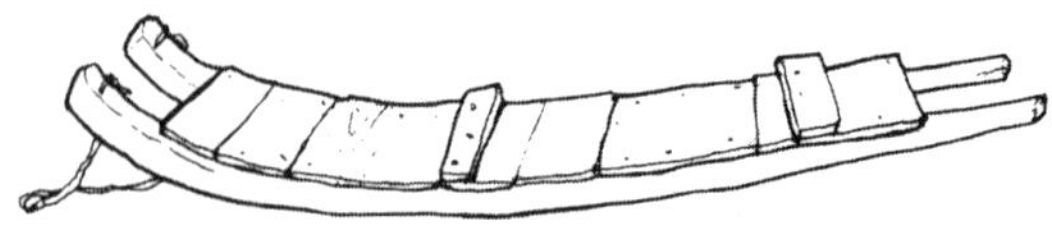

74　そり

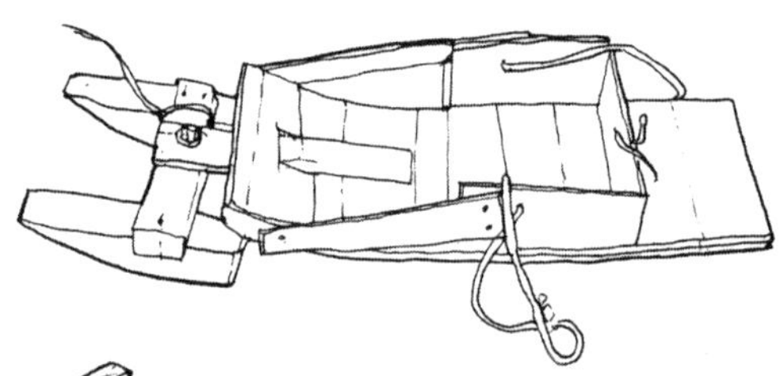

75　柄杓

76　雪かき（ユキカキ）

77　こすき（ユキヨケ）

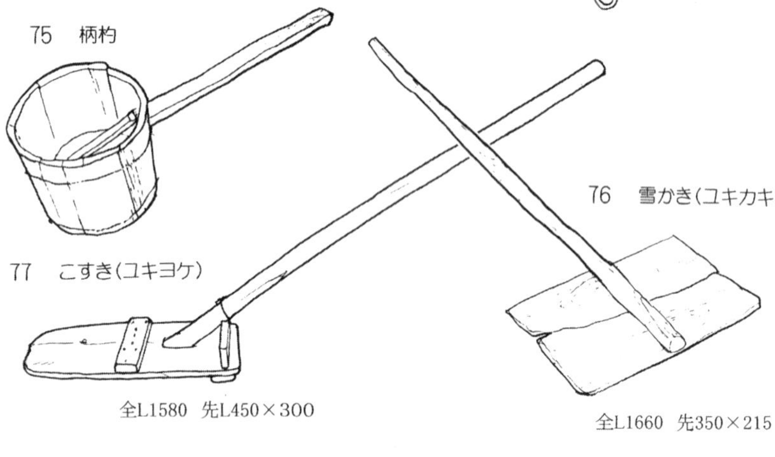

全L1580　先L450×300

全L1660　先350×215

72	掻き出し	米出し	木	青山藤登
73	そり	荷運び	木	石井　一
74	そり	荷運び	木	石井　一
75	柄杓	水を汲む	木	石井　一
76	雪かき（ユキカキ）	除雪	木	浅枝正人
77	こすき（ユキヨケ）	除雪	木	反田万尋

運搬・交通用具 18

78　手かぎ

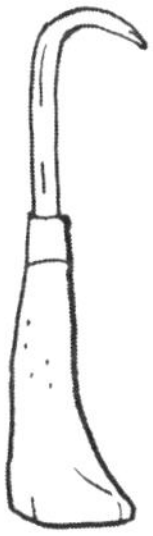

79　手かぎ

全L約230

83　引き環

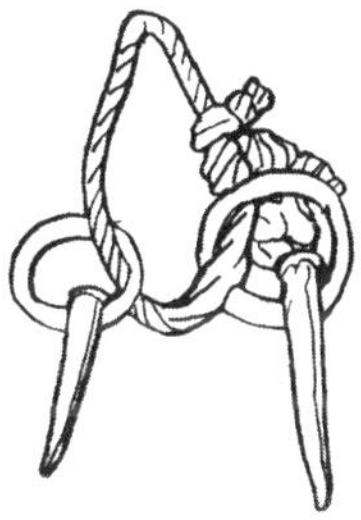

80　鳶

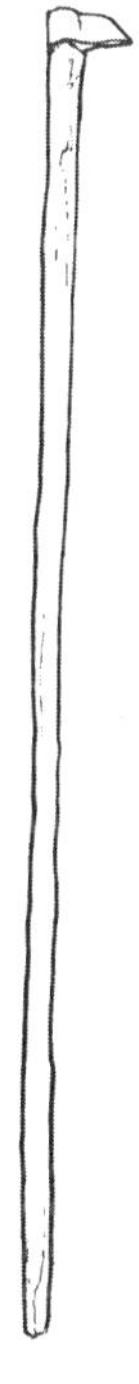

81　鳶

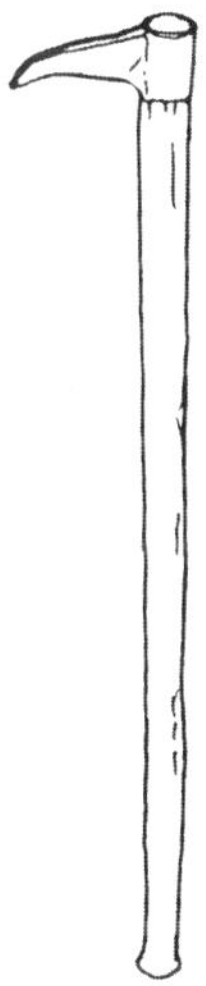

全L1130　刃先L85×20

82　鳶(トビ)

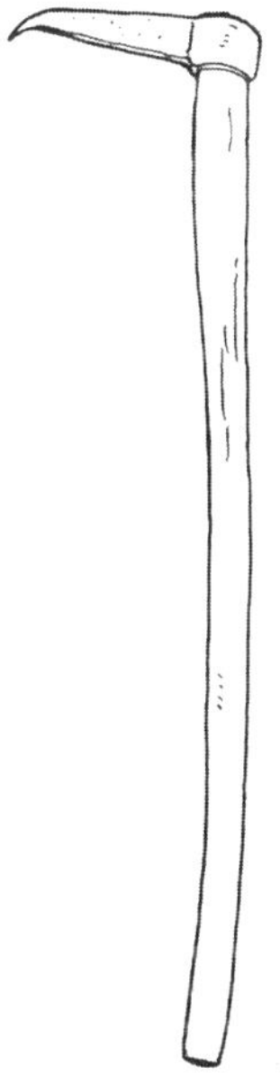

柄L1200　先230×165

78	手かぎ	荷運びの小鉤	鉄　鋼　木	清木義孝
79	手かぎ	荷運びの小鉤	鉄　鋼　木	清木義孝
80	鳶	木材運搬の鉤	鉄　木	反田万尋
81	鳶	木材運搬の鉤	鋼　木	清木義孝
82	鳶（トビ）	木材運搬の鉤	鉄　木	浅枝正人
83	引き環	木口に打込んで運搬	鉄　鋼	清木義孝

運搬・交通用具19

84　フォーク　85　三本鍬（コエダシ）　86　三本鍬（コエダシ）　87　かきだし

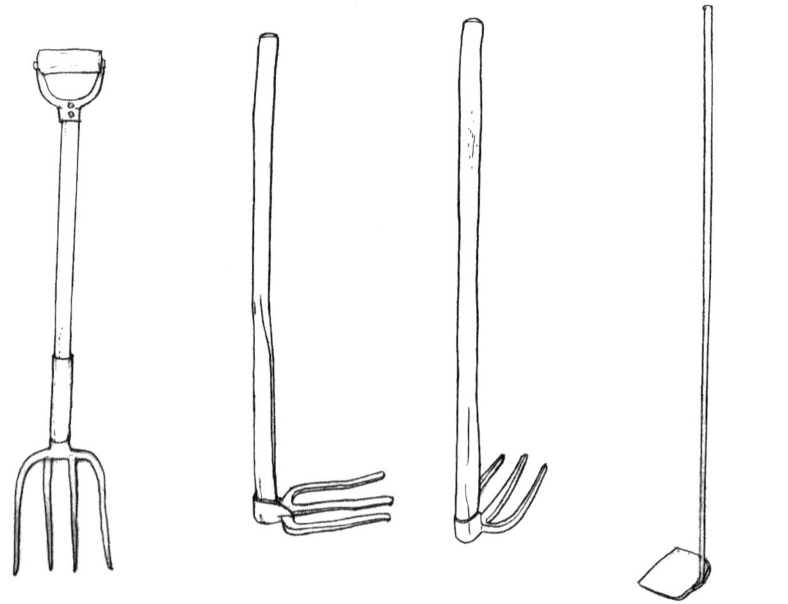

84	フォーク	堆肥だし	鉄　木	石井　一
85	三本鍬（コエダシ）	堆肥だし	鉄　木	浅枝正人
86	三本鍬（コエダシ）	堆肥だし	鉄　木	浅枝正人
87	かきだし	炭窯から炭をかきだす	鉄	石井　一

住用具 1

1　しゅろ箒　　2　しゅろ箒

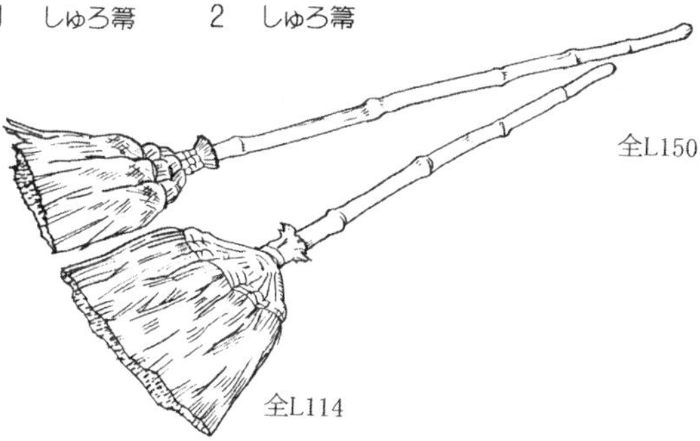

3　金箒

4　熊手（コクバサデ）　　5　熊手（コクバサデ）

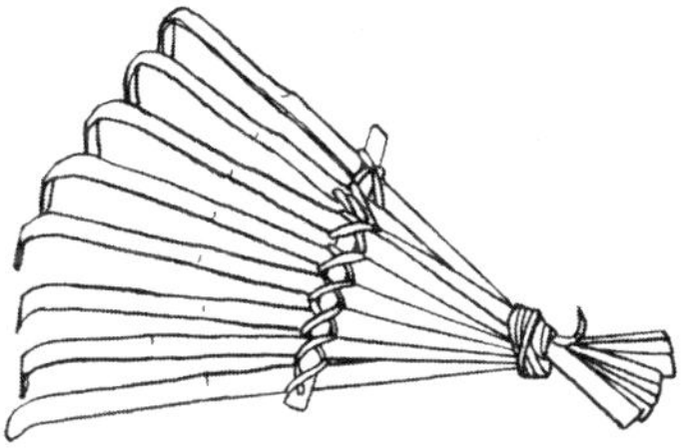

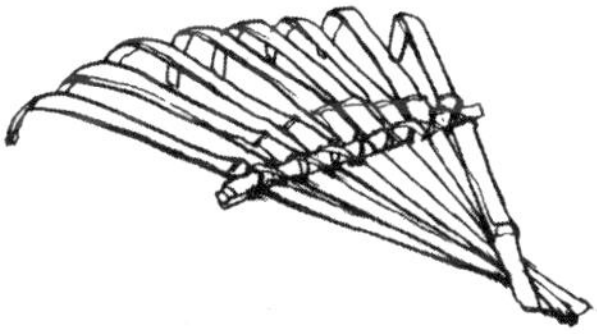

L400 先幅220

	名称（地方名）	使用法	材料・形態	使用者
1	しゅろ箒	屋内箒	シュロ　竹	浅枝正人
2	しゅろ箒	屋内箒	シュロ　竹	浅枝正人
3	金箒	木葉掃除	針金　木	石井　一
4	熊手（コクバサデ）	木葉はき	竹　蔓	実升三郎次
5	熊手(コクバサデ)	木葉掃除	竹　蔓	岡崎幹郎

運搬・交通用具 52　手桶

運搬・交通用具 60　籠

運搬・交通用具 85・86　三本鍬

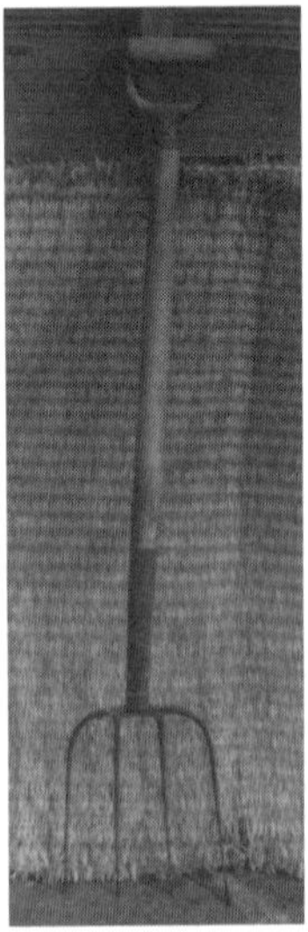

運搬・交通用具
84　フォーク

住用具 12　自在鈎

住用具 16　竜土水

灯火・暖房用具
3　蠟燭立て

灯火・暖房用具 8　弓張り提灯

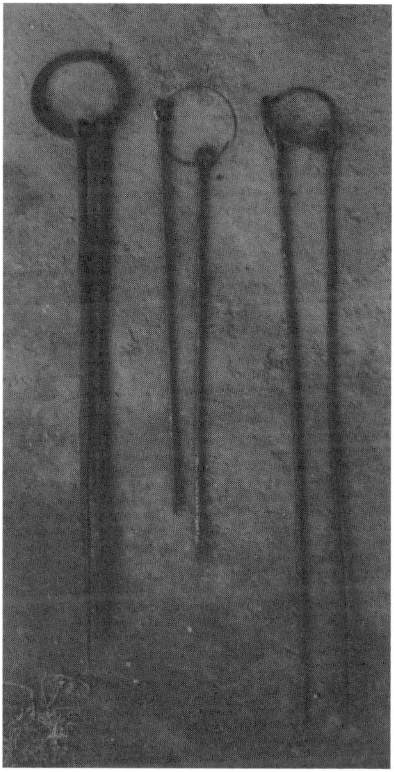

灯火・暖房用具 13　火箸

灯火・暖房用具 9　小田原提灯

灯火・暖房用具 14　火鉢入れ

住用具 2

6　掛 矢

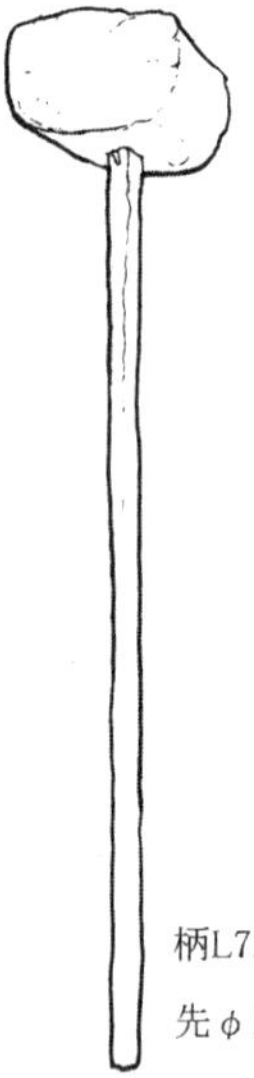

柄L720

先φ140×95

7　かけや

8　かけや(ツチ)

9　かけや

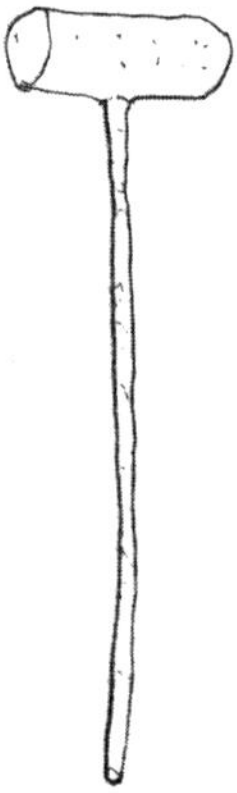

10　鍵

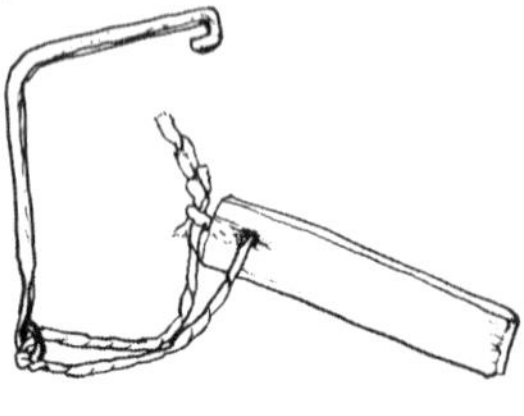

鍵の部分195×140

11　腰掛け(コシカケ)

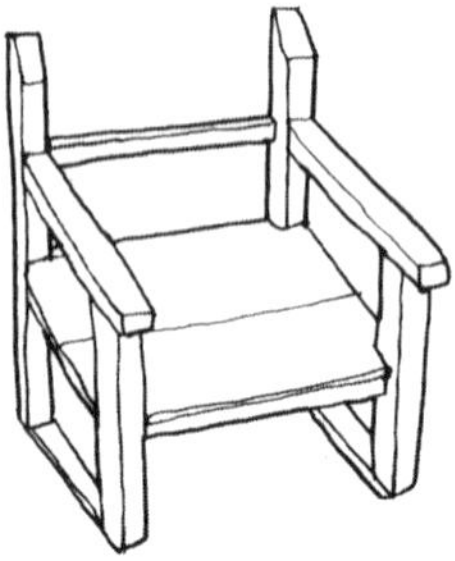

L330×315　椅子の座H140

6　掛 矢	木杭の打込み	木	岡崎幹郎
7　かけや	杭打ち	木	石井　一
8　かけや (ツチ)	くい打ち	木	実升三郎次
9　かけや	くい打ち	木	清木義孝
10　鍵	蔵の鍵	鉄 木	反田万尋
11　腰掛け (コシカケ)	子供用の椅子	木	岡崎幹郎

住用具 3

12　自在鍵（ジザイカギ）

L1500

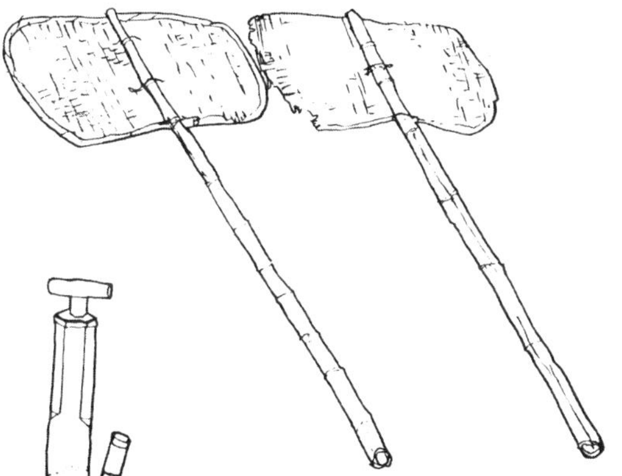

14　火消し団扇　15　火消し団扇

全L2220　先740×540

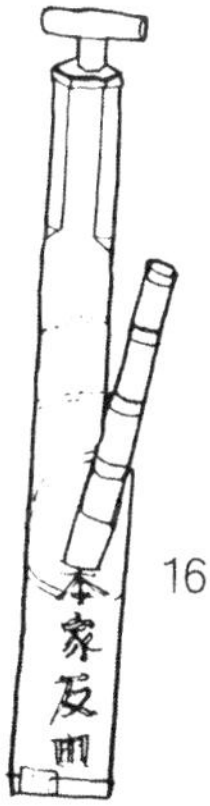

16　竜土水（リュウドスイ）

全H980　65×12角

13　自在鍵の留めの部分

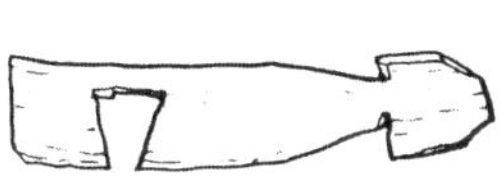

350×70

18　手職こて

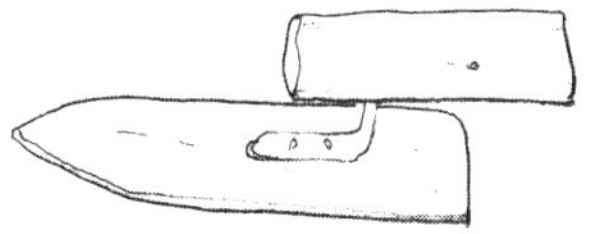

12	自在鍵（ジザイカギ）	囲炉裏に吊る鉄瓶鍋の鉤	竹 鉄心棒　藁縄 木		反田万尋
13	自在鍵の留めの部分	自在鉤　魚型	木		反田万尋
14	火消し団扇	風向きを変えて防火	竹　先は網代編み		反田万尋
15	火消し団扇	風向きを変えて防火	竹　先は網代編み		反田万尋
16	竜土水（リュウドスイ）	ポンプの水揚げ	木　銅板　「本家反田」		反田万尋
17	手職こて	左官用	鉄　木		清木義孝

灯火・暖房用具 1

1　行灯(アンドン)

全H690　台270方形　H230

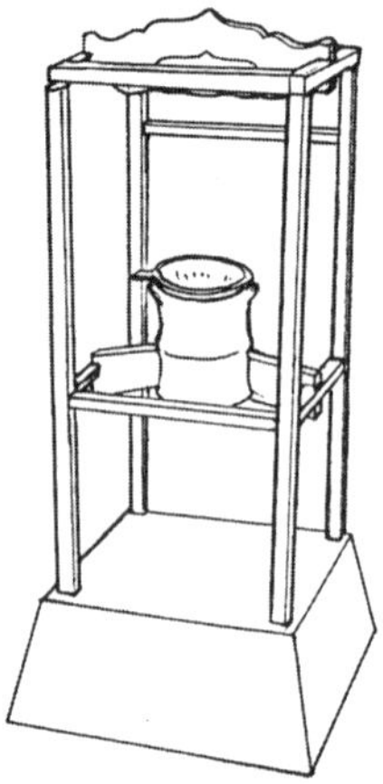

2　丸行灯

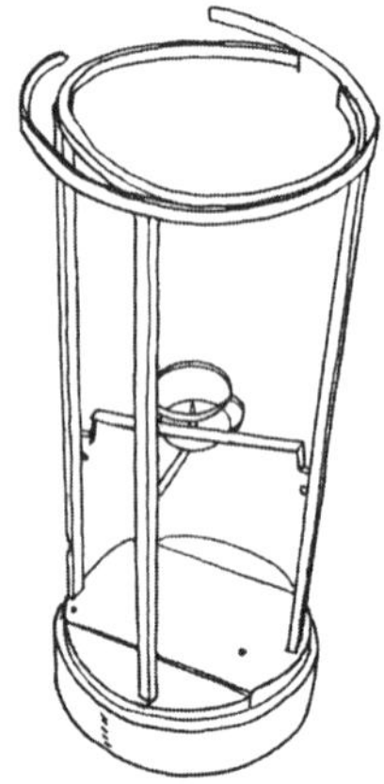

3　蠟燭立て
(ロウソクタテ)

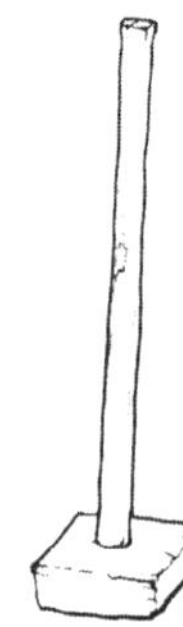

H560

4　提灯箱

5　提灯箱(チョウチンイレ)

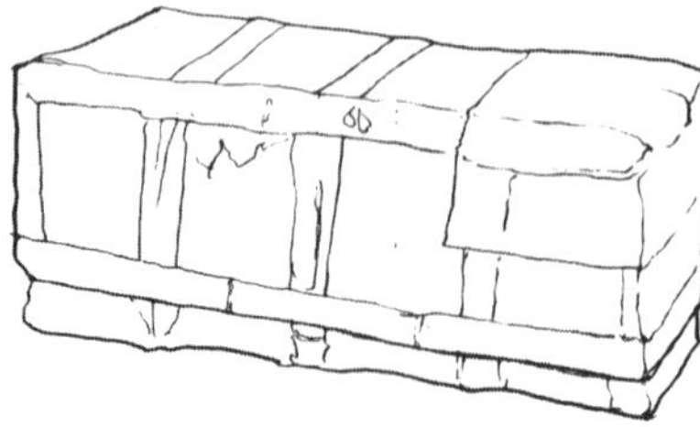

L700×380　H280

	名称（地方名）	使用法	材料・形態	使用者
1	行灯（アンドン）	移動灯火	木　灯心皿は金具　角型	浅枝正人
2	丸行灯	移動灯火	木　灯心皿は金具　丸型	浅枝正人
3	蠟燭立て（ロウソクタテ）	ろうそく立て	木	反田万尋
4	提灯箱	提灯入れ	木　「高張　常用　新開若連中」	浅枝正人
5	提灯箱（チョウチンイレ）	提灯を収納	獣皮　枠は木　竹	岡崎幹郎

灯火・暖房用具2

6　提灯（チョウチン）

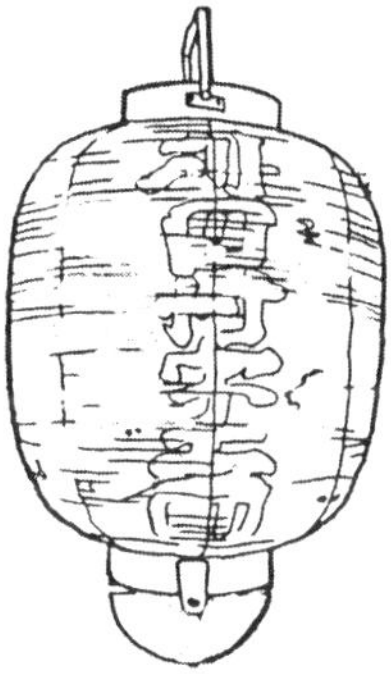

7　弓張提灯

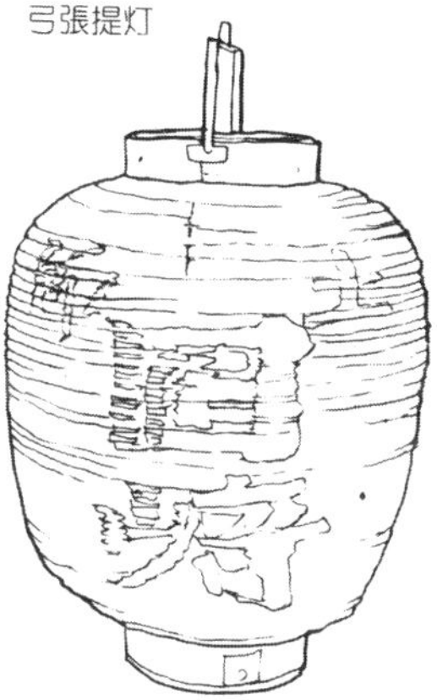

提灯・φ450　H450

8　弓張り提灯

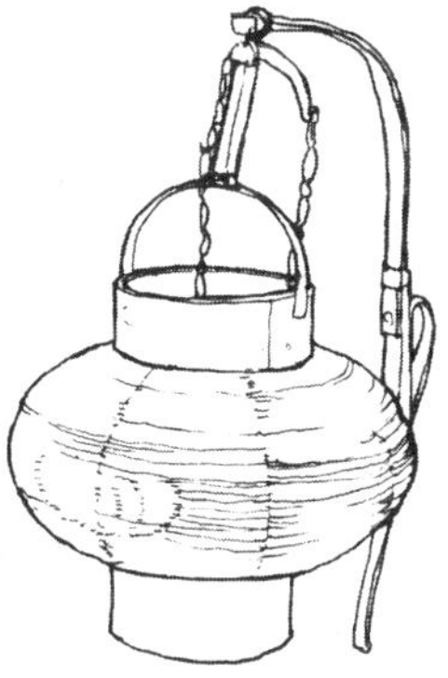

H250　φ250

9　小田原提灯（チョウチン）

φ350(280)　H370

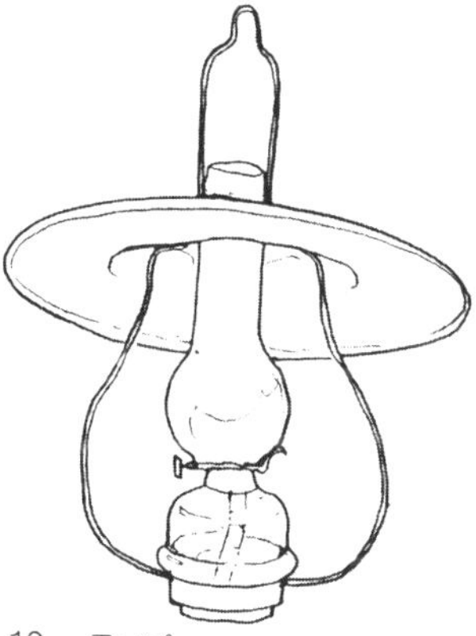

10　ランプ

全L390　笠のφ300

6	提灯（チョウチン）	携帯用灯火具	木　竹ひご　和紙　金具 「若連中」	浅枝正人
7	弓張提灯 （ユミハリチョウチン）	移動灯火	竹ひご　和紙 金具の取手 「土師　岡崎」	岡崎幹郎
8	弓張り提灯	移動灯火	木　竹　和紙　鉄	反田万尋
9	小田原提灯（チョウチン）	移動灯火	竹ひご　和紙 金具の取手 丸に蔭の撫子紋	岡崎幹郎
10	ランプ	灯り	ガラス　銅	反田万尋

灯火・暖房用具 3

11　炬燵

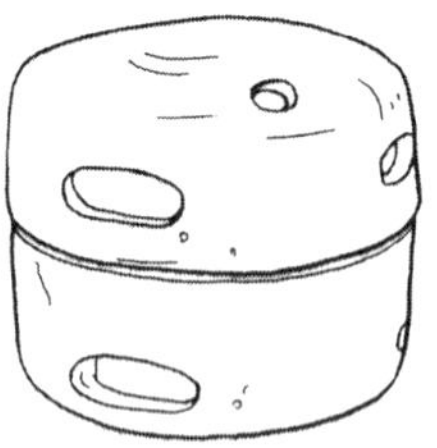

12　櫓炬燵

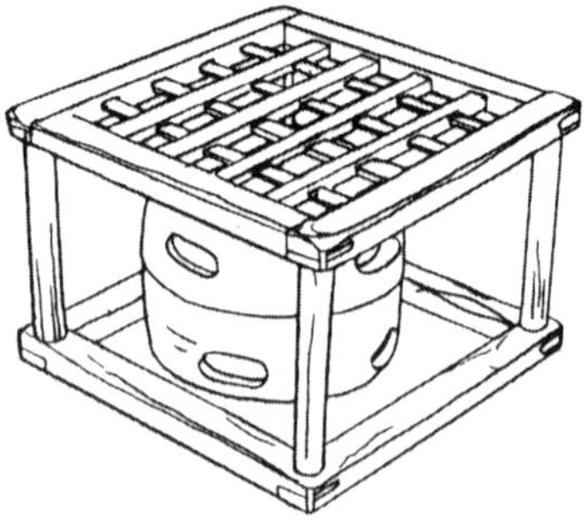

13　火箸

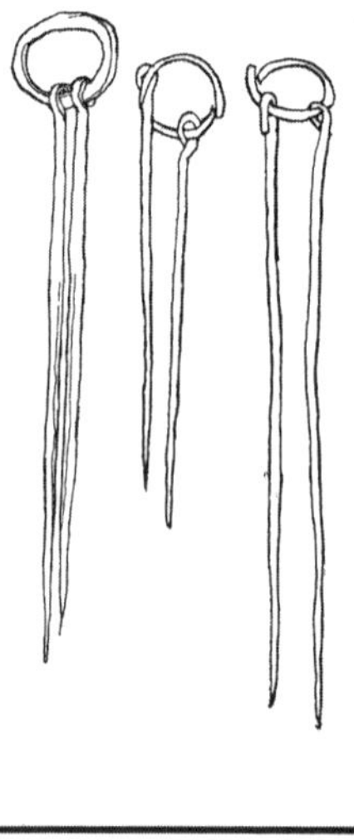

14　火鉢入れ

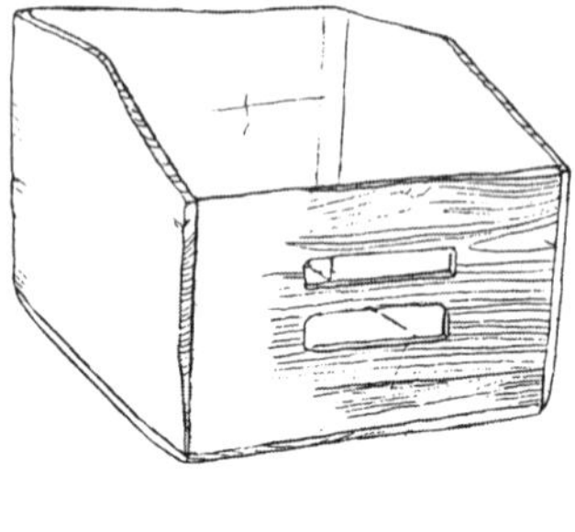

11	炬燵	炬燵用暖房	陶器	清木義孝
12	櫓炬燵	炬燵用暖房	櫓は木　炬燵は陶器のあんか	清木義孝
13	火箸	火鉢の炭はさみ	鉄	反田万尋
14	火鉢入れ	行火入れ	木	浅枝正人

着用具1

1　笠

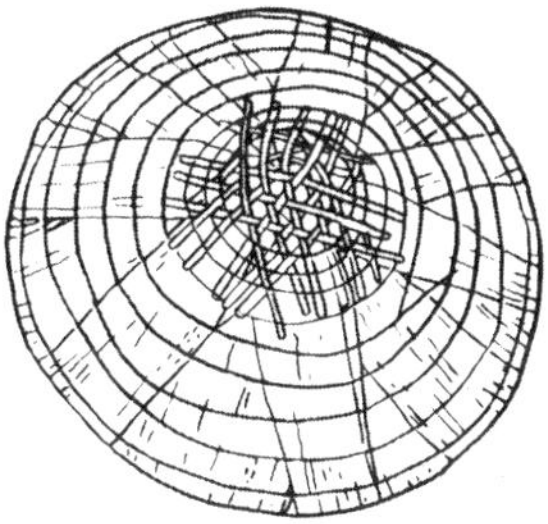

2　笠(コヨリカサ)

L500、幅270

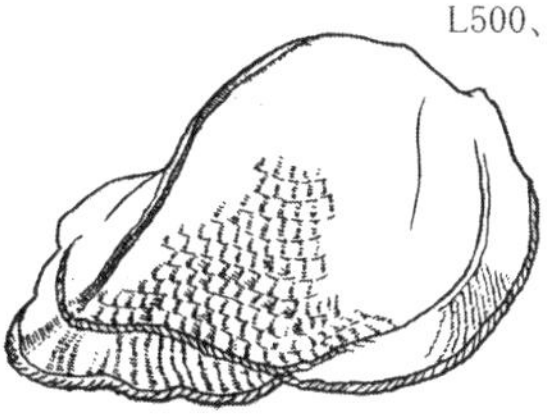

3　陣笠(ジンガサ)

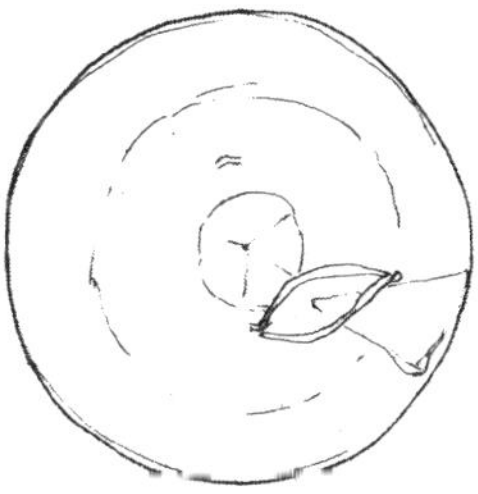

4　蓑(コラミノ)

5　蓑(コオラミノ)

丈800　裄820

	名称（地方名）	使用法	材料・形態	使用者
1	笠 （ﾀﾞﾝﾋﾞﾗ・ﾀｺﾗﾊﾞﾁ・ﾀﾞﾝﾋﾞﾗﾊﾞﾁ）	日除け	竹皮　竹	浅枝正人
2	笠（コヨリカサ）	日除け	こより　折畳める	浅枝正人
3	陣笠（ジンガサ）	かぶりもの		青山藤登
4	蓑（コラミノ）	防雨防雪用	コオラ	清木義孝
5	蓑（コオラミノ）	防雨雪用外套	コオラ	浅枝正人

着用具2

6　藁草履(ゾーリ)

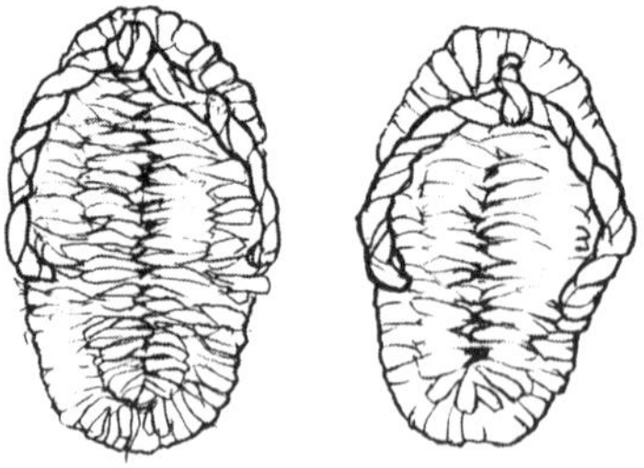

7　藁草履(ゾーリ)

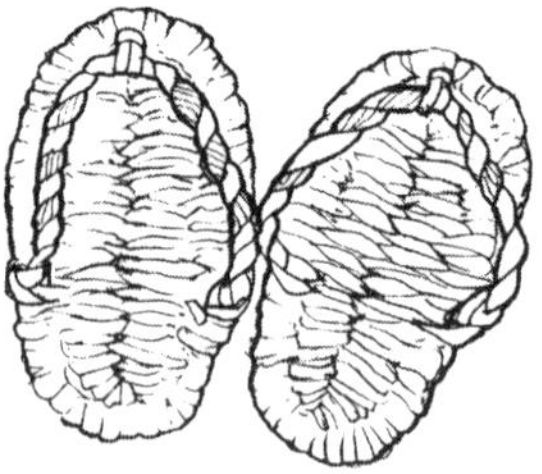

8　足袋

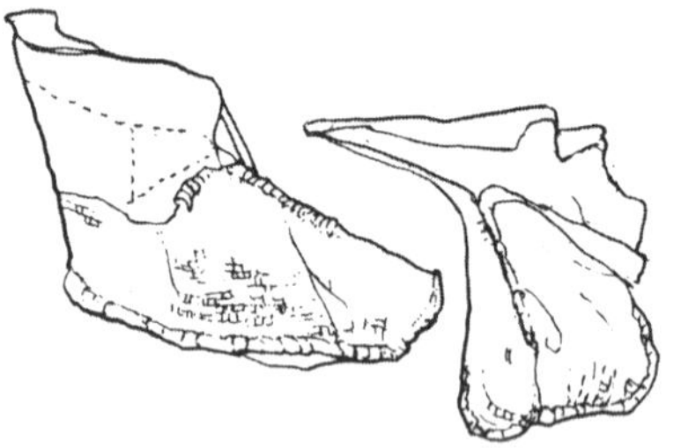

9　雪沓(ユキグツ)

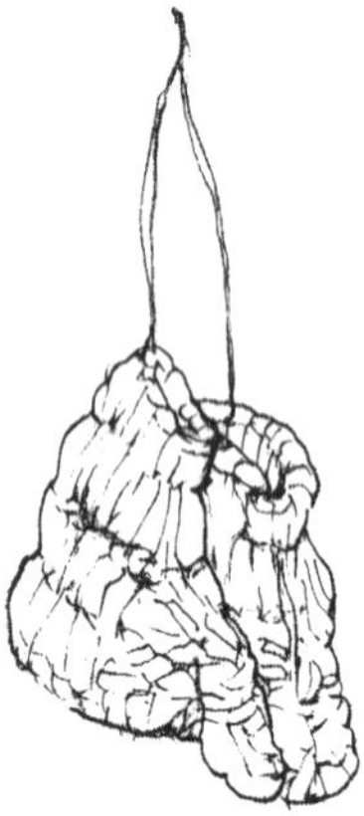

10　皮草鞋(タワラジ)

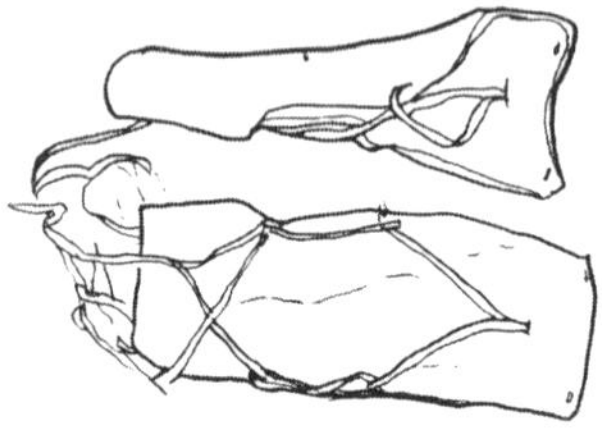

6	藁草履（ゾーリ）	履物	藁　鼻緒は藁と木綿布	青山藤登
7	藁草履（ゾーリ）	履物	藁　鼻緒は藁と木綿布	青山藤登
8	足袋	旅用	木綿に木綿糸の刺子	岡崎幹郎
9	雪沓（ユキグツ）	冬場の履物	藁　足首部分は木綿布	青山藤登
10	皮草鞋（タワラジ）	履物	獣皮	石井　一

着用具 3

11　裃

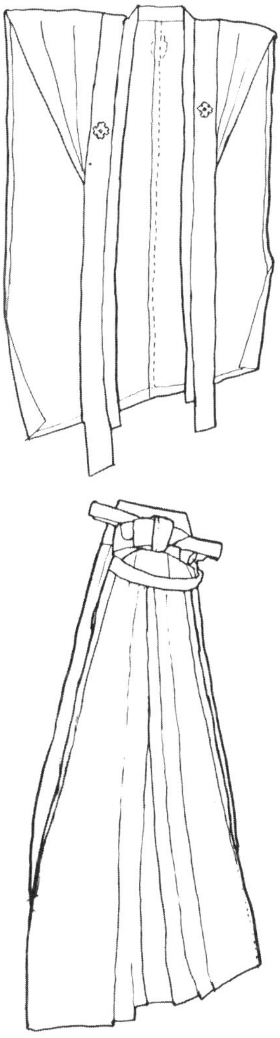

12　裃

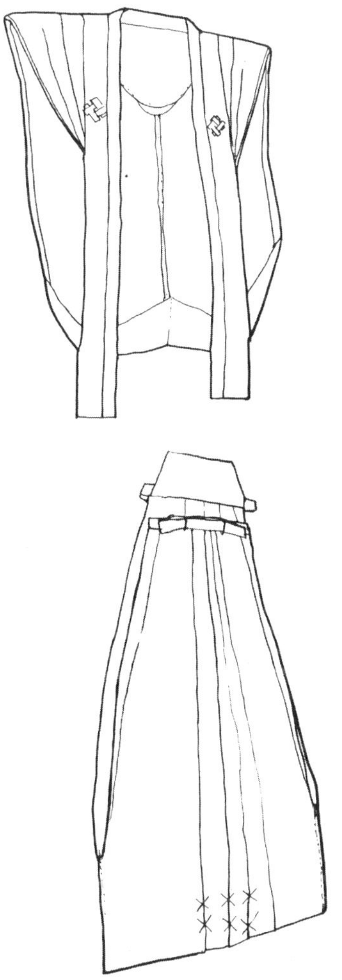

11	裃	儀式用　男用	絹 井桁紋付　三紋	岡崎幹郎
12	裃	儀式用　男用	絹 井桁紋付　三紋	岡崎幹郎

着用具 4

13　肩衣・かたぎぬ

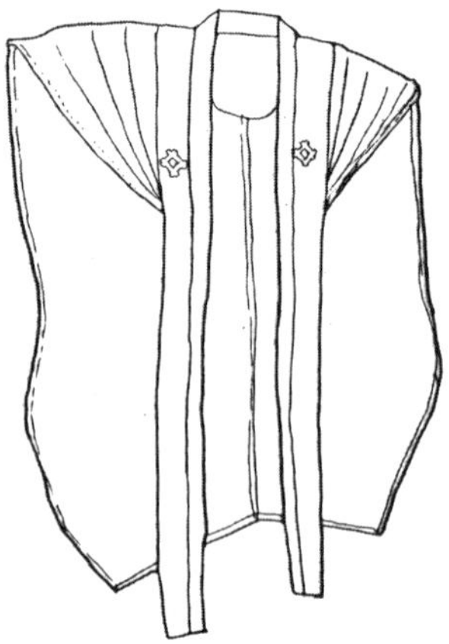

14　肩衣・かたぎぬ

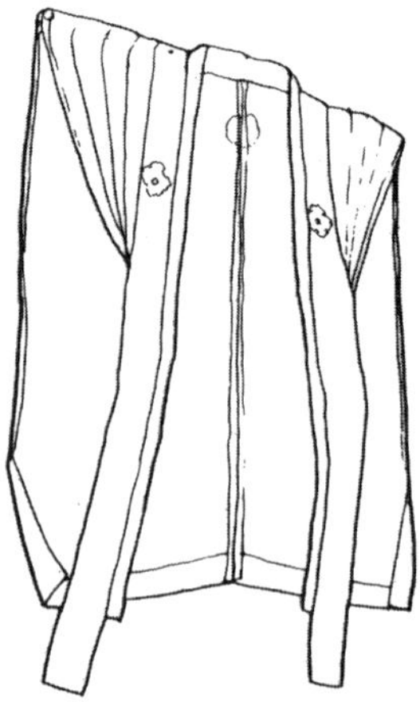

15　袴

16　袴

13	肩衣・かたぎぬ	儀式用・男用	絹 井桁紋付　三紋　裃の上着	岡崎幹郎
14	肩衣・かたぎぬ	儀式用・男用	絹 井桁紋付　三紋　裃の上着	岡崎幹郎
15	袴	儀式用・男用	絹（か）　腰板に井桁紋付き	岡崎幹郎
16	袴	男用	絹（か）	岡崎幹郎

着用具 5

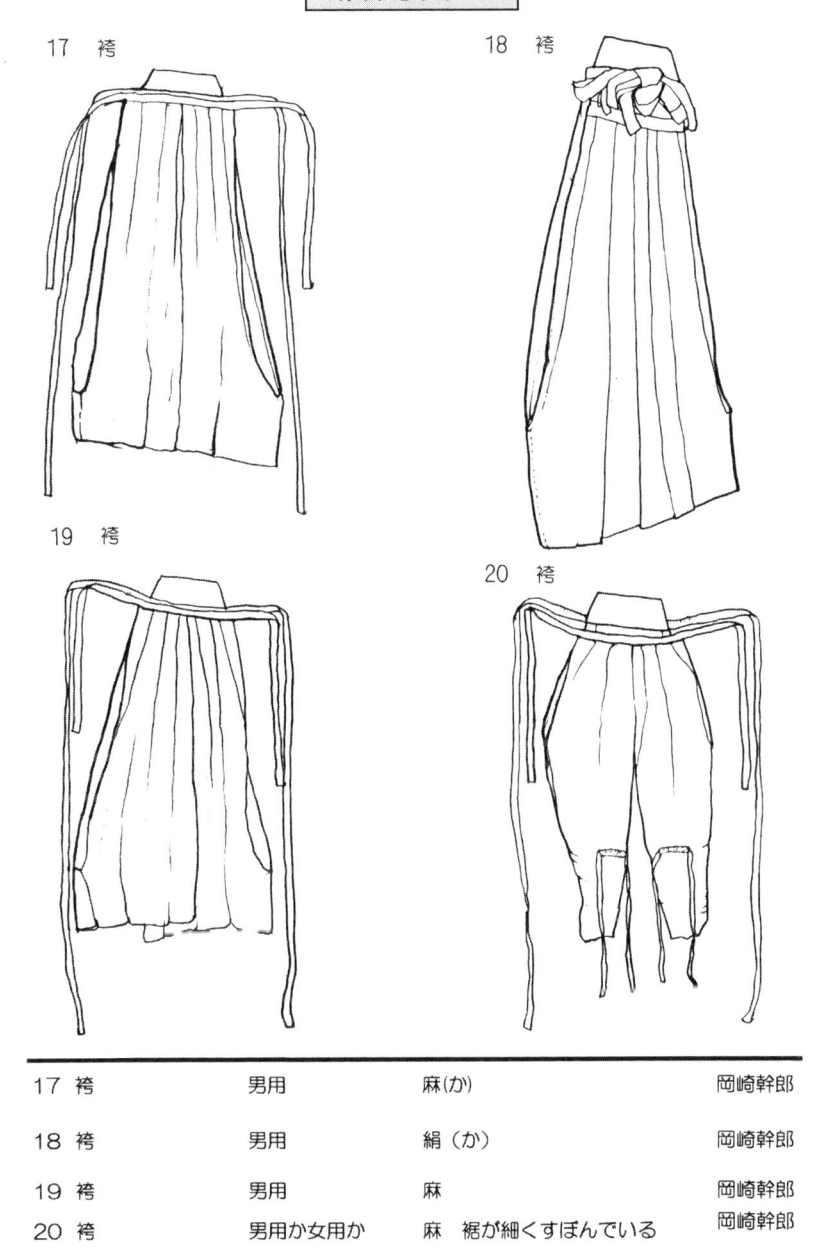

17　袴

18　袴

19　袴

20　袴

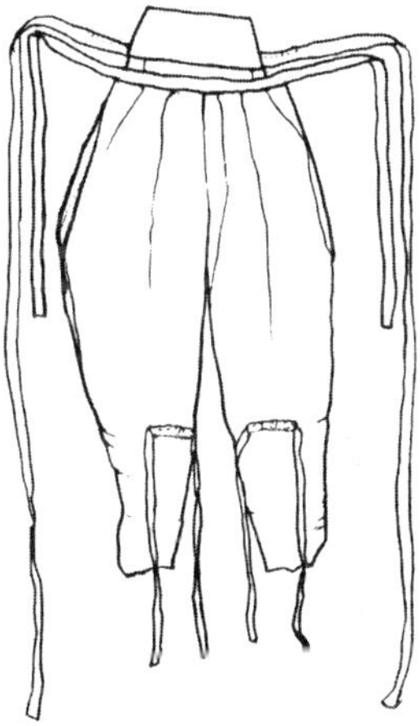

17 袴	男用	麻(か)	岡崎幹郎
18 袴	男用	絹（か）	岡崎幹郎
19 袴	男用	麻	岡崎幹郎
20 袴	男用か女用か	麻　裾が細くすぼんでいる	岡崎幹郎

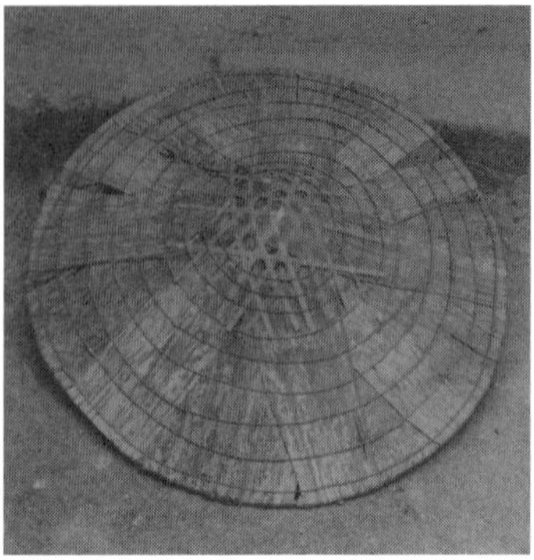
着用具1　笠

着用具5　蓑

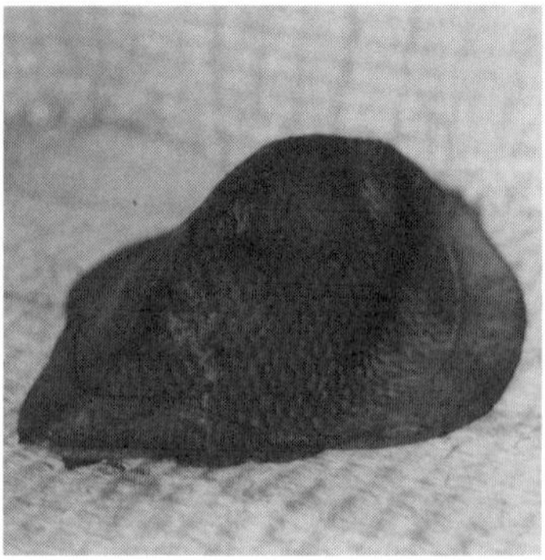
着用具2　笠

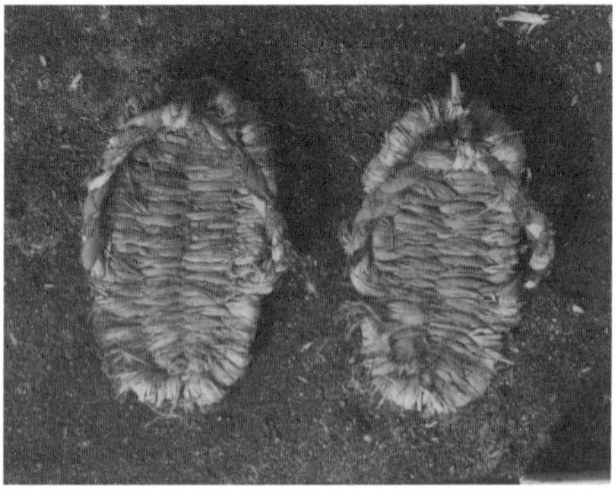
着用具6　藁草履

着用具8　足袋

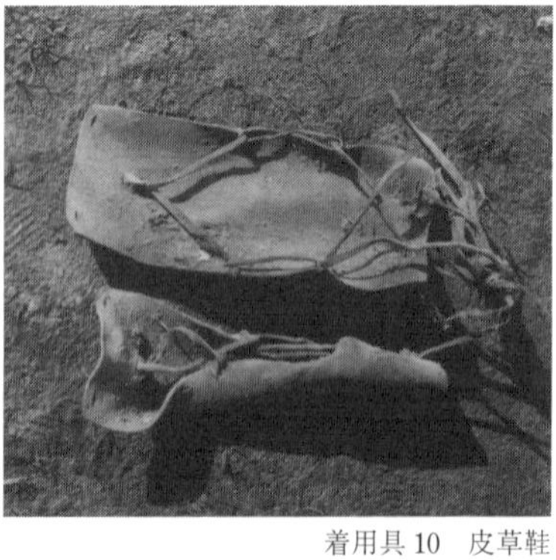
着用具10　皮草鞋

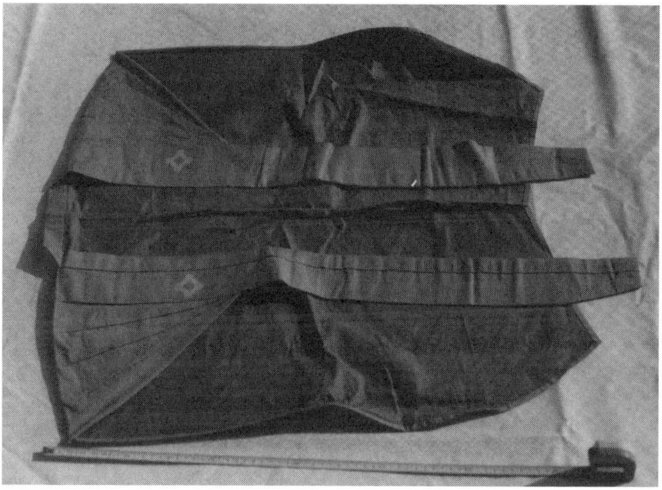

着用具 13　肩衣

着用具 19　袴

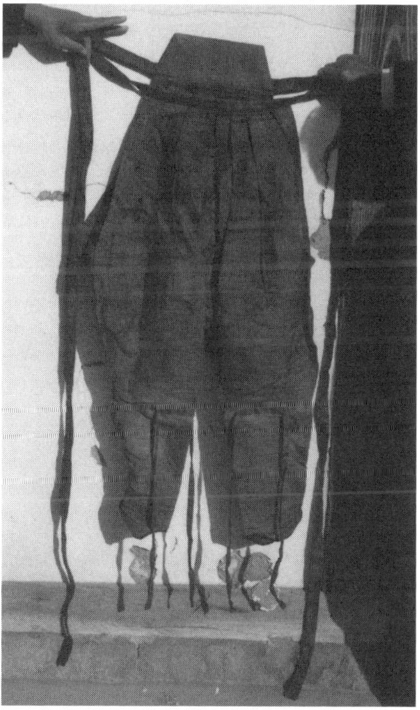

着用具 20　袴

着用具 6

21　長襦袢（胴ヌキナガジュバン）

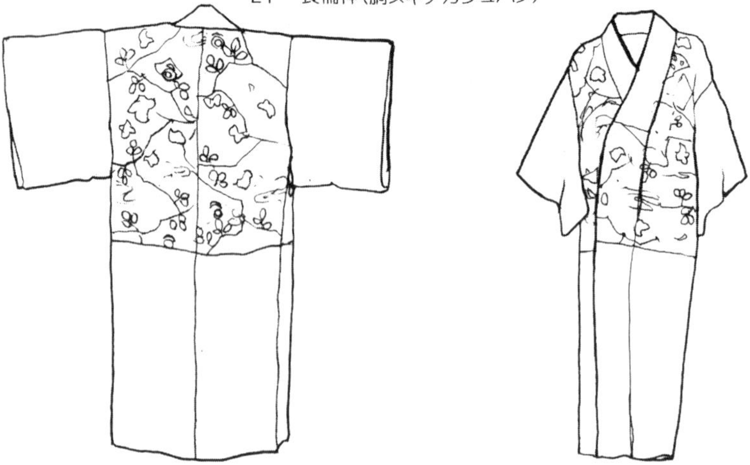

22　帽子（ボウシ）

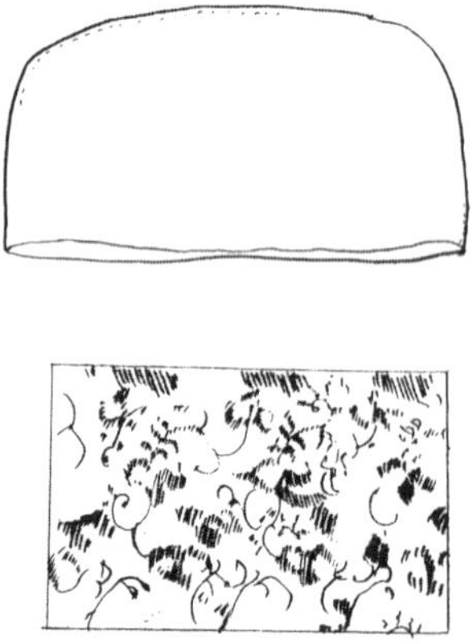

23　丸帯（オビ）

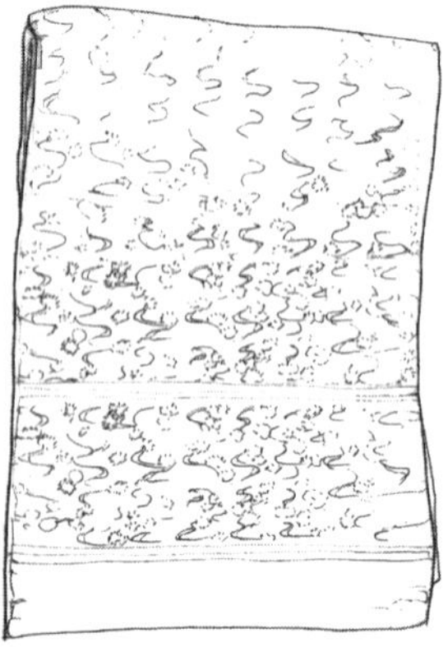

21	長襦袢 （胴ヌキナガジュバン）	長着の下着	絹	胴部分は別布継ぎ	岡崎幹郎
22	帽子（ボウシ）	祝儀の花嫁の被物	絹	紋倫子	岡崎幹郎
23	丸帯（オビ）	儀式用	絹	紋織り　袋織り	岡崎幹郎

着用具 7

24　布団側

幅3枚継ぎ

25　布団

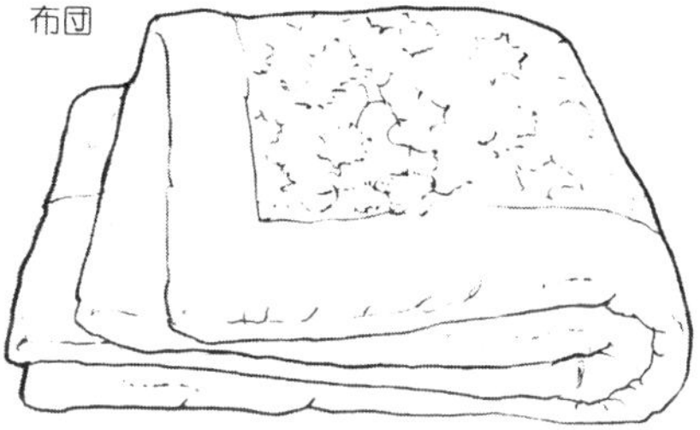

26　枕(マクラ)

L550

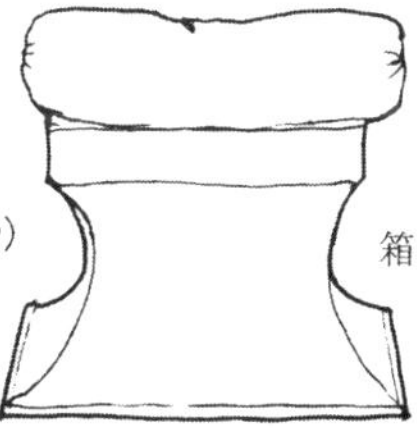

箱枕の台底のL190

27　枕(ゴザマクラ)

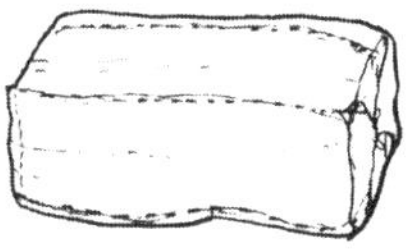

28　箱枕(ハコマクラ)

29　箱枕(ハコマクラ)

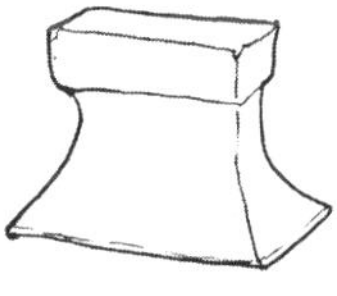

30　座布団

24 布団側	蒲団の側	木綿　紺地に桔梗唐草の文様　折入菱に三ツ松紋付	岡崎幹郎
25 布団	浅野の殿様専用	絹・紋倫子・朱	岡崎幹郎
26 枕（マクラ）	浅野の殿様専用	絹　紋倫子　朱	岡崎幹郎
27 枕（ゴザマクラ）		藺草	岡崎幹郎
28 箱枕（ハコマクラ）		木綿（か）　綿　漆塗	岡崎幹郎
29 箱枕（ハコマクラ）		木　漆塗　台のみ	岡崎幹郎
30 座布団		獣皮	岡崎幹郎

着用具 8

31　蚊火

32　蚊火

31 蚊火	山野での労働の蚊よけ	藁	岡崎幹郎
32 蚊火	山野での労働の蚊よけ	藁	石井　一

容姿用具 1

1　鏡

φ305 取手L120

2　鏡立て

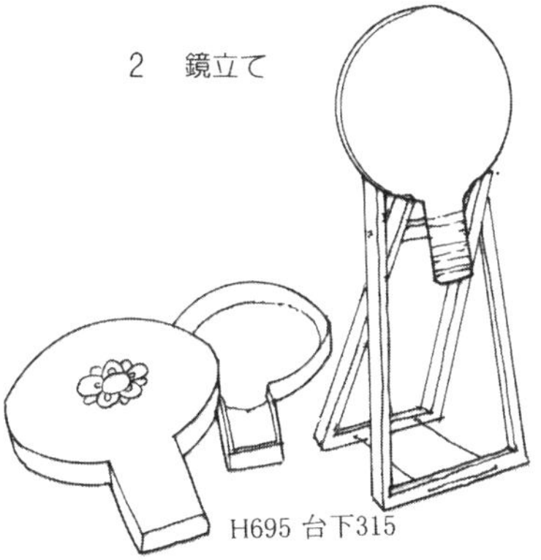

H695 台下315

3　鏡（カガミ）

φ約110

4　鏡（カガミ）

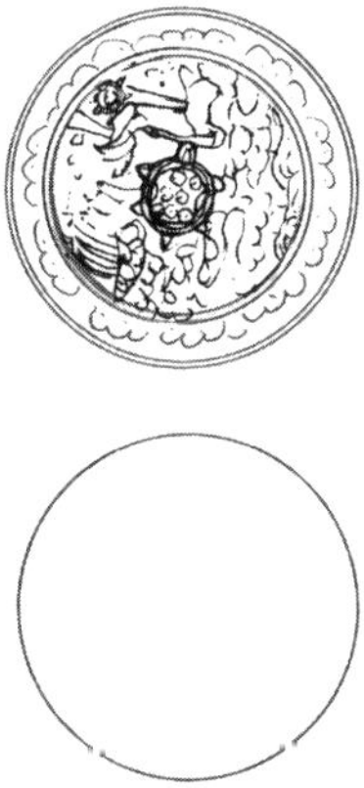

φ125 T20

5　鏡（カガミ）

φ101　H13　容器のφ130

	名称（地方名）	使用法	材　料　・　形態	使用者
1	鏡	鏡立にかけて見る	鋳銅　鶴亀松竹模様「天下津田薩摩守藤原宗次」取手付	岡崎幹郎
2	鏡立て	鏡の台	木　梅(か)紋付　黒漆塗に金紋	岡崎幹郎
3	鏡（カガミ）	古鏡	銅合金　鋳造　松竹梅鶴亀文様	青山藤登
4	鏡（カガミ）	古鏡　今は文鎮に使用	鋳銅　鶴亀松竹梅の模様	岡崎幹郎
5	鏡（カガミ）	祭司用か容姿用か	銅合金 鋳造　松竹　鶴亀	浅枝正人

容姿用具 2

6　盥（アシツキタライ）

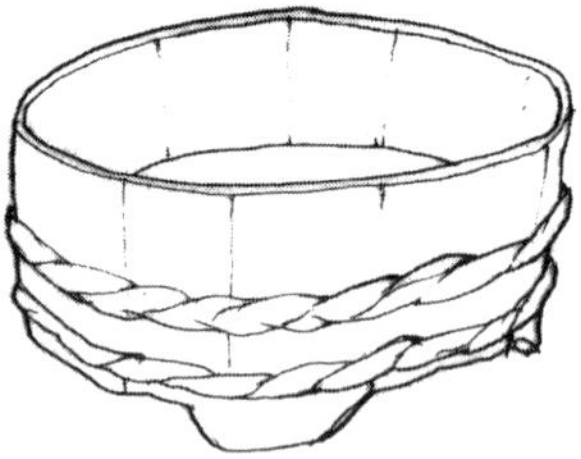

φ410 全H175　F107

7　盥（アシツキタライ）

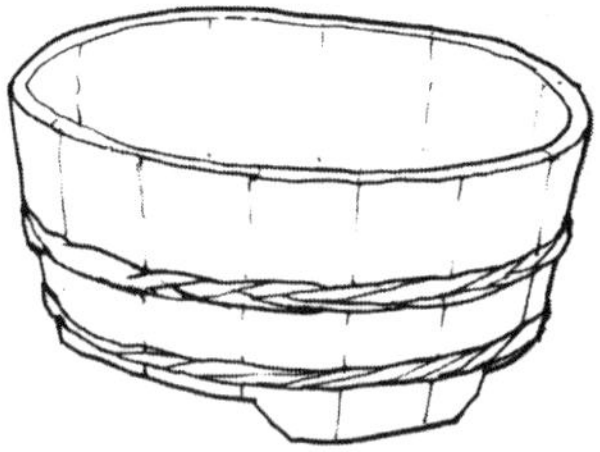

φ670 全H240　F160

8　化粧箱

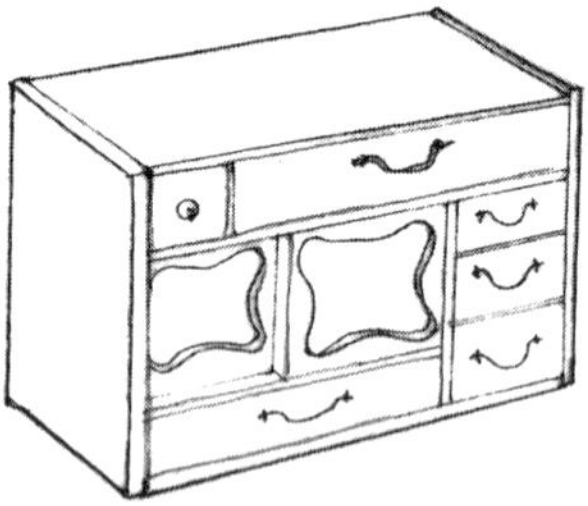

L365×250　H290

9　化粧箱

10　ピッケル（ピッケル）

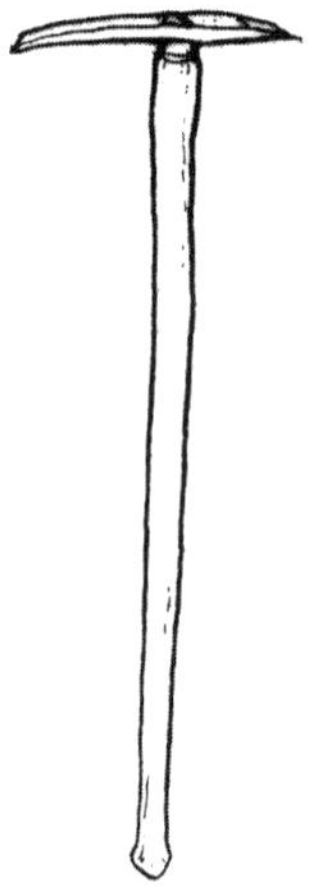

柄L880 先230×15

6	盥（アシツキタライ）	湯浴み用・浅野の殿様用	カヤの木　竹たが　三足付き	岡崎幹郎
7	盥（アシツキタライ）	湯浴み用・浅野の殿様用	カヤの木　竹たが　三足付き	岡崎幹郎
8	化粧箱	化粧品入れ	木　黒漆塗　取手金具付き	岡崎幹郎
9	化粧箱	化粧品入れ	木　黒漆塗　取手金具付き	岡崎幹郎
10	ピッケル（ピッケル）	登山用杖	木　先は真鍮（か）	岡崎幹郎

紡織編用具１

1　藁すぐり(ワラソグリ)

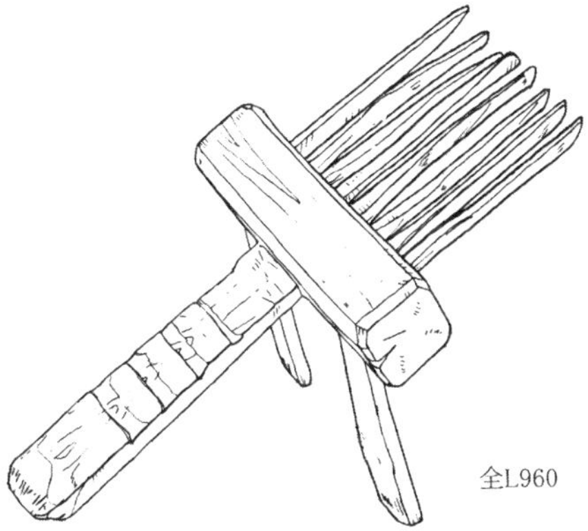

2　藁すぐり(ワラソグリ)

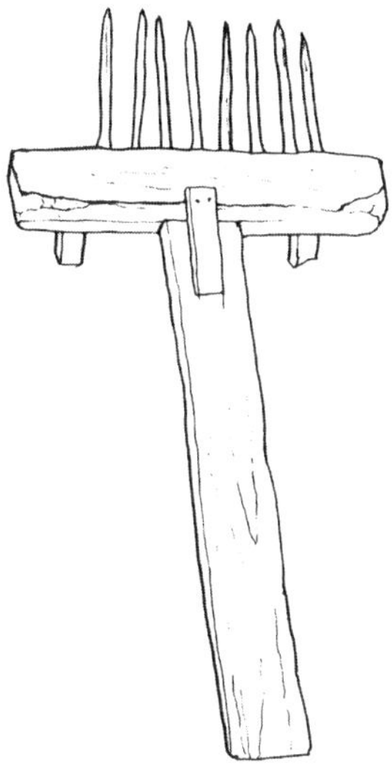

3　藁打ち石

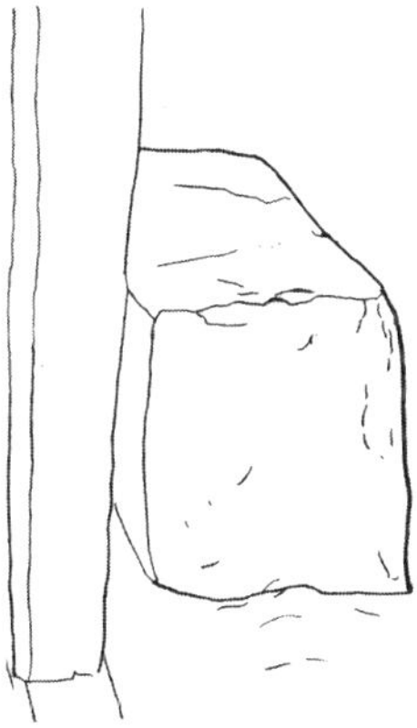

4　槌

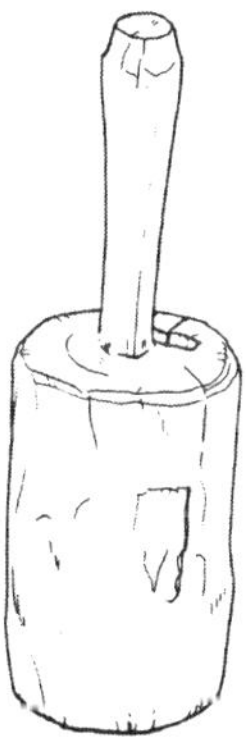

5　藁打ち槌

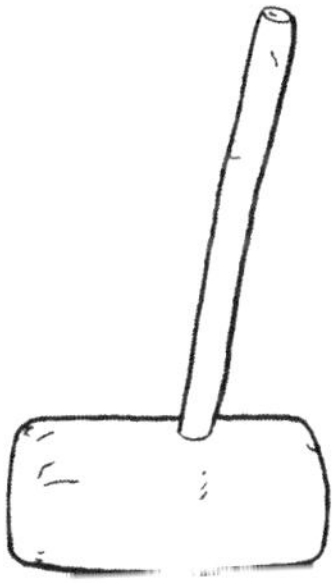

	名称（地方名）	使用法	材料・形態	使用者
1	藁すぐり（ワラソグリ）	細工稲藁の支葉や袴取り	木	浅枝正人
2	藁すぐり（ワラソグリ）	細工稲藁の支葉や袴取り	木　先の歯は竹	青山藤登
3	藁打ち石	藁打ち台石	石	清木義孝
4	槌	藁打ち	木	浅枝正人
5	藁打ち槌	藁細工の藁打ち　横杵	木	清木義孝

紡織編用具２

6　菰編器（コモガセ　ツヅラコ）

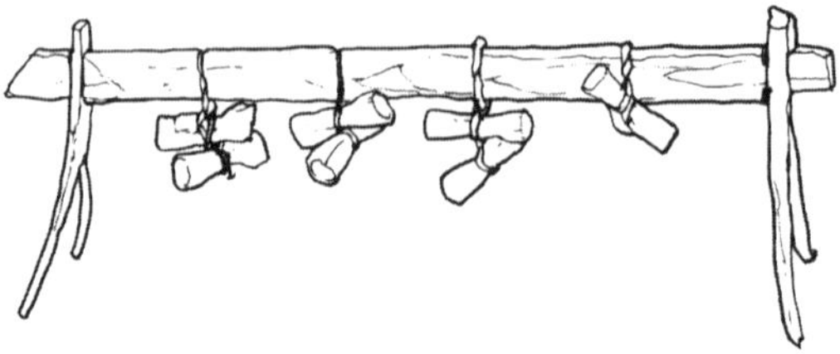

1200×90　H450　　ツヅラコ40×70

7　菰編機のつづら（ツヅラコ）

8　菰編機の菰足（ｺﾓｱﾐｷﾉｺﾓｱｼ）

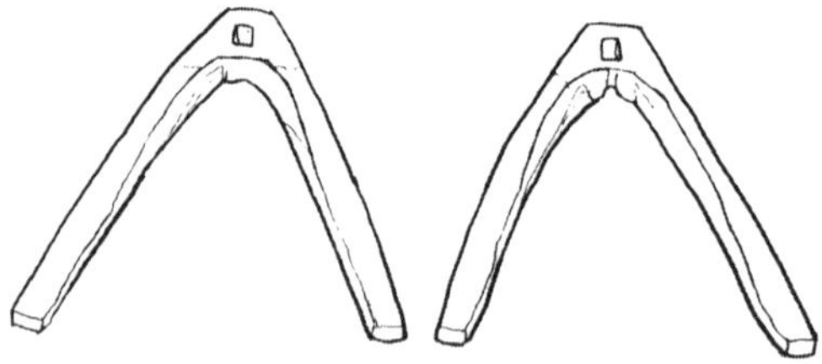

9　縄ない機（ナワナエキ）

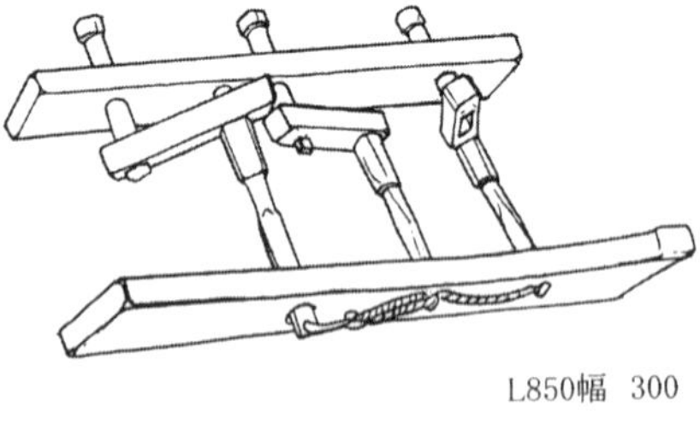

L850幅　300

6　菰編器（コモガセ　ツヅラコ）	菰編み	木　わら縄	反田万尋
7　菰編機のつづら（ツヅラコ）	菰編器の経糸の錘	木	青山藤登
8　菰編機の菰足（ｺﾓｱﾐｷﾉｺﾓｱｼ）	菰編器のコモ足	曲げ木	青山藤登
9　縄ない機（ナワナエキ）	藁を縄になう	木	浅枝正人

紡織編用具 3

10　筵機(ムシロバタ)

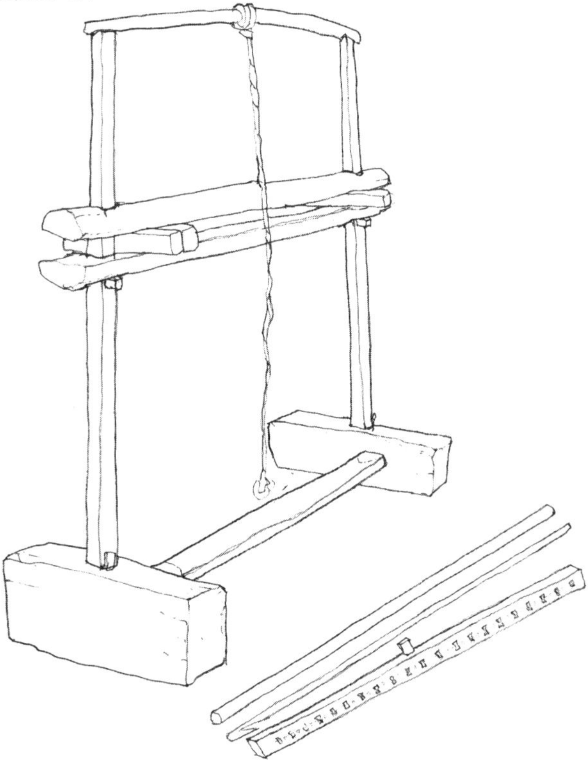

11　莚機(ムシロバタ)

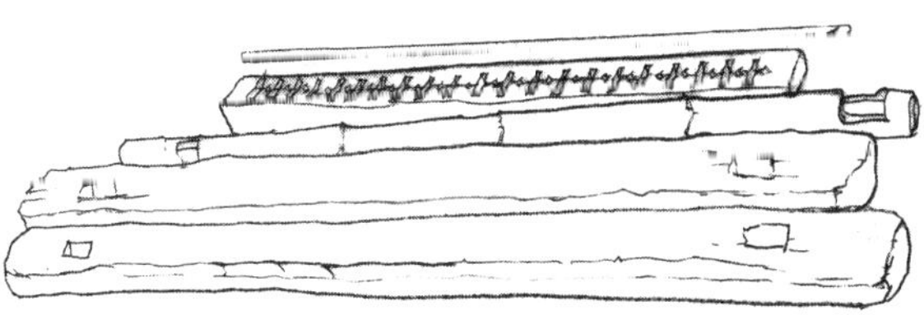

1550×100　670×70

10	筵機（ムシロバタ）	莚を折る	機とオサは木　針は竹	青山藤登
11	莚機（ムシロバタ）	莚を折る器械の一部	木　竹	反田万尋

紡織編用具 4

12　糸車(イトグルマ)

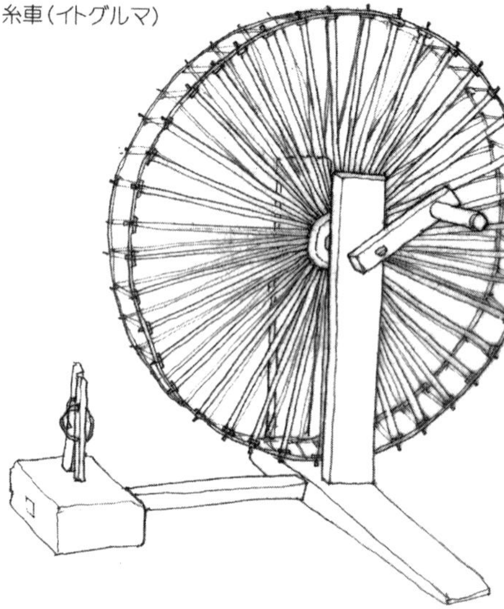

全H730　φ600　L840

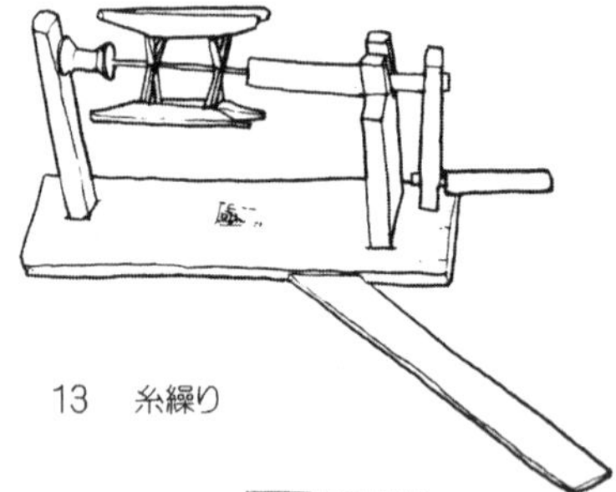

13　糸繰り

14　糸繰り

糸枠150×100 台L400

12 糸車(イトグルマ)	織機の糸のよりかけ	竹　木　藁縄	浅枝正人
13 糸繰り	糸を糸枠にまく	木	岡崎幹郎
14 糸繰り	糸を糸枠にまく	木	岡崎幹郎

紡織編用具 5

15 糸繰り
台のH500
車のφ640

16 糸取り（イトトリ）
全H360
回転枠のφ700

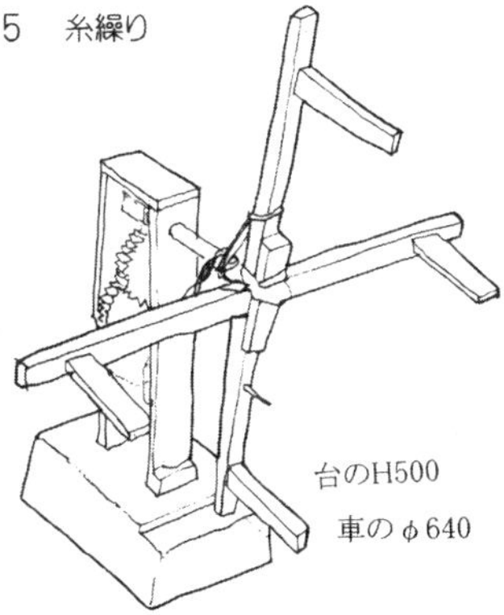

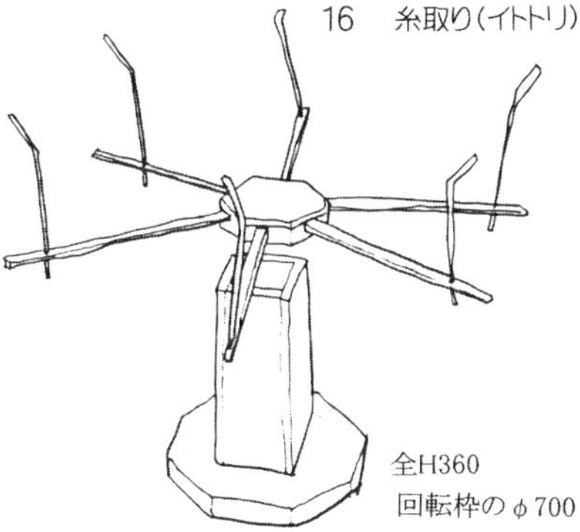

17 糸枠（イトワク）

18 糸枠（イトワク）
H370 幅300

19 絣用の筬（カスリヨウノオサ）
580×86

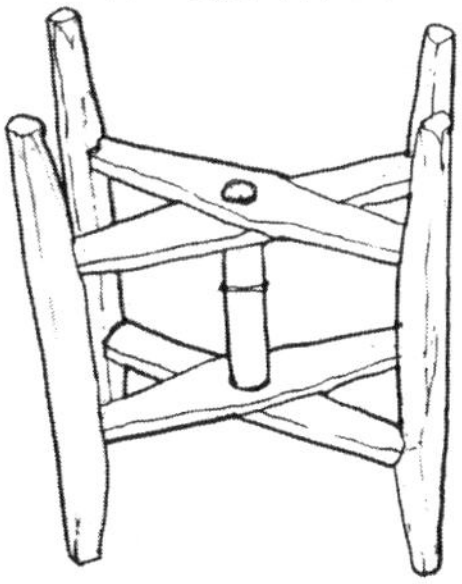

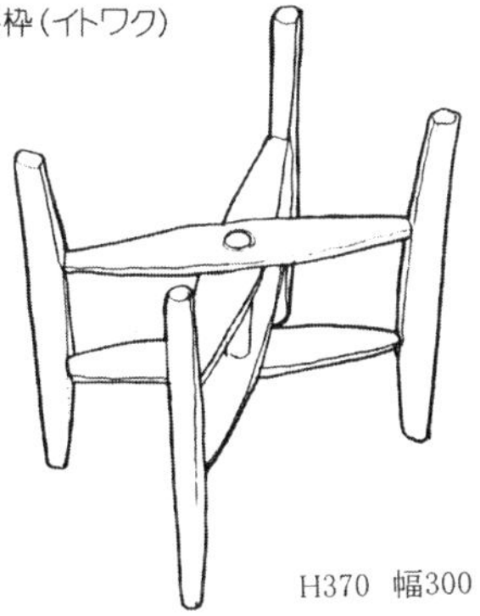

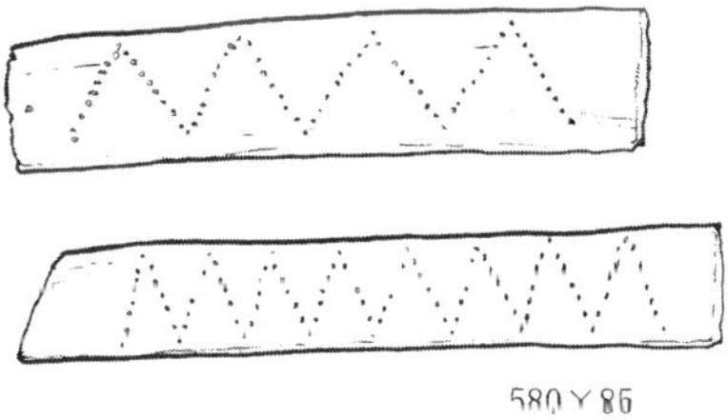

20 引き杼（ヒ）

15 糸繰り	糸の長さを計る	木の台　木の歯車	反田万尋
16 糸取り（イトトリ）	糸巻き	木　竹　「明治三十三年三月作製」	反田万尋
17 糸枠（イトワク）	糸巻き	木	岡崎幹郎
18 糸枠（イトワク）	糸巻き	木	反田万尋
19 絣用の筬（カスリヨウノオサ）	絣ずらしのオサ	木　孔空き	反田万尋
20 引き杼（ヒ）	織機の横糸通し	木　引き杼両端に車	岡崎幹郎

紡織編用具 6

21　洗濯棒（センタクボウ）

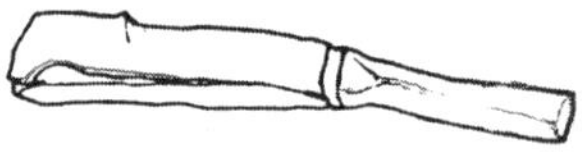

全L395 幅55 柄L65

22　刺繍台（シシュウダイ）

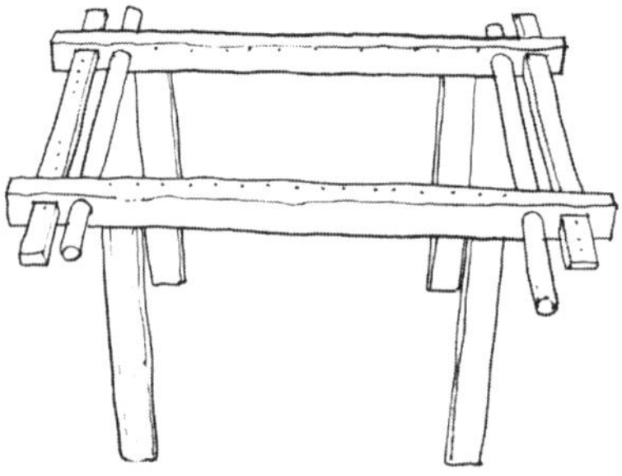

700×500　H360（330）

23　張り板（ハリイタ）

1330×335

24　くけ台（クケダイ）

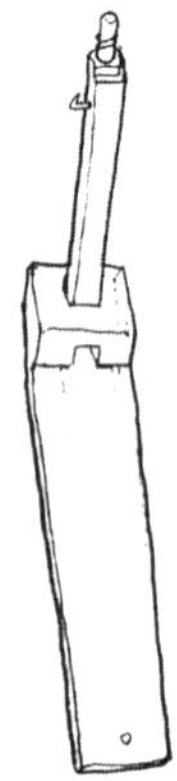

台L550　H320
支柱台100×100

25　針箱（ハリバコ）

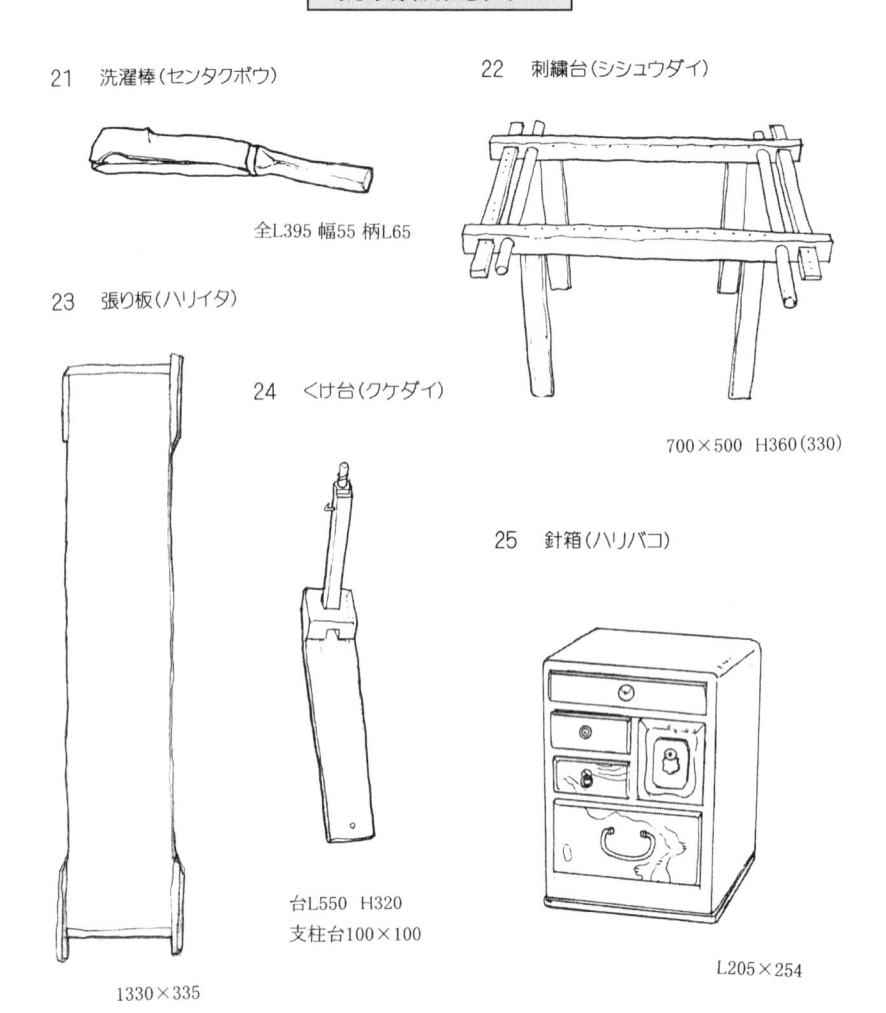

L205×254

21 洗濯棒（センタクボウ）	洗濯用	木　ゴム	岡崎幹郎
22 刺繍台（シシュウダイ）	刺繍する台	木	反田万尋
23 張り板(ハリイタ)	和服の洗い張り用板	木	青山藤登
24 くけ台（クケダイ）	布をくける	ケヤキの木	岡崎幹郎
25 針箱（ハリバコ）	裁縫道具入れ	木	浅枝正人

切截用具1

5　草刈り鎌（カマ　ジガマ）
4　草刈り鎌（カマ　ジガマ）
3　草刈り鎌（カマ　ジガマ）
2　草刈り鎌（カマ　ジガマ）
1　草刈り鎌（カマ　ジガマ）

9　草刈鎌
8　草刈鎌
7　草刈鎌
6　草刈鎌

10　草刈鎌（クサカリガマ）

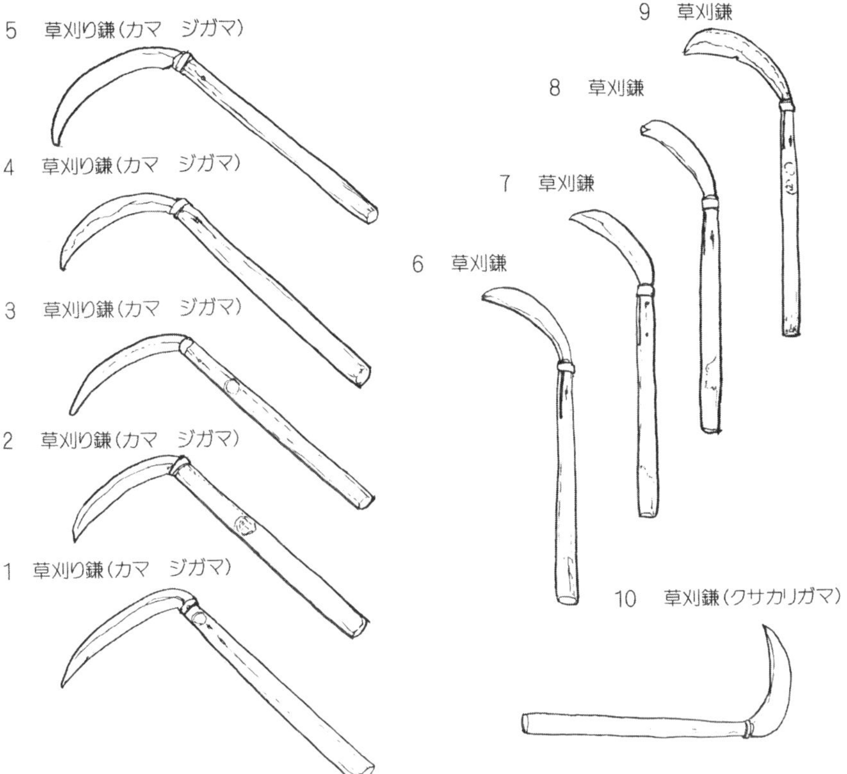

全L445　柄L360　刃175×35

	名称（地方名）	使用法	材料・形態	使用者
1	草刈り鎌（カマ）	草刈り	鉄　鋼　木　両刃	実升三郎次
2	草刈り鎌（カマ）	草刈り	鉄　鋼　木　両刃	実升三郎次
3	草刈り鎌（カマ）	草刈り	鉄　鋼　木　両刃	実升三郎次
4	草刈り鎌（カマ　ジガマ）	草刈り	鉄　鋼　木　両刃	実升三郎次
5	草刈り鎌（カマ　ジガマ）	草刈り	鉄　鋼　木　両刃	実升三郎次
6	草刈鎌	草刈り	鉄　鋼　木　両刃	浅枝正人
7	草刈鎌	草刈り	鉄　鋼　木　両刃	浅枝正人
8	草刈鎌	草刈り	鉄　鋼　木　両刃	浅枝正人
9	草刈鎌	草刈り	鉄　鋼　木　両刃	浅枝正人
10	草刈鎌（クサカリガマ）	草刈り	鉄　鋼　木　両刃	反田万尋

紡織編用具2　藁すぐり

紡織編用具3　藁打ち石

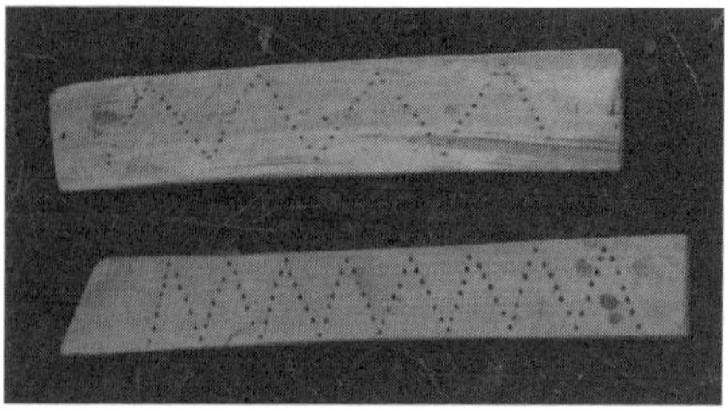

紡織編用具19　絣用の筬

紡織編用具5　藁打ち槌

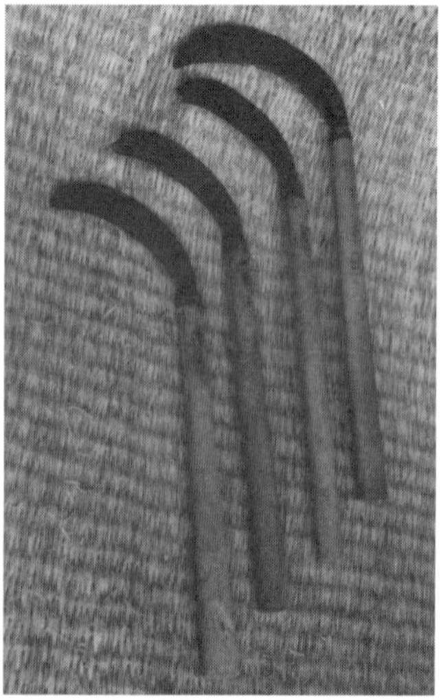

切截用具6～9　草刈鎌

切截用具1～5　草刈鎌

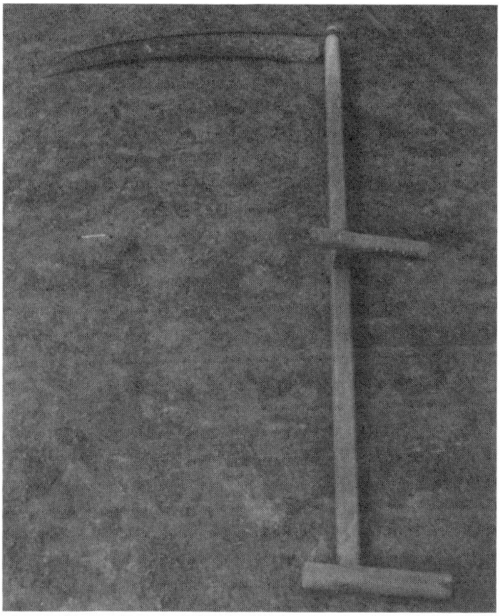

切截用具 13　西洋式草刈鎌

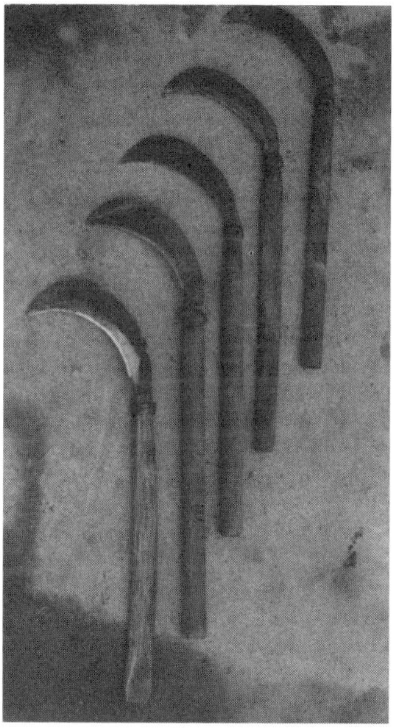

切截用具 21 ～ 25　木鎌

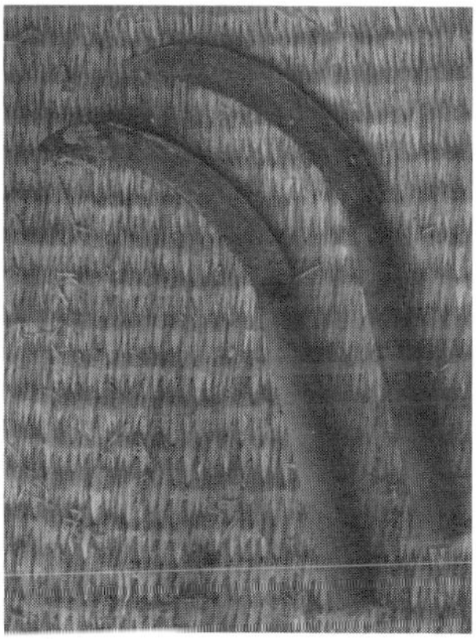

切截用具 28・29　鋸鎌

切截用具 46　押切り

切截用具 41・42　斧

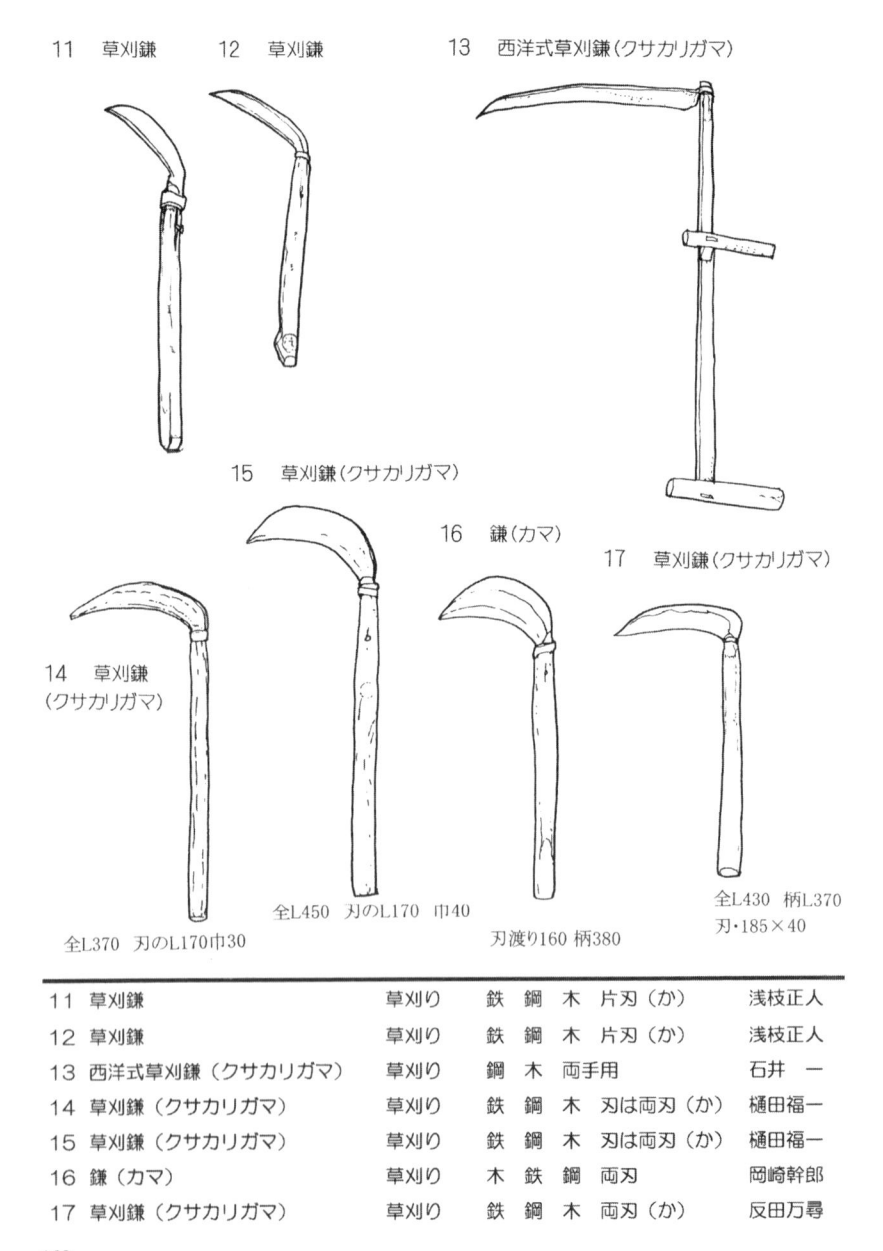

切截用具 2

11　草刈鎌

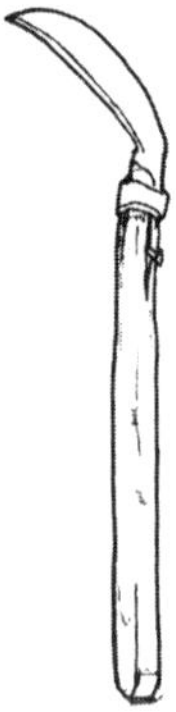

12　草刈鎌

13　西洋式草刈鎌（クサカリガマ）

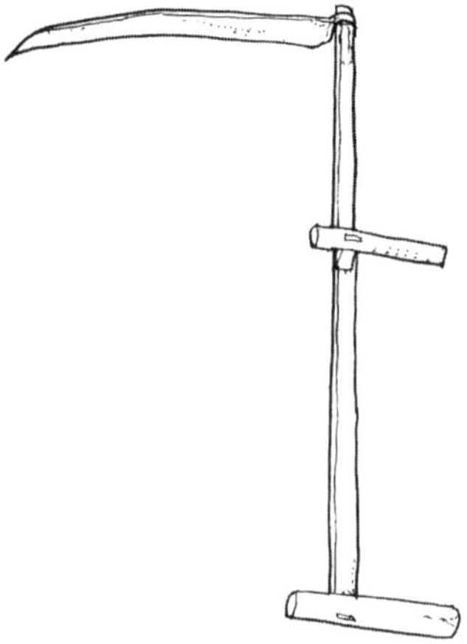

14　草刈鎌（クサカリガマ）

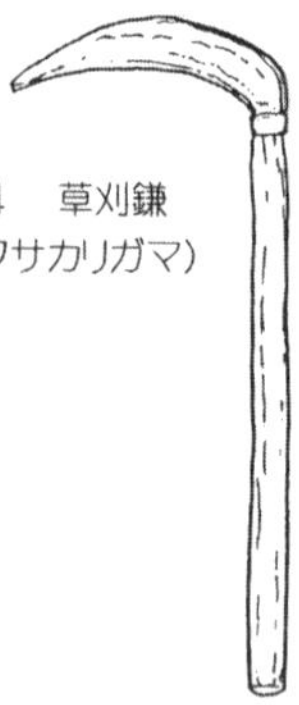

全L370　刃のL170巾30

15　草刈鎌（クサカリガマ）

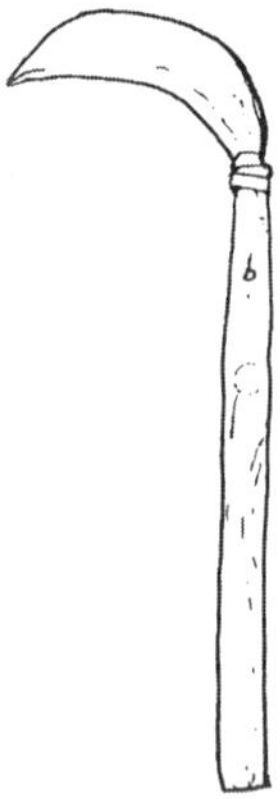

全L450　刃のL170　巾40

16　鎌（カマ）

刃渡り160 柄380

17　草刈鎌（クサカリガマ）

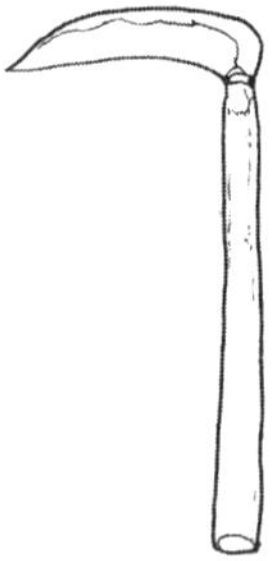

全L430　柄L370
刃・185×40

11	草刈鎌	草刈り	鉄　鋼　木　片刃（か）	浅枝正人
12	草刈鎌	草刈り	鉄　鋼　木　片刃（か）	浅枝正人
13	西洋式草刈鎌（クサカリガマ）	草刈り	鋼　木　両手用	石井　一
14	草刈鎌（クサカリガマ）	草刈り	鉄　鋼　木　刃は両刃（か）	樋田福一
15	草刈鎌（クサカリガマ）	草刈り	鉄　鋼　木　刃は両刃（か）	樋田福一
16	鎌（カマ）	草刈り	木　鉄　鋼　両刃	岡崎幹郎
17	草刈鎌（クサカリガマ）	草刈り	鉄　鋼　木　両刃（か）	反田万尋

切截用具3

18 木鎌（キコリガマ）
19 木鎌（キコリガマ）
20 木鎌（キコリガマ）
23 木鎌（キコリガマ）
22 木鎌（キコリガマ）
21 木鎌（キコリガマ）
25 木鎌（キコリガマ）
24 木鎌（キコリガマ）
27 木鎌（キコリガマ）
全L450　柄L365　刃・170×42
26 木鎌・中厚鎌

18	木鎌（キコリガマ）	木枝・潅木切り	鉄	鋼	木	両刃	銘「和」	青山藤登
19	木鎌（キコリガマ）	木枝・潅木切り	鉄	鋼	木	両刃	銘「和」	青山藤登
20	木鎌（キコリガマ）	木枝・潅木切り	鉄	鋼	木	両刃	銘「和」	青山藤登
21	木鎌（キコリガマ）	木枝・潅木切り	鉄	鋼	木	両刃		清木義孝
22	木鎌（キコリガマ）	木枝・潅木切り	鉄	鋼	木	両刃		清木義孝
23	木鎌（キコリガマ）	木枝・潅木切り	鉄	鋼	木	両刃		清木義孝
24	木鎌（キコリガマ）	木枝・潅木切り	鉄	鋼	木	両刃		清木義孝
25	木鎌（キコリガマ）	木枝・潅木切り	鉄	鋼	木	両刃		清木義孝
26	木鎌・中厚鎌	硬い草・潅木切り	鉄	鋼	木	両刃（か）	厚鎌	樋田福一
27	木鎌（キコリガマ）	木切り	鉄	鋼	木	両刃（か）		反田万尋

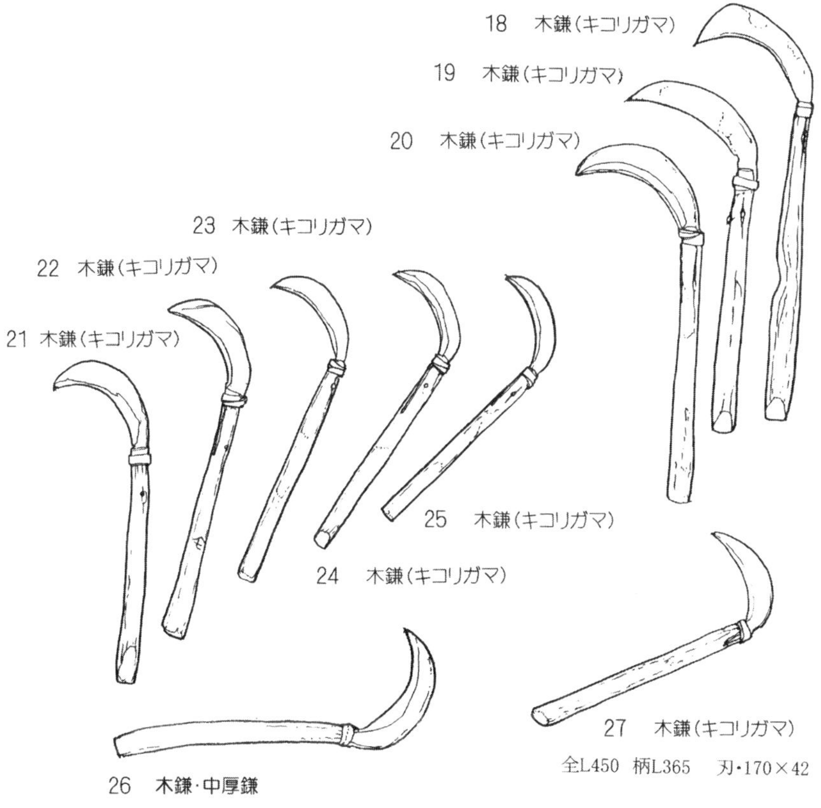

切截用具 4

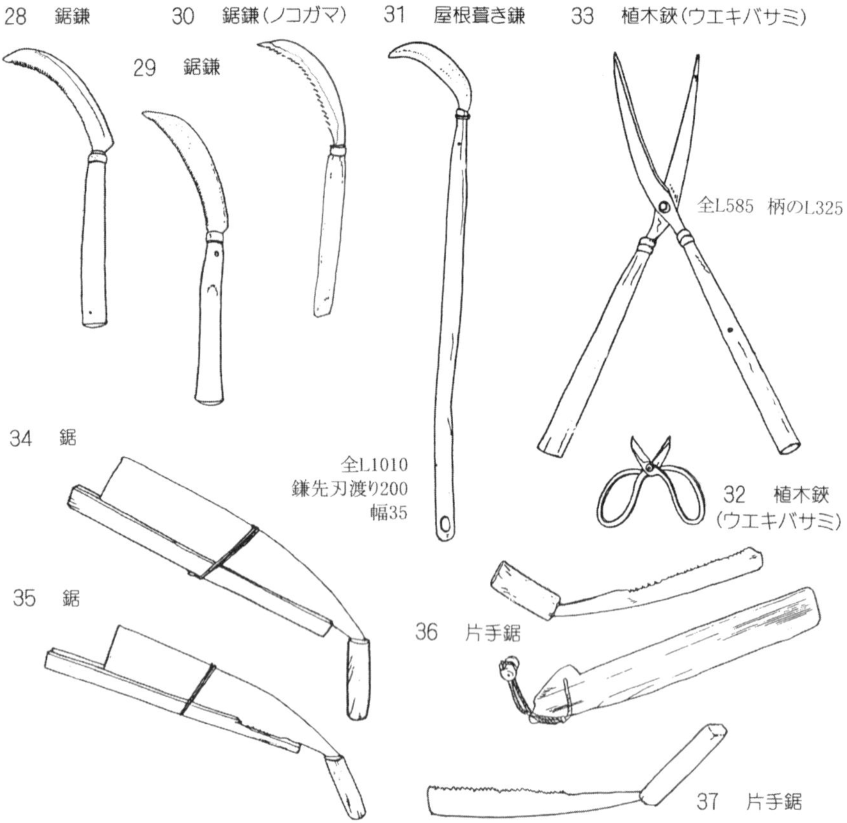
28　鋸鎌
29　鋸鎌
30　鋸鎌（ノコガマ）
31　屋根葺き鎌
33　植木鋏（ウエキバサミ）
全L585　柄のL325
34　鋸
全L1010
鎌先刃渡り200
幅35
32　植木鋏
（ウエキバサミ）
35　鋸
36　片手鋸
37　片手鋸

28	鋸鎌	稲刈り	鋼　木　鋸刃	浅枝正人
29	鋸鎌	稲刈り	鋼　木　鋸刃	浅枝正人
30	鋸鎌（ノコガマ）	稲刈り	鋼　木　鋸歯	樋田福一
31	屋根葺き鎌	屋根葺き用	鉄　鋼　木　柄尻に穴	浅枝正人
32	植木鋏（ウエキバサミ）	植木の剪定	鉄　鋼	浅枝正人
33	植木鋏（ウエキバサミ）	植木の剪定	鉄　鋼　木	浅枝正人
34	鋸	木の丸切り　横挽き用	鋼　木	浅枝正人
35	鋸	木の丸切り　横挽き用	鋼　木	浅枝正人
36	片手鋸	木を切る	鋼　木　木の鞘	清木義孝
37	片手鋸	木枝、薪きり	鋼　木	実升三郎次

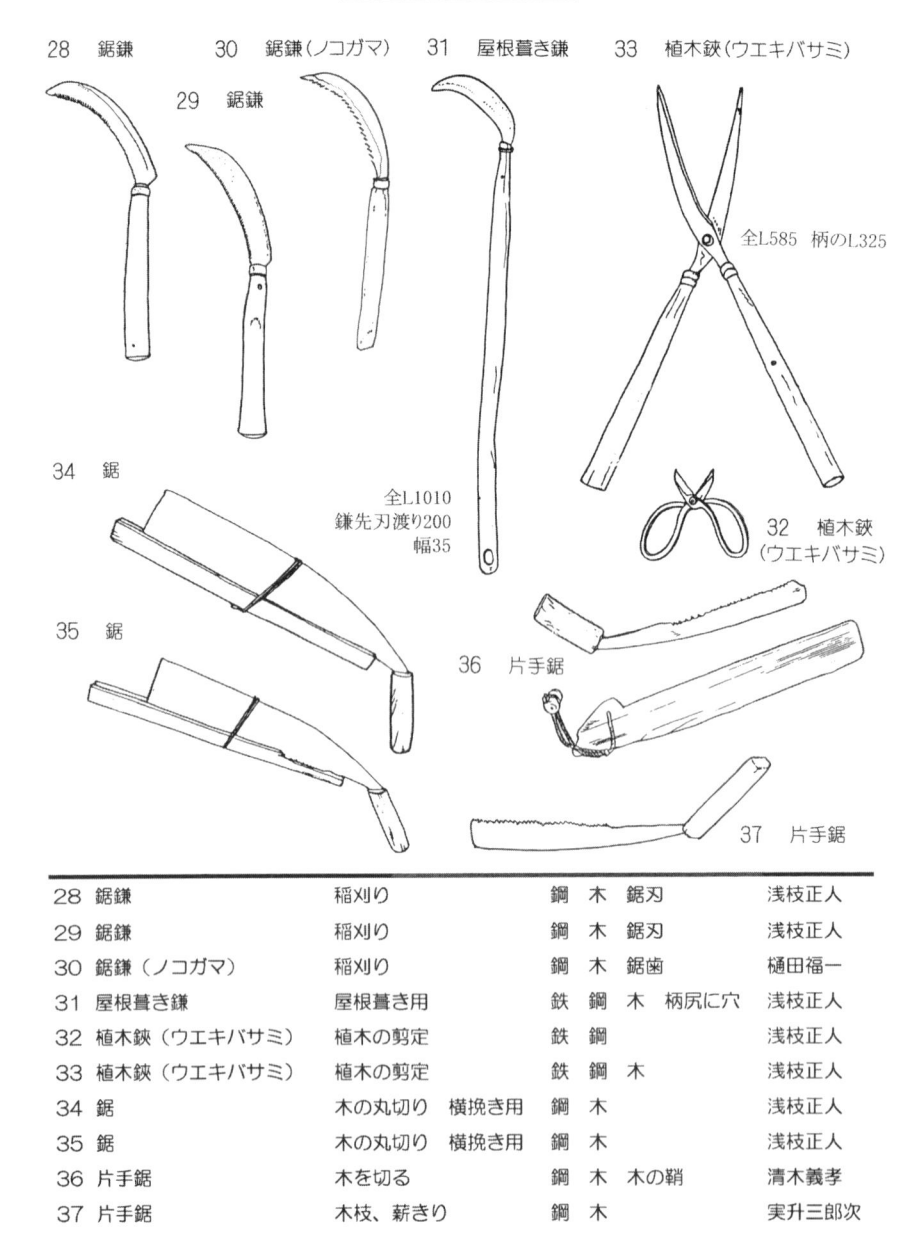

切截用具 5

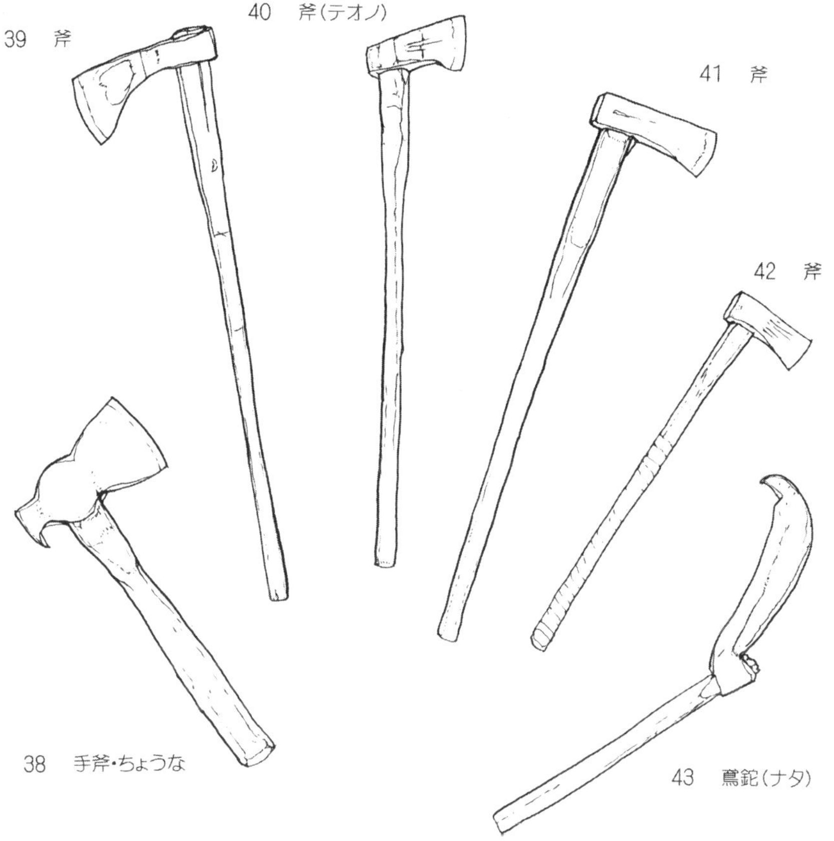

38	手斧・ちょうな（ネキリチョウナ）	伐採木の下部を切る	鋼　鉄　木	片刃（か）		浅枝正人
39	斧	薪割り	鉄　鋼　木	両刃		清木義孝
40	斧（テオノ）	薪割り	鉄　鋼　木			実升三郎次
41	斧	薪割り	鉄　鋼　木	両刃		清木義孝
42	斧	薪割り	鉄　鋼　木	両刃		清木義孝
43	鳶鉈（ナタ）	木枝　潅木切り	鉄鋼　木	両刃	刃先トビ付	青山藤登

切截用具 6

44　押し切り(オシキリ)

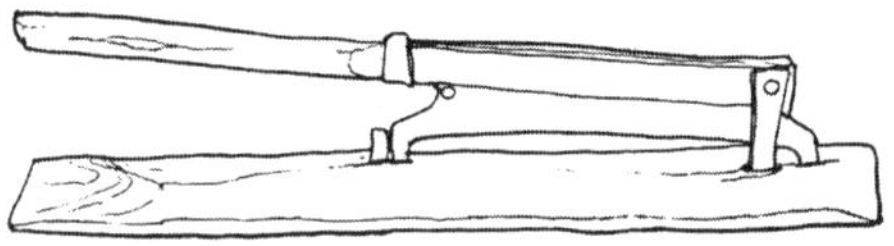

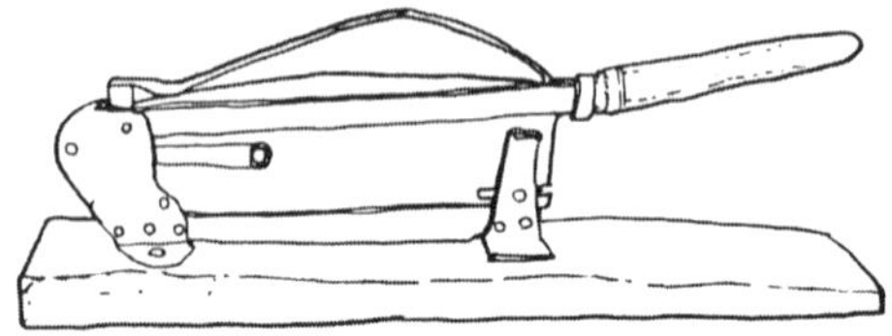

45　押切り(オシキリ)

台870×145×210 刃L510×140

46　押し切り(オシキリ)

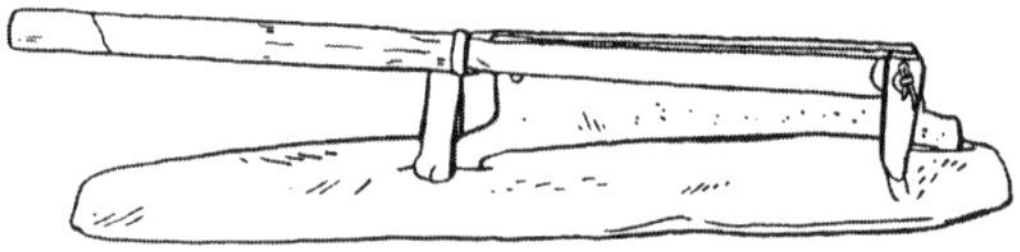

47　押切り

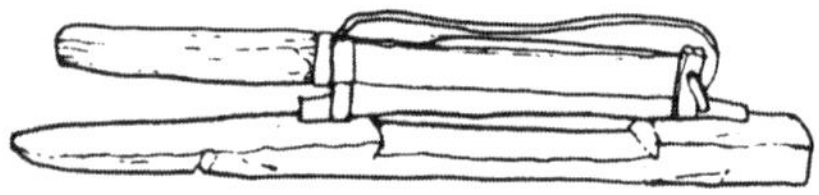

全L900 H180　刃・420×80

48　押切り(オシキリ)

台L1240

44	押切り（オシキリ）	飼料　堆肥の藁草切	鉄鋼　木		青山藤登
45	押切り（オシキリ）	飼料　堆肥の藁草切	木　鉄　鋼		岡崎幹郎
46	押切り（オシキリ）	飼料　堆肥の藁草切	鉄　鋼　木	刃は上向き	実升三郎次
47	押切り	飼料　堆肥の藁草切	鉄　鋼　木		反田万尋
48	押切り（オシキリ）	飼料　堆肥の藁草切	鉄・鋼、木		浅枝正人

加工用具−酒造１

５　汲杓（ヒシャク）

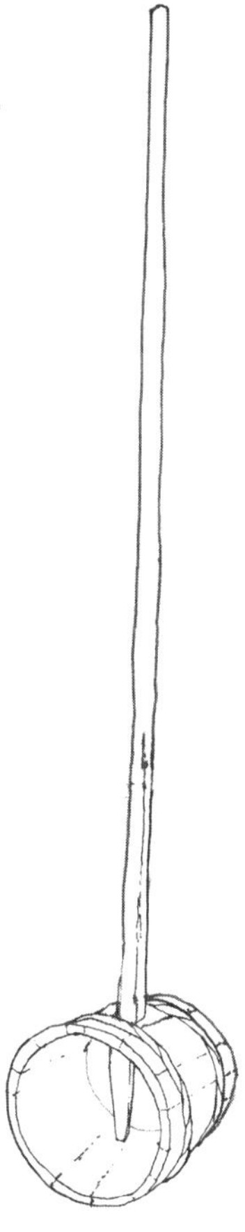

１　柄杓（ヒシャク）

柄L225 先φ175(155)H150

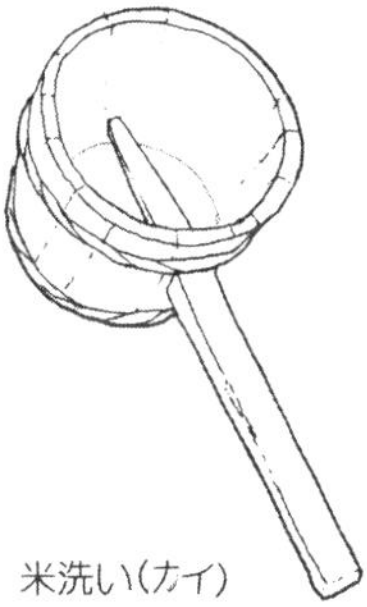

３　半切桶（ハンキリ）

φ720 縁T20 全H370 F285

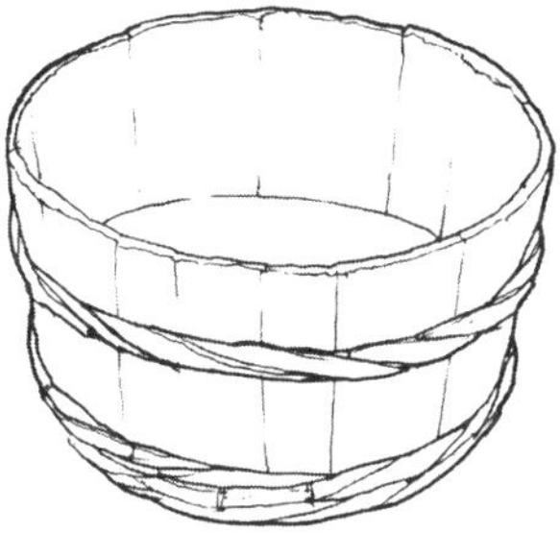

２　米洗い（カイ）

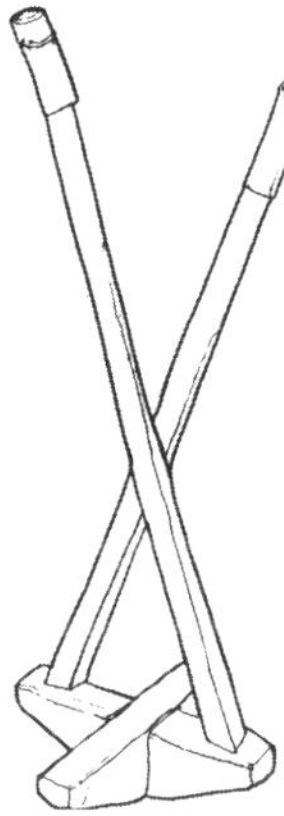

全H870 柄L830×T30 先330×55×9

４　斗桶

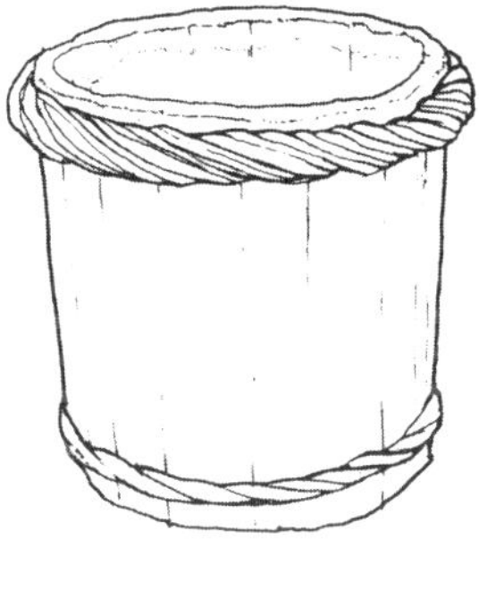

柄L1520 先φ245(227) H22

	名称（地方名）	使用法	材料・形態	使用者
1	柄杓（ヒシャク）		木　竹たが	岡崎幹郎
2	米洗い(カイ)	米洗い	木	岡崎幹郎
3	半切桶（ハンキリ）	米洗い《米とぎ酒母仕込み》	木　竹　側は柾目 板目	岡崎幹郎
4	斗桶	米を計る	木　竹　側は柾目	岡崎幹郎
5	汲杓（ヒシャク）		木　竹	岡崎幹郎

加工用具－酒造２

6　大釜（ゴハンガマ）

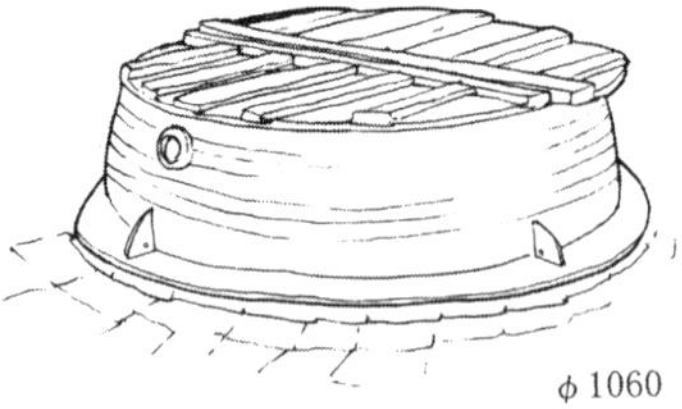

φ1060

7　すのこ（スノコダイ）

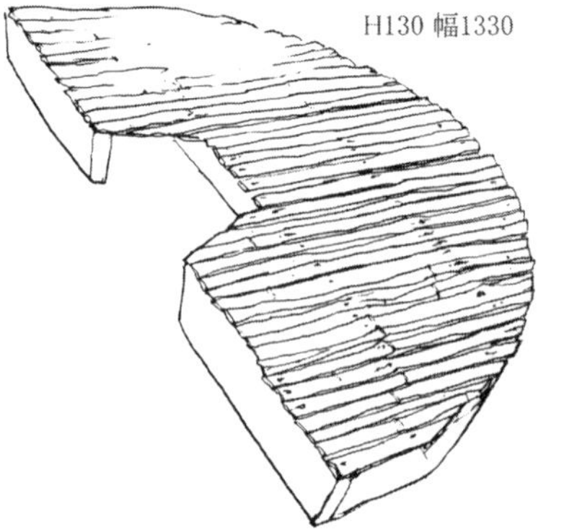

H130 幅1330

8　釜台輪

10　桶（ゴハンイレルオケ）

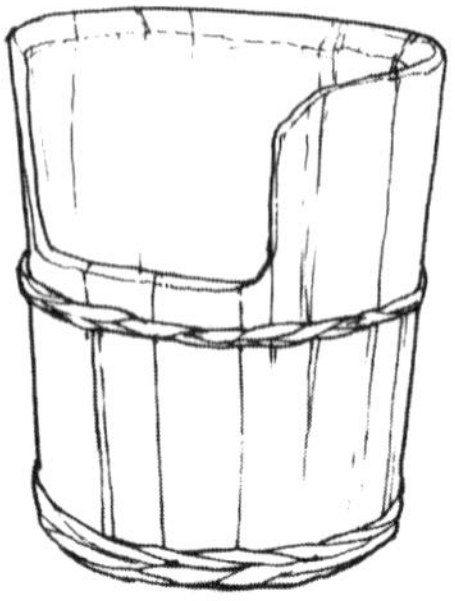

9　麹蓋（モロブタ）

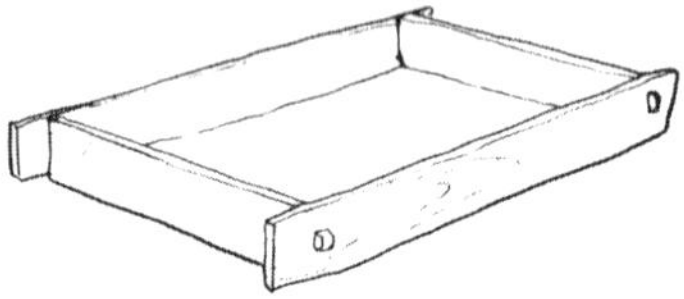

L460(436)×315(290) H55(50)

6　大釜（ゴハンガマ）	米を炊く	鋳物　アルミ　木蓋付き	岡崎幹郎
7　簾のこ（スノコダイ）		竹　木　鉄釘	岡崎幹郎
8　釜台輪	蒸気の漏れを防ぐ	藁　竹	岡崎幹郎
9　麹蓋（モロブタ）	麹と米を混ぜる	木	岡崎幹郎
10　桶（ゴハンイレルオケ）	米　蒸米を掬い移す	木　竹　側は柾目	岡崎幹郎

加工用具−酒造３

11　桶台（オケダイ）

H390 幅345×350

13　暖気樽（ダキダル）

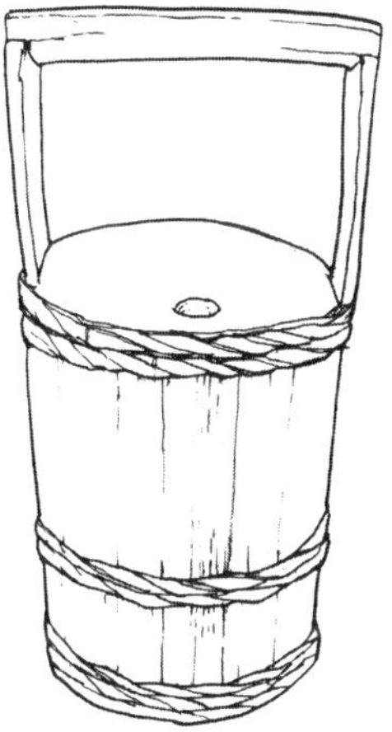

12　桶台（オケダイ）

H920 幅380×425

14　中仕込みの桶

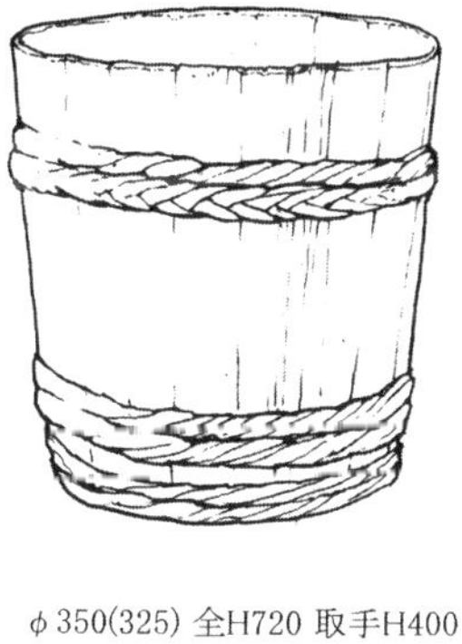

φ350(325) 全H720 取手H400

11 桶台（オケダイ）	酒桶の台	木	岡崎幹郎
12 桶台（オケダイ）	酒桶の台	木	岡崎幹郎
13 暖気樽（ダキダル）	酒母の加温　糖化の計測と温度の調節	木　竹　側は柾目	岡崎幹郎
14 中仕込みの桶	中仕込み用	木　竹　側は柾目　板目	岡崎幹郎

加工用具—酒造 1　柄杓

加工用具—酒造 4　斗桶

加工用具—酒造 3　半切桶

加工用具—酒造 12　桶台

加工用具—酒造 2　米洗い

加工用具—酒造 9　麹蓋

加工用具―酒造16　中仕込みの桶

加工用具―酒造20　樽

加工用具―酒造30　箒

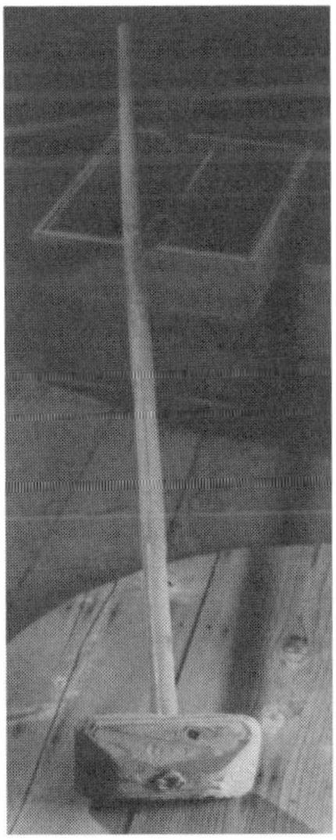

加工用具―酒造17　かい

加工用具―酒造23　手桶

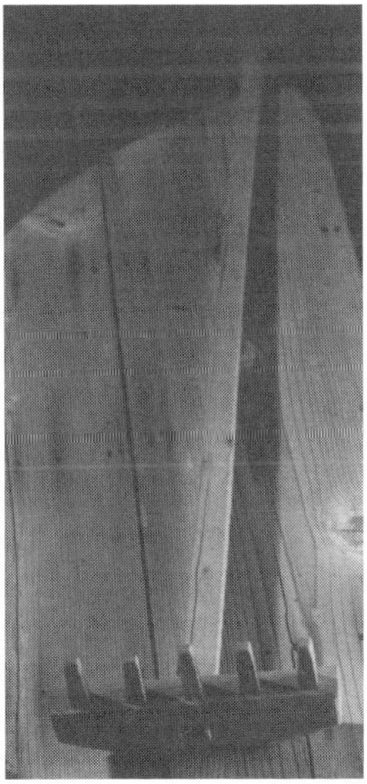

加工用具―酒造24　麹ひろげ

加工用具－酒造４

15　きつね

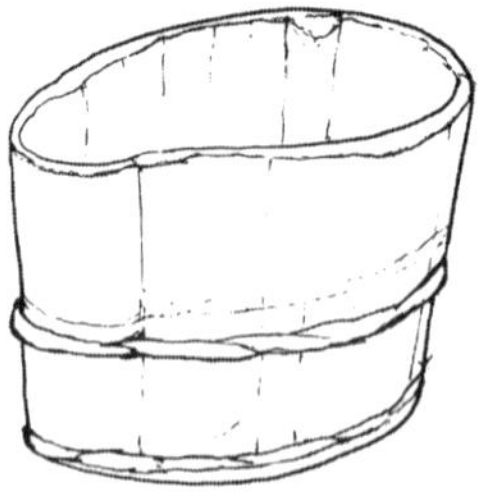

16　中仕込み用桶（オケ）

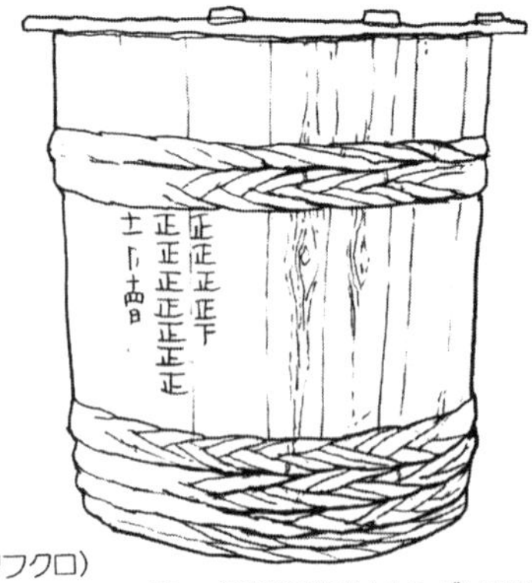

17　かい（カイ）

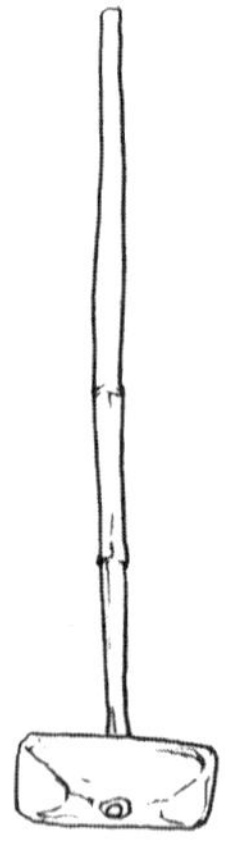

柄L1840 先210×125×60

18　酒絞り袋（サカシボリフクロ）

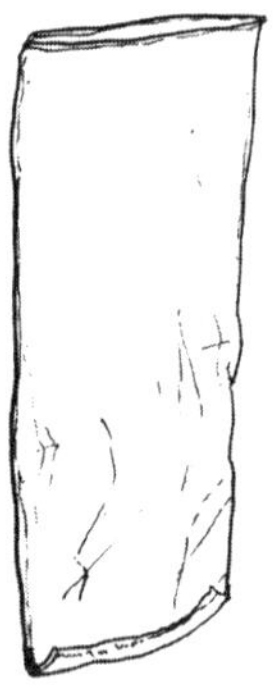

L810×315

19　酒絞り袋（サカシボリフクロ）

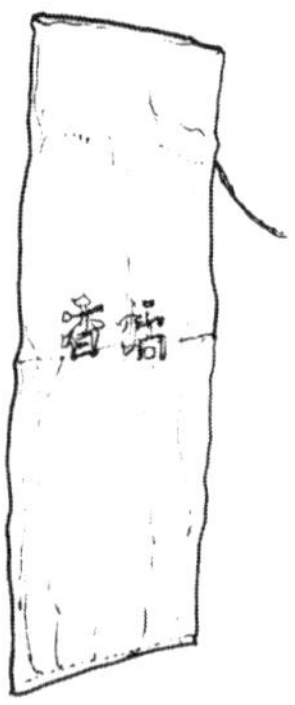

L820×300　紐530

15　きつね	酒漉し絞り袋に移す	木 竹 桶側は柾目	岡崎幹郎
16　中仕込み用桶（オケ）	中仕込み用	木 板目 竹 蓋付 「十一口十四　正正 正正正正正正正正正」	岡崎幹郎
17　かい（カイ）	モロミを混ぜる	木	岡崎幹郎
18　酒絞り袋（サカシボリフクロ）	もろみを入れ酒を絞る	木綿布 柿渋塗り	岡崎幹郎
19　酒絞り袋（サカシボリフクロ）	もろみを入れ酒を絞る	木綿布 木綿紐つき 「香橘」	岡崎幹郎

加工用具－酒造 5

20　樽《水樽》

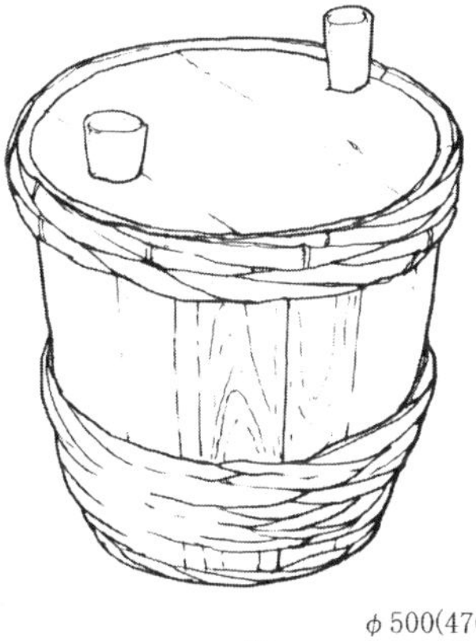

φ500(470) H520

21　手桶(テオケ)

φ275 全H400 側のH270

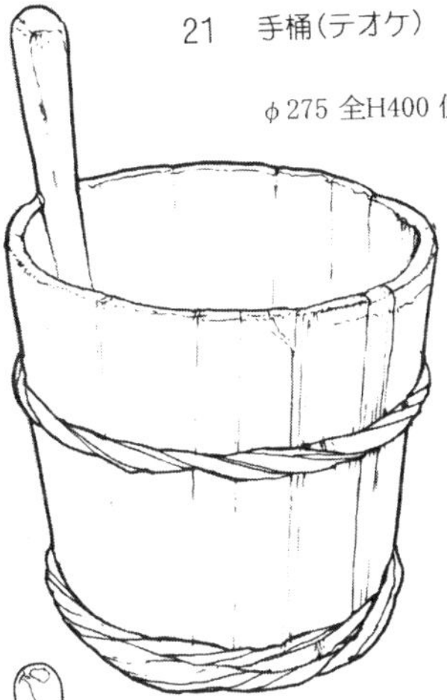

22　手桶(テオケ)

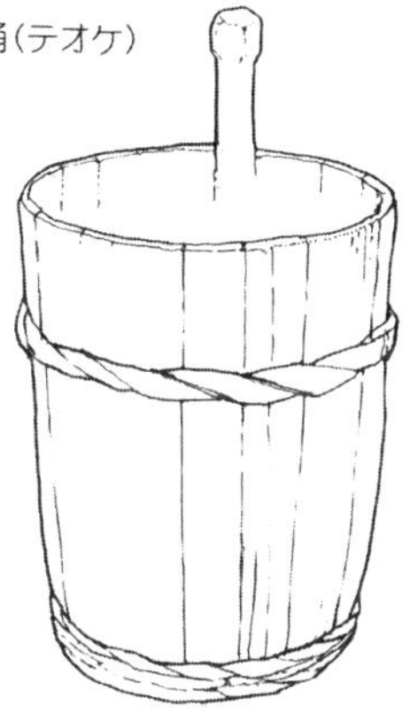

φ678(230) 全H400 側のH270

23　手桶(テオケ)

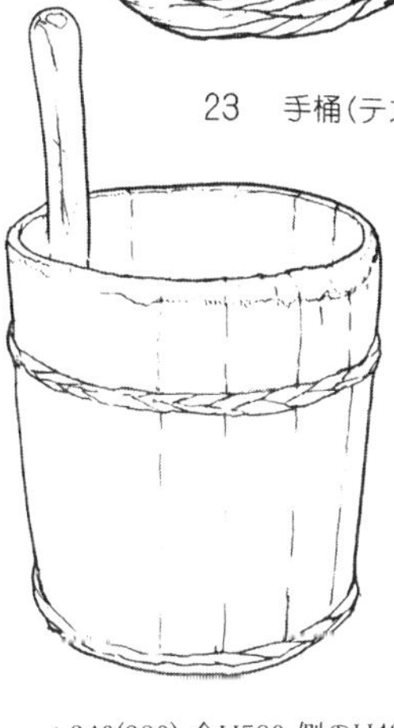

φ340(320) 全H580 側のH430

20 樽《水樽》	《仕込み水を運ぶ》	木 竹 栓2ケ 側は板目	岡崎幹郎
21 手桶（テオケ）	同上	木 竹 桶側は柾目	岡崎幹郎
22 手桶（テオケ）	《水　湯　浸漬米　蒸米 もろみ　清酒などを運ぶ》	木 竹 桶側は柾目	岡崎幹郎
23 手桶（テオケ）	同上	木 竹 桶側は柾目 柿渋塗(か)	岡崎幹郎

加工用具－酒造 6

24　麹ひろげ（ナラシ）

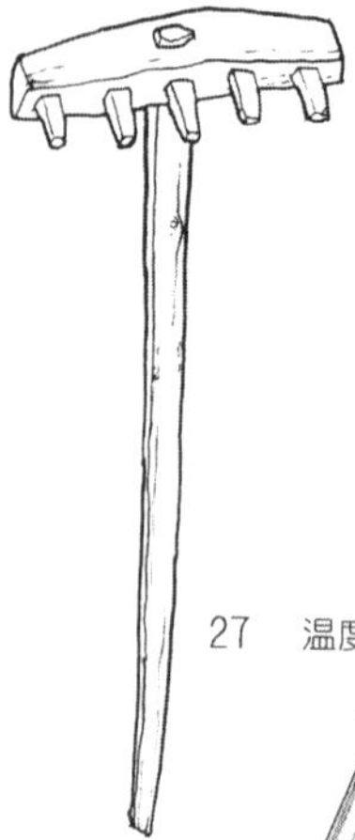

全L1015 柄26×22×98

25　滑車（カッシャ）

φ270

26　（エントウ）

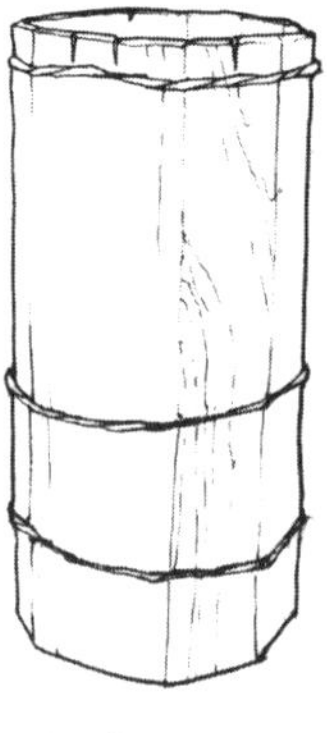

φ270 縁T11 全H595

27　温度計（オンドケイ）

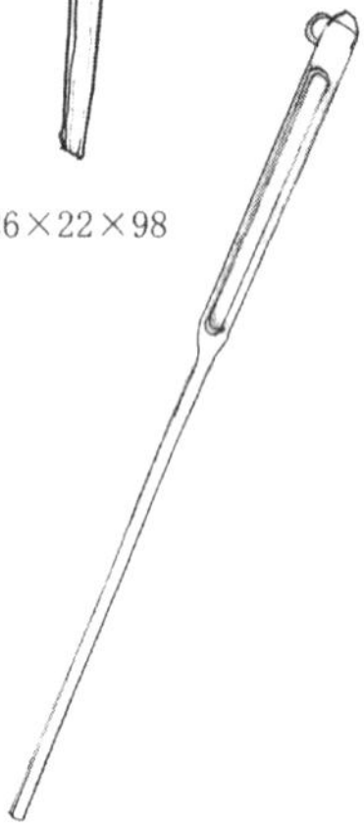

L960

28　温度計入れ（オンドケイイレ）

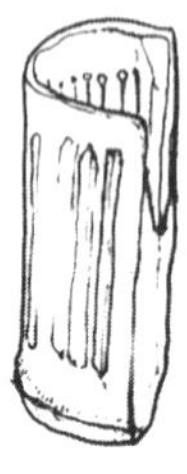

H122

29　炭桶（スミオケ）

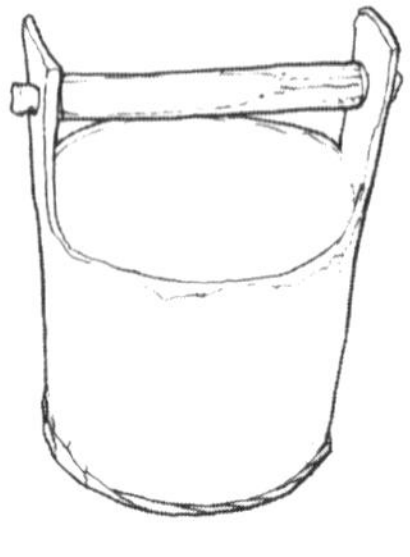

φ270(255) 全H370 側のH230

24　麹ひろげ（ナラシ）	麹と米を筵の上に広げる	木	岡崎幹郎
25　滑車（カッシャ）	酒蔵用	木　鉄（鉤）　ロープ	岡崎幹郎
26　（エントウ）		木　竹　桶側は板目	岡崎幹郎
27　温度計（オンドケイ）	もろみの温度を計る	ガラス　真鍮	岡崎幹郎
28　温度計入れ（オンドケイイレ）	上記の温度計のケース	竹	岡崎幹郎
29　炭桶（スミオケ）	酒造用の暖房用の炭入	木　竹	岡崎幹郎

加工用具－酒造 7

30 箒（ホウキ）

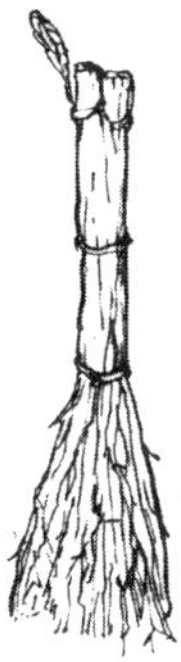

L490

31 細工槌

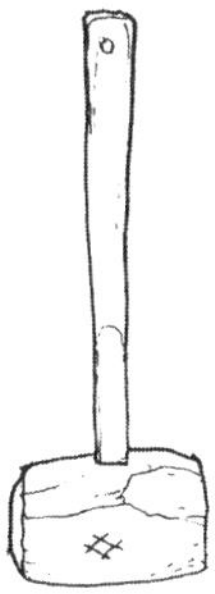

33 鍋（ナベ）

全H320 身のH120

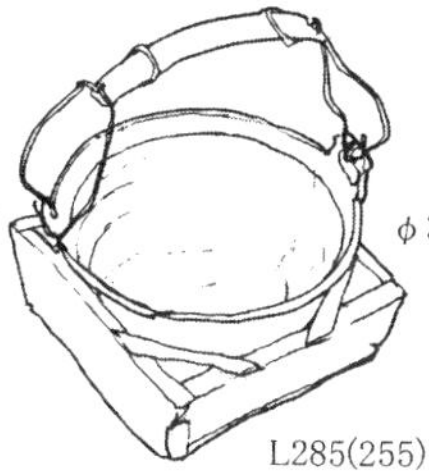

φ303

L285(255)

33 鍋敷き（ナベシキ）

34 箱膳（ハコゼン）

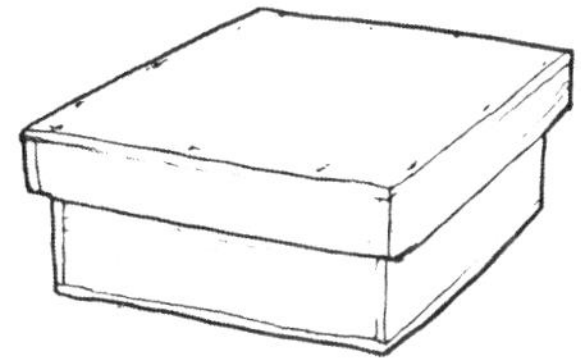

箱225×240×95　蓋270×255

35 栓（ツク）

L180

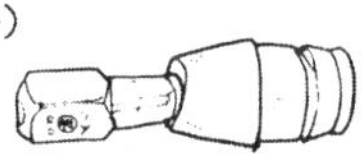

32 杵（キネ）

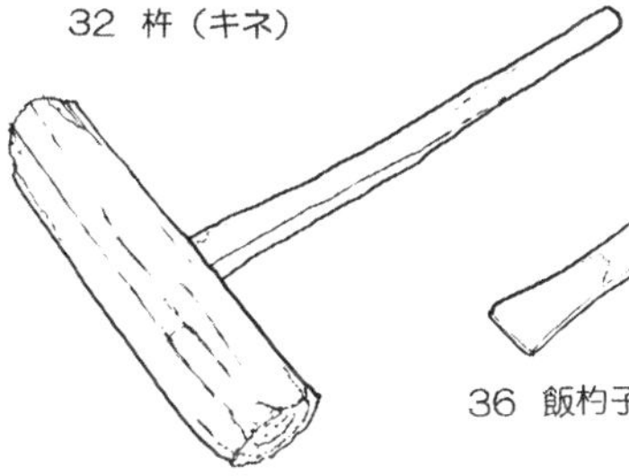

柄L690 先L380×φ80×60

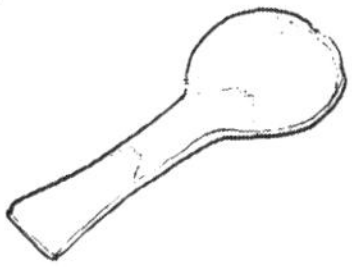

36 飯杓子（シャモジ）

37 箸立て（ハシヅツ）

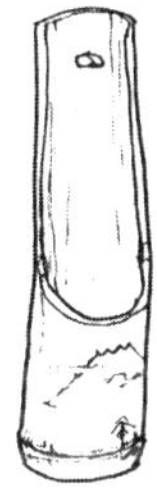

L415 先L180 幅140

38 検酒（キキジョコ）

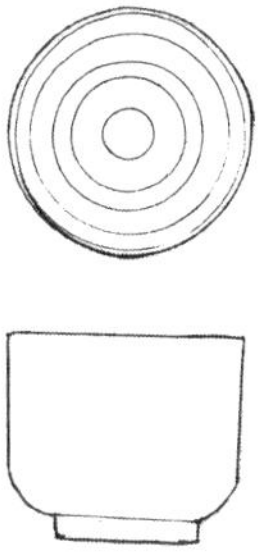

74×φ83

30	箒（ホウキ）	酒蔵の箒	ほうき草（か）	岡崎幹郎
31	細工槌		木，井桁紋彫込み	岡崎幹郎
32	杵（キネ）	桶の栓を打込む	木	岡崎幹郎
33	鍋（ナベ）	蔵人の汁鍋	アルミ（か）鋳鉄（か）針金	岡崎幹郎
33	鍋敷き（ナベシキ）	鍋受け台	木	岡崎幹郎
34	箱膳（ハコゼン）	蔵人個人の食器を収納	木　蓋付	岡崎幹郎
35	栓（ツク）	桶の注ぎ口の栓	木	岡崎幹郎
36	飯杓子（シャモジ）	蒸米を広げ冷ます	木	岡崎幹郎
37	箸立て（ハシヅツ）	酒造用具	竹	岡崎幹郎
38	検酒　（キキジョコ）	検酒用　酒の色をみる	磁器　白地　内底に紺の二重輪	岡崎幹郎

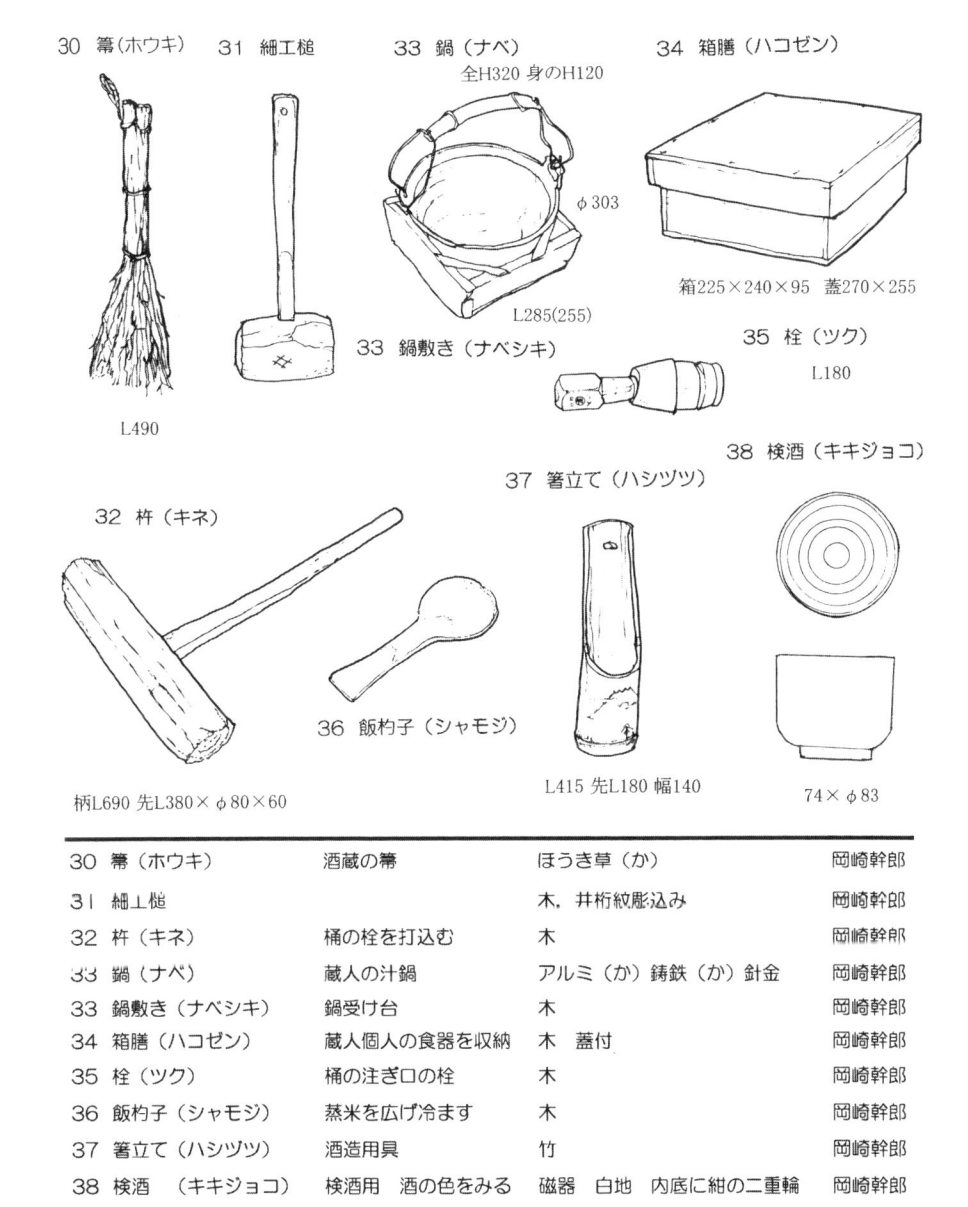

加工用具―酒造 32　杵

加工用具―酒造 33　鍋

加工用具―酒造 34　箱膳

加工用具―酒造 35　栓

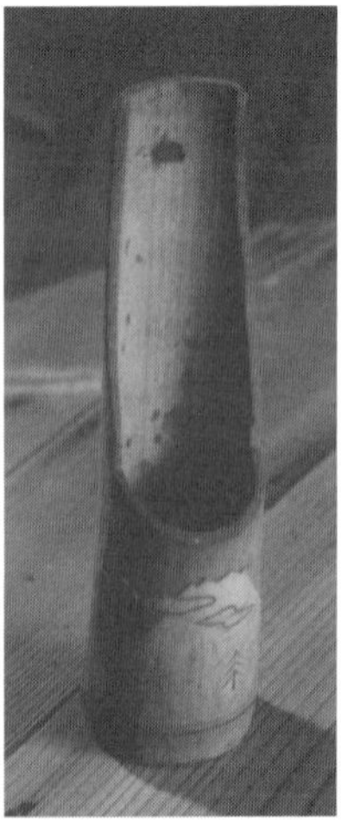

加工用具―酒造 37　箸立て

加工用具―木挽・杣 2・3　木挽き鋸×板挽き鋸

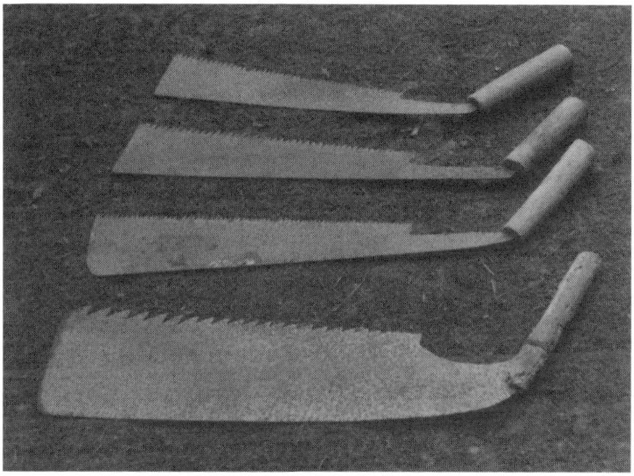

加工用具—木挽・杣
4～7　段ぎり鋸・横挽き鋸

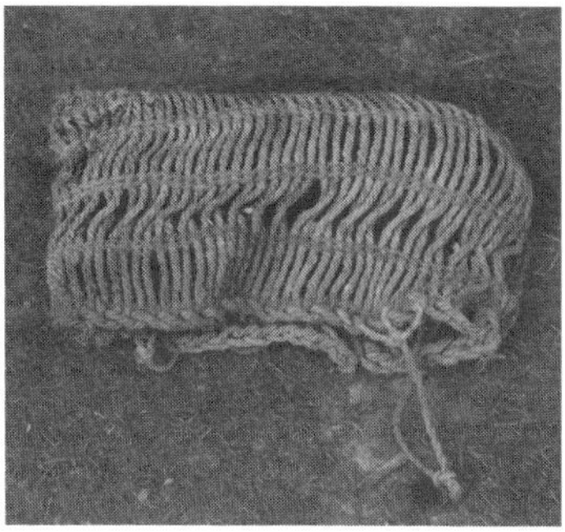

加工用具—木挽・杣 10　編み袋

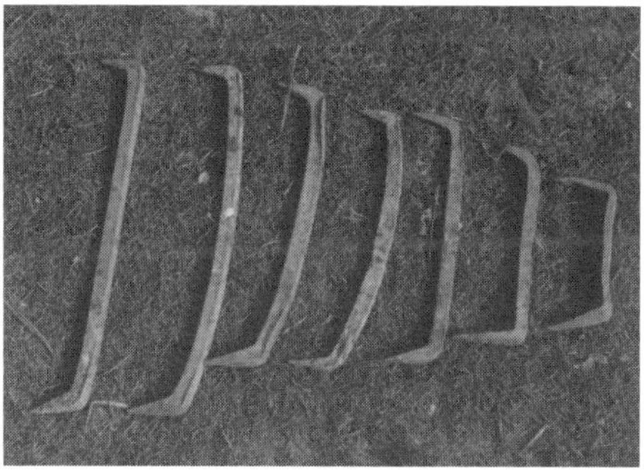

加工用具—木挽・杣 11～16　かすがい

加工用具—大工
3　道具箱

加工用具—大工
4・5　墨壺

加工用具−木挽・杣１

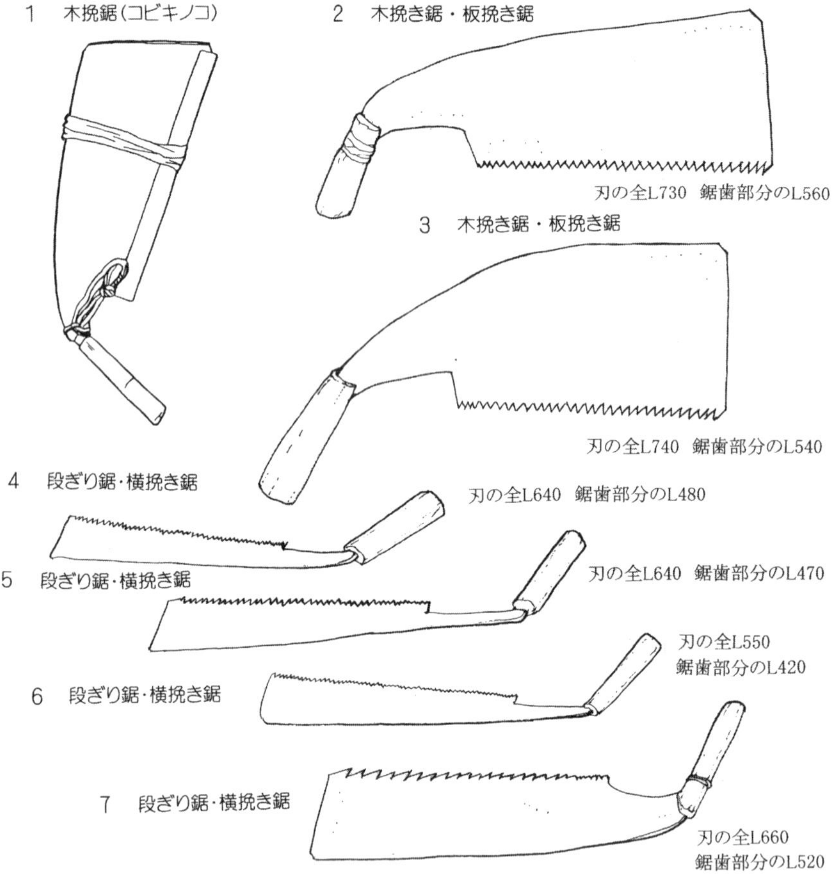
1　木挽鋸（コビキノコ）
2　木挽き鋸・板挽き鋸
刃の全L730　鋸歯部分のL560
3　木挽き鋸・板挽き鋸
刃の全L740　鋸歯部分のL540
4　段ぎり鋸・横挽き鋸
刃の全L640　鋸歯部分のL480
5　段ぎり鋸・横挽き鋸
刃の全L640　鋸歯部分のL470
刃の全L550
鋸歯部分のL420
6　段ぎり鋸・横挽き鋸
7　段ぎり鋸・横挽き鋸
刃の全L660
鋸歯部分のL520

	名称（地方名）	使用法	材料・形態	使用者
1	木挽鋸（コビキノコ）	木を板に挽く（縦引き）	鋼　木	実升三郎次
2	木挽き鋸・縦挽き鋸	木を板に挽く（縦引き）	鉄　鋼　木	反田万尋
3	木挽き鋸・縦挽き鋸	木を板に挽く（縦引き）	鉄　鋼　木	反田万尋
4	段ぎり鋸・横挽き鋸	木を玉切る（横挽き）	鉄　鋼　木	反田万尋
5	段ぎり鋸・横挽き鋸	木を玉切る（横挽き）	鉄　鋼　木	反田万尋
6	段ぎり鋸・横挽き鋸	木を玉切る（横挽き）	鉄　鋼　木	反田万尋
7	段ぎり鋸・横挽き鋸	木を玉切る（横挽き）	鉄　鋼　木	反田万尋

加工用具－木挽・杣２

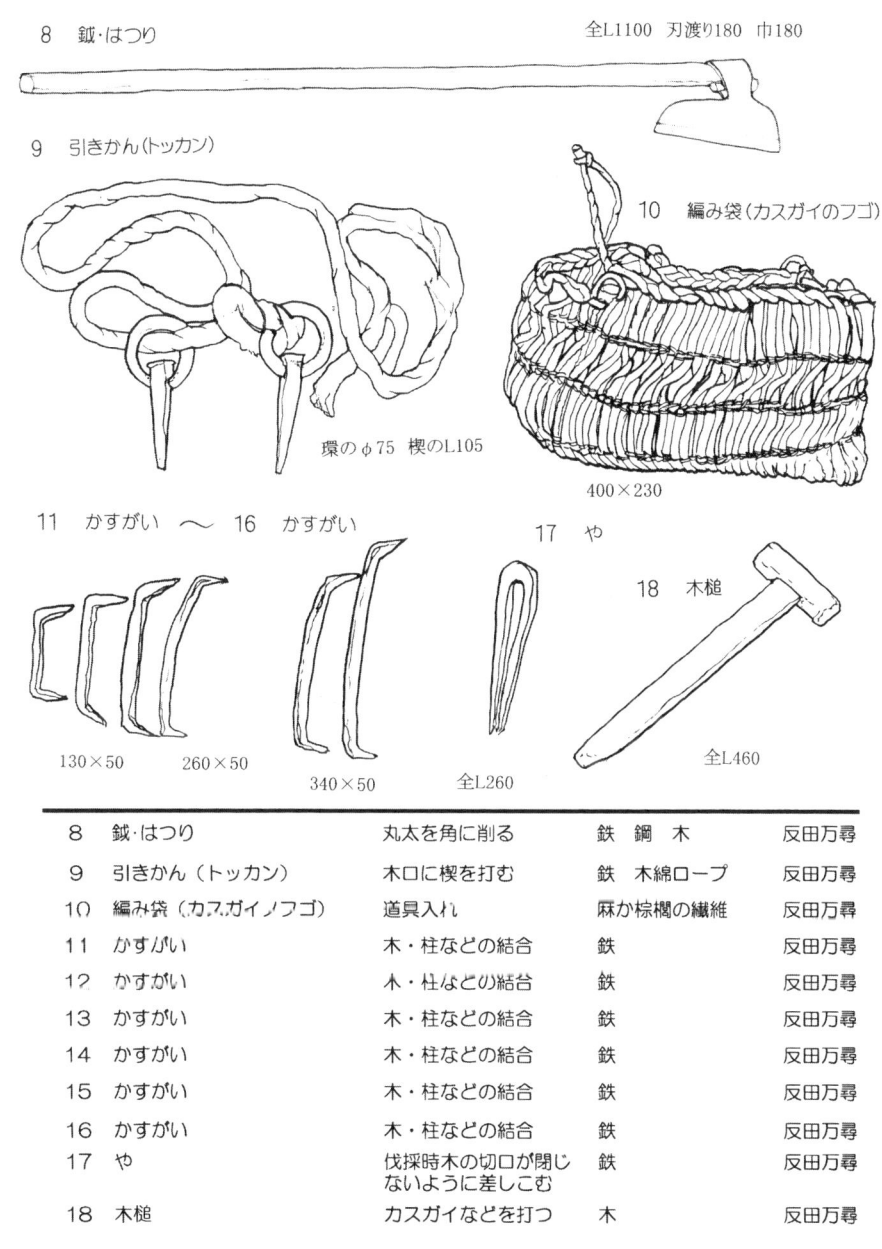

8　鉞・はつり

全L1100　刃渡り180　巾180

9　引きかん（トッカン）

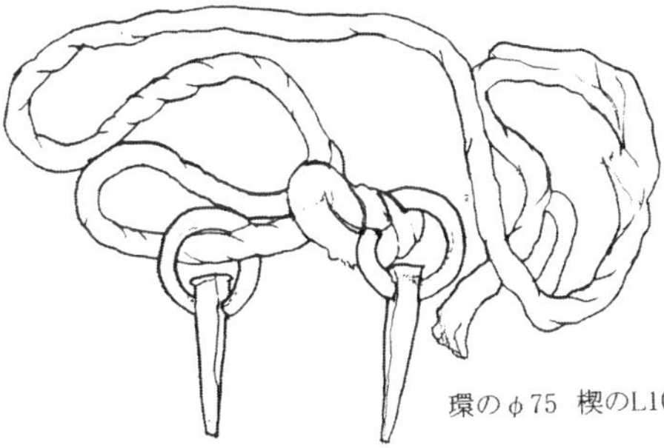

環のφ75　楔のL105

10　編み袋（カスガイのフゴ）

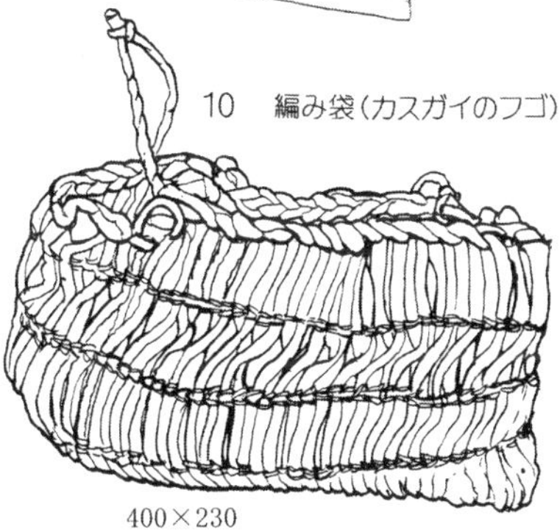

400×230

11　かすがい　～　16　かすがい

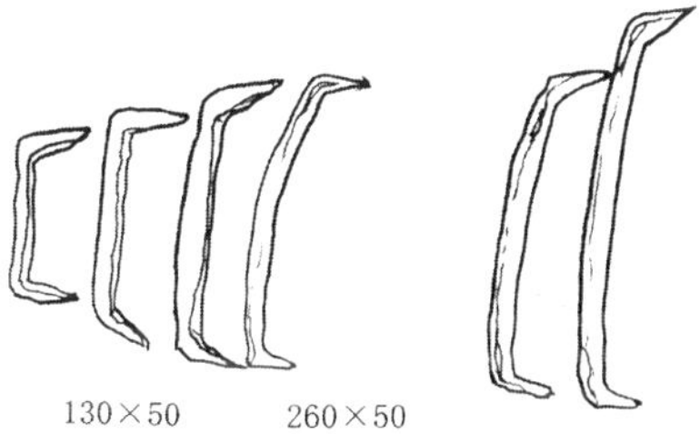

130×50　260×50　340×50

17　や

全L260

18　木槌

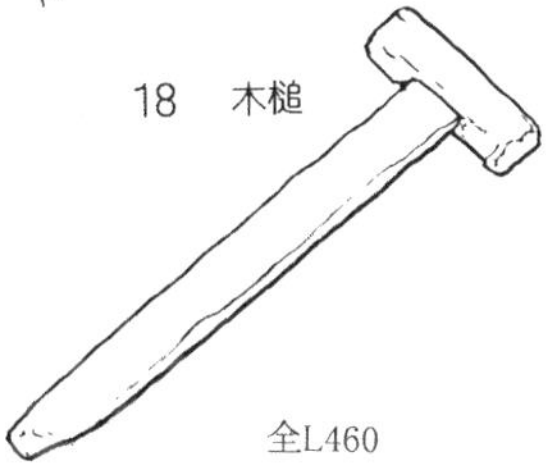

全L460

8	鉞・はつり	丸太を角に削る	鉄　鋼　木	反田万尋
9	引きかん（トッカン）	木口に楔を打む	鉄　木綿ロープ	反田万尋
10	編み袋（カスガイノフゴ）	道具入れ	麻か棕櫚の繊維	反田万尋
11	かすがい	木・柱などの結合	鉄	反田万尋
12	かすがい	木・柱などの結合	鉄	反田万尋
13	かすがい	木・柱などの結合	鉄	反田万尋
14	かすがい	木・柱などの結合	鉄	反田万尋
15	かすがい	木・柱などの結合	鉄	反田万尋
16	かすがい	木・柱などの結合	鉄	反田万尋
17	や	伐採時木の切口が閉じないように差しこむ	鉄	反田万尋
18	木槌	カスガイなどを打つ	木	反田万尋

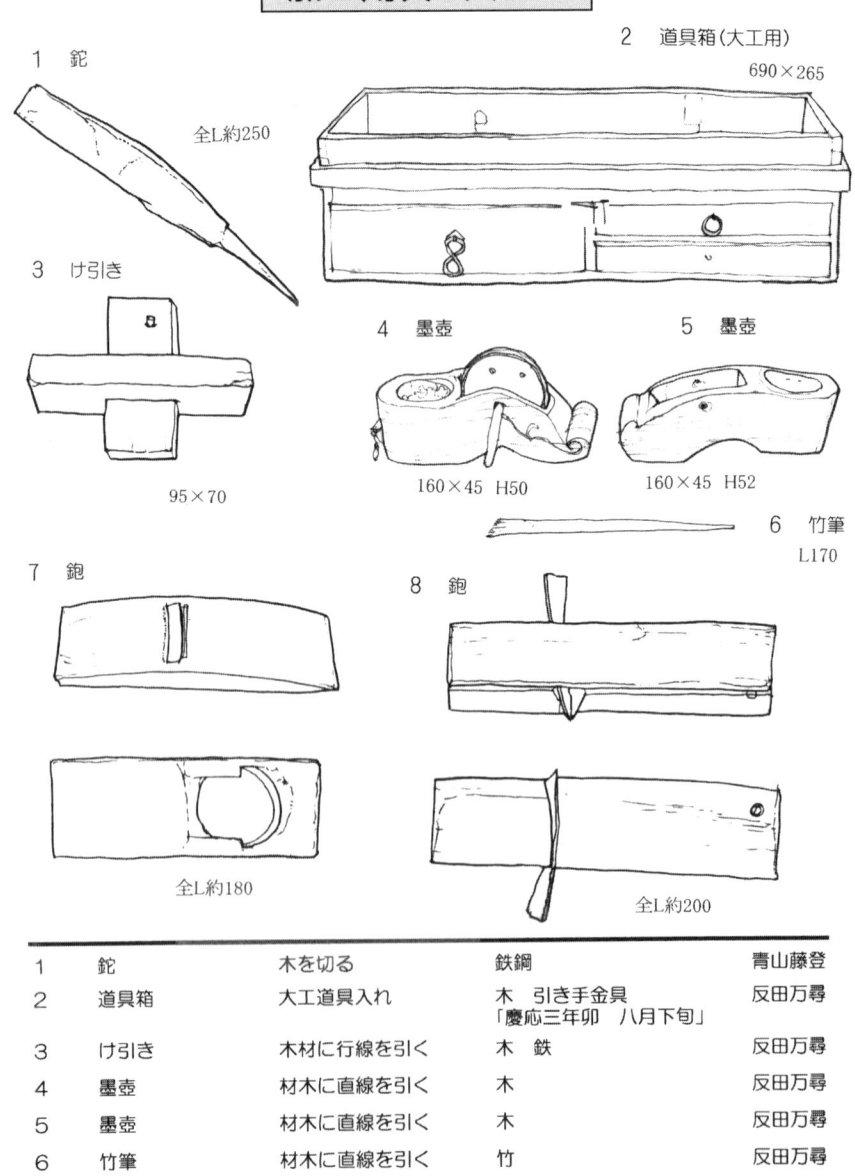

加工用具－大工１

1　鉈

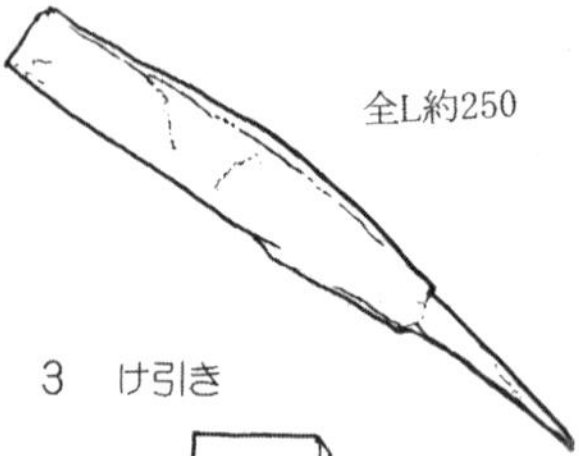

全L約250

2　道具箱(大工用)

690×265

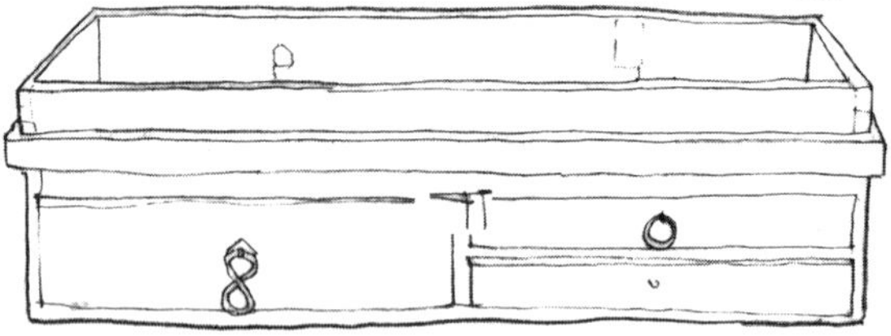

3　け引き

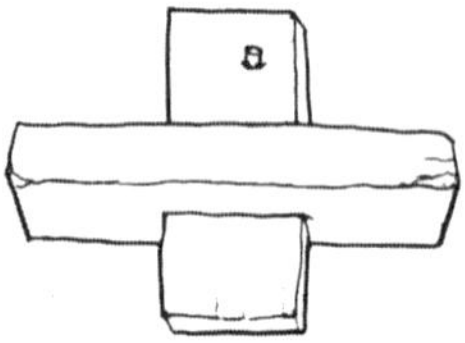

95×70

4　墨壺

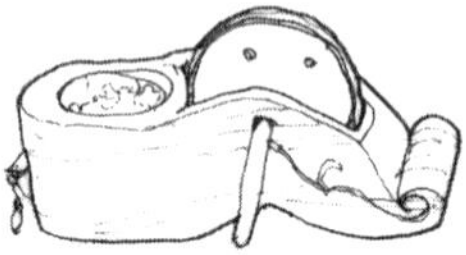

160×45　H50

5　墨壺

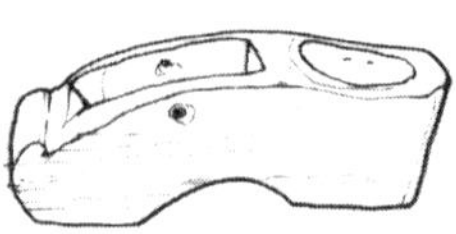

160×45　H52

6　竹筆

L170

7　鉋

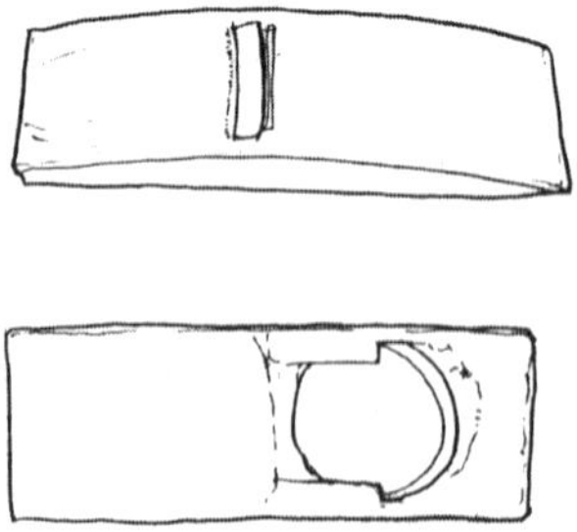

全L約180

8　鉋

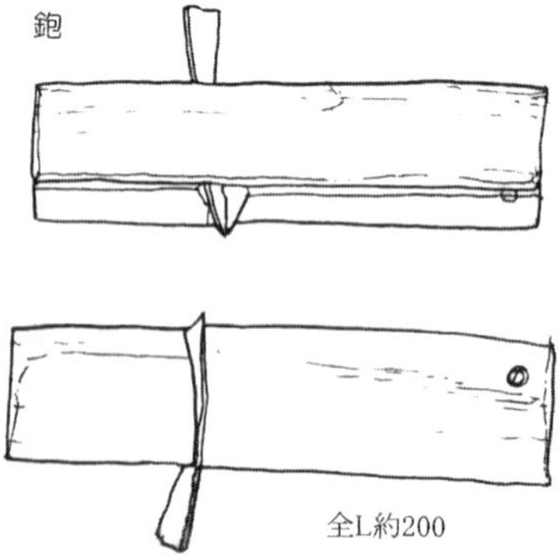

全L約200

1	鉈	木を切る	鉄鋼	青山藤登
2	道具箱	大工道具入れ	木　引き手金具 「慶応三年卯　八月下旬」	反田万尋
3	け引き	木材に行線を引く	木　鉄	反田万尋
4	墨壺	材木に直線を引く	木	反田万尋
5	墨壺	材木に直線を引く	木	反田万尋
6	竹筆	材木に直線を引く	竹	反田万尋
7	鉋	木を削る	鉄鋼　　木	青山藤登
8	鉋	木を削る	鉄鋼　　木	青山藤登

加工用具－大工２

9　細工槌

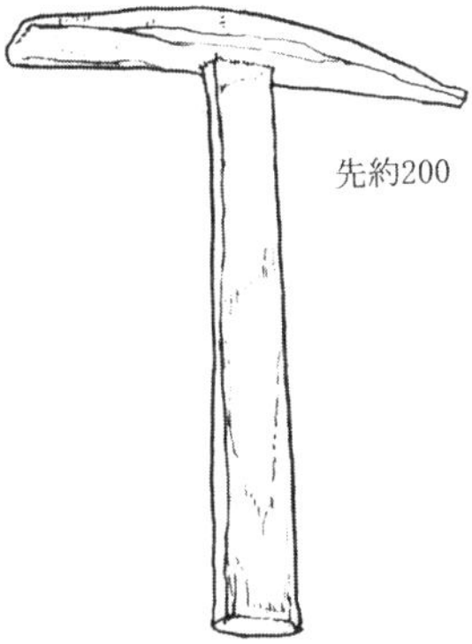
先約200

10　金槌

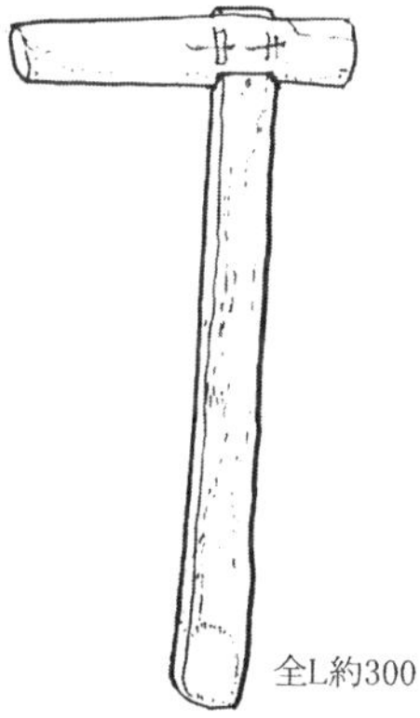
全L約300

11　木槌（サイコヅチ）

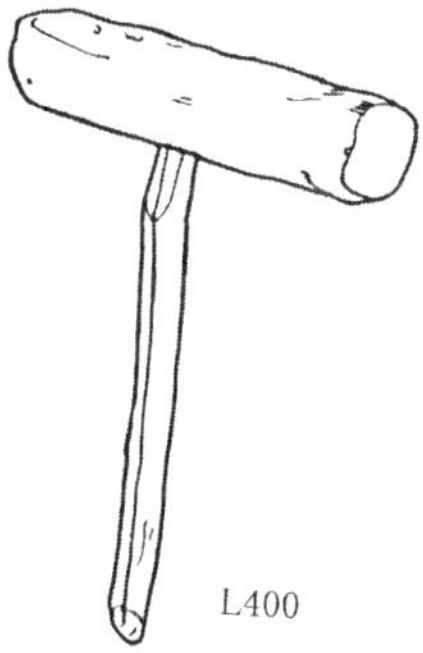
L400

12　金槌

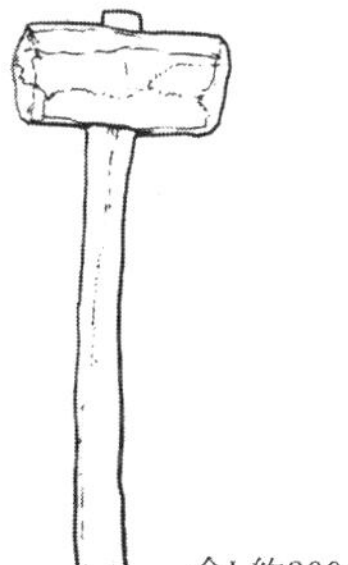
全L約300

13　金槌

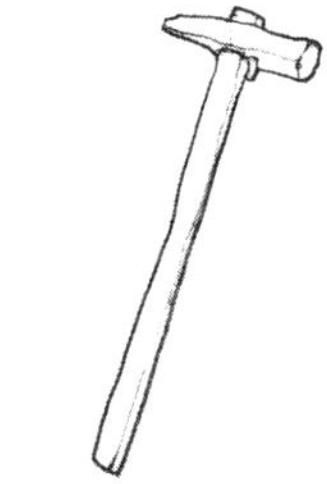
槌のL85×15

14　金槌の頭
～
16　金槌の頭

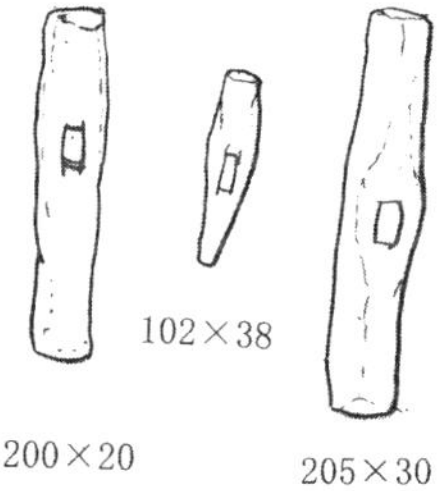
200×20
102×38
205×30

9	細工槌		鉄鋼	木	青山藤登
10	金槌	クギを打つ	鉄鋼	木	青山藤登
11	木槌（サイコヅチ）		木		浅枝正人
12	金槌	クギを打つ	鉄鋼	木	青山藤登
13	金槌	クギを打つ	鉄鋼	木	反田万尋
14	金槌の頭	クギを打つ	鉄鋼		反田万尋
15	金槌の頭	クギを打つ	鉄鋼		反田万尋
16	金槌の頭	クギを打つ	鉄鋼		反田万尋

加工用具－大工３

17　横挽き鋸（両歯）

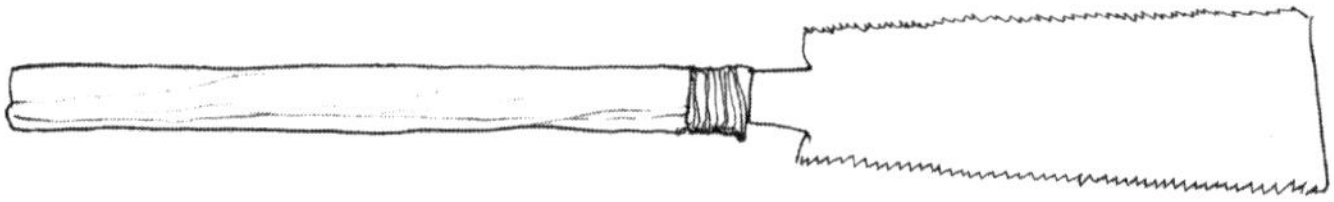

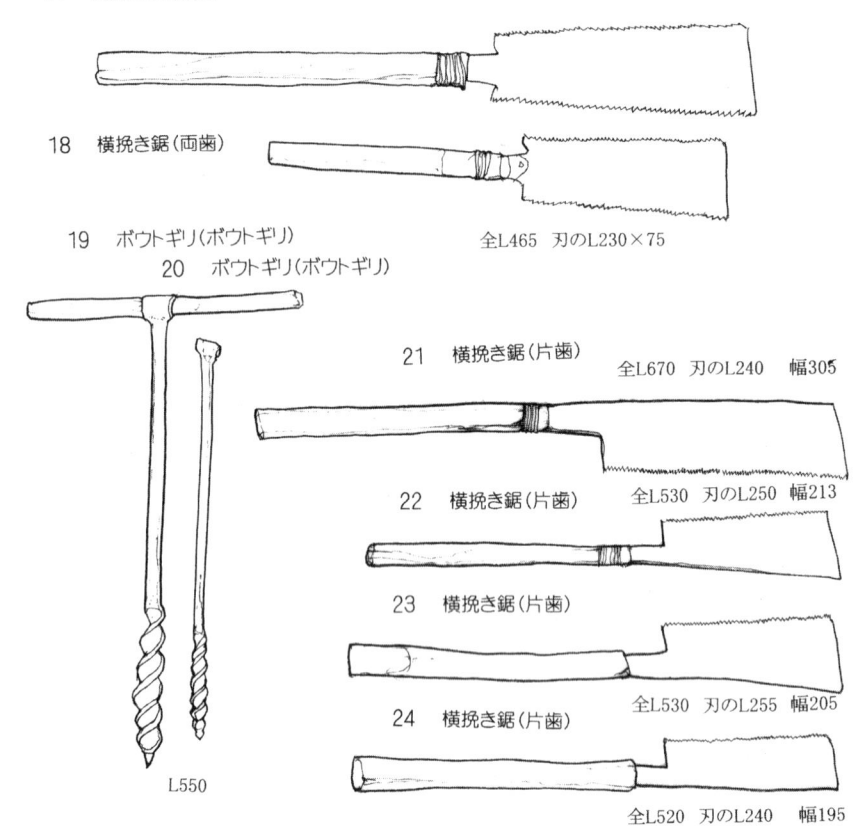

18　横挽き鋸（両歯）

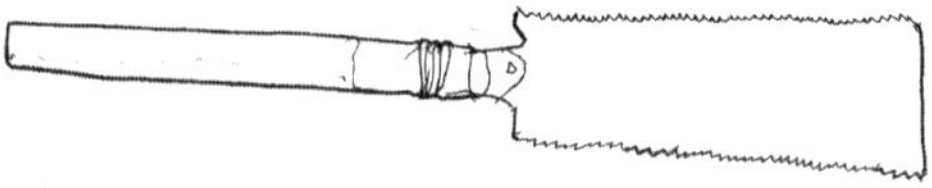

全L465　刃のL230×75

19　ボウトギリ（ボウトギリ）

20　ボウトギリ（ボウトギリ）

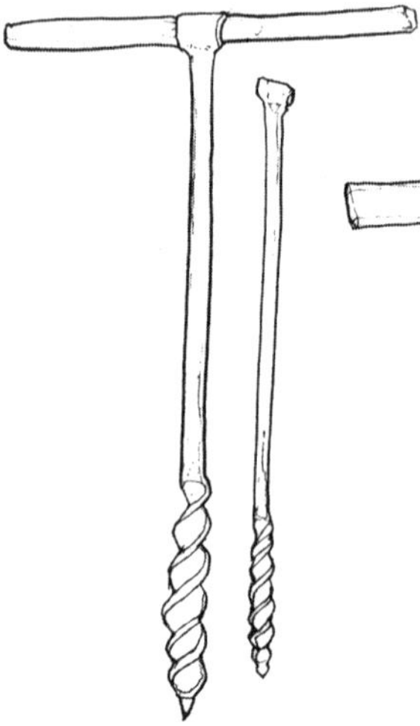

L550

21　横挽き鋸（片歯）

全L670　刃のL240　幅305

22　横挽き鋸（片歯）

全L530　刃のL250　幅213

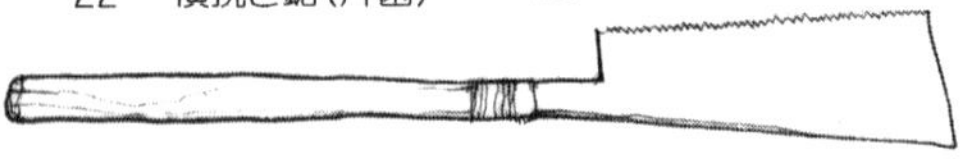

23　横挽き鋸（片歯）

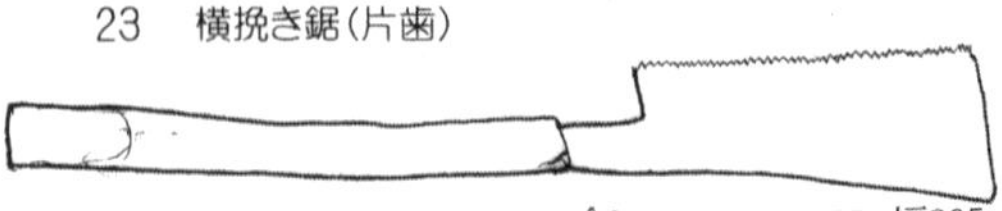

全L530　刃のL255　幅205

24　横挽き鋸（片歯）

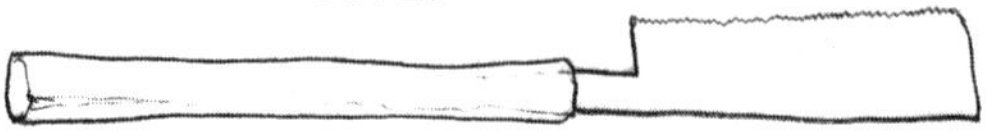

全L520　刃のL240　幅195

17	横挽き鋸（両歯）	木を玉切る（横挽き）	鉄　鋼　木	反田万尋
18	横挽き鋸（両歯）	木を玉切る（横挽き）	鉄　鋼　木	反田万尋
19	ボウトギリ（ボウトギリ）	木材の孔あけ	鉄鋼　螺旋状	反田万尋
20	ボウトギリ（ボウトギリ）	木材の孔あけ	鉄鋼　螺旋状	反田万尋
21	横挽き鋸（片歯）	木を玉切る（横挽き）	鉄　鋼　木	反田万尋
22	横挽き鋸（片歯）	木を玉切る（横挽き）	鉄　鋼　木	反田万尋
23	横挽き鋸（片歯）	木を玉切る（横挽き）	鉄　鋼　木	反田万尋
24	横挽き鋸（片歯）	木を玉切る（横挽き）	鉄　鋼　木	反田万尋

加工用具－大工４

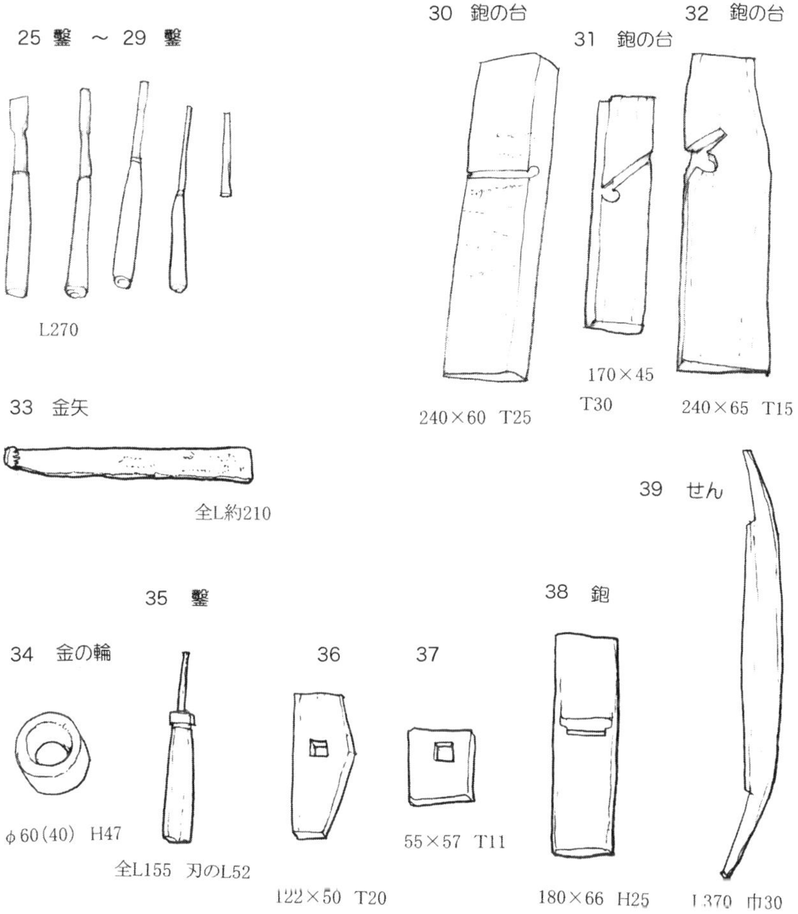

25 鑿 ～ 29 鑿
L270
30 鉋の台
240×60 T25
31 鉋の台
170×45
T30
32 鉋の台
240×65 T15
33 金矢
全L約210
39 せん
L370 巾30
35 鑿
全L155 刃のL52
34 金の輪
φ60(40) H47
36
122×50 T20
37
55×57 T11
38 鉋
180×66 H25

25～29	鑿	木材の孔あけ	鉄鋼　木	反田万尋
30～32	鉋の台	木材を削る	木	反田万尋
33	金矢		鉄	青山藤登
34	金の輪		鉄	反田万尋
35	鑿	木材の孔あけ	鉄　鋼　木	反田万尋
36～37			木　四角の孔	反田万尋
38	鉋	竹や木を削る	鉄　鋼　木	反田万尋
39	せん	竹や木を削る	鉄　鋼	反田万尋

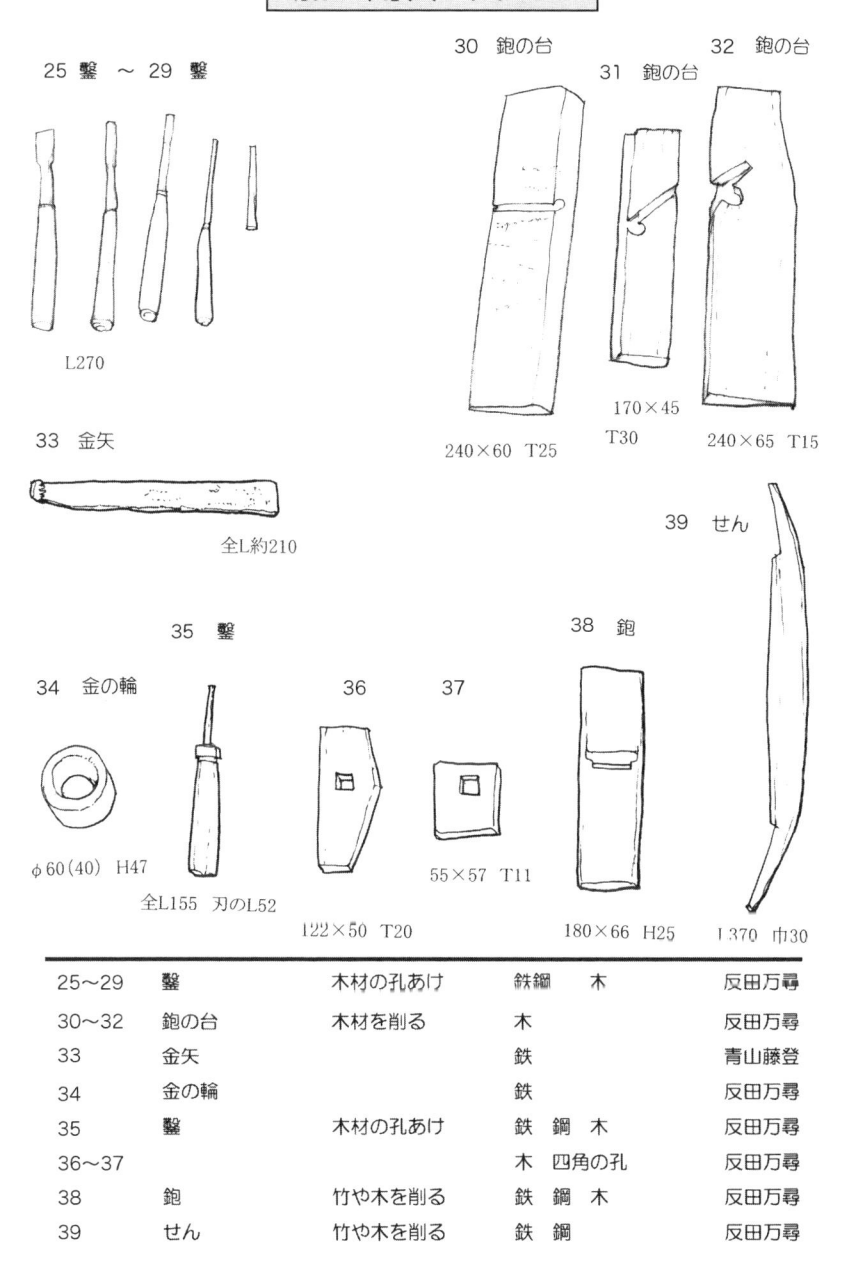

加工用具—大工 30 ～ 32　鉋の台

加工用具—大工 13 ～ 16　金槌・金槌の頭

加工用具—大工17・18　横挽き鋸

加工用具—大工21～24　横挽き鋸

加工用具—大工
19・20　ボウトギリ

加工用具 2・3　金槌

加工用具 4　ふいご

計測用具 1　斗舛

計測用具 17　斗舛

計測用具 19　両替秤

意思伝達用具 1　鳴子

加工用具

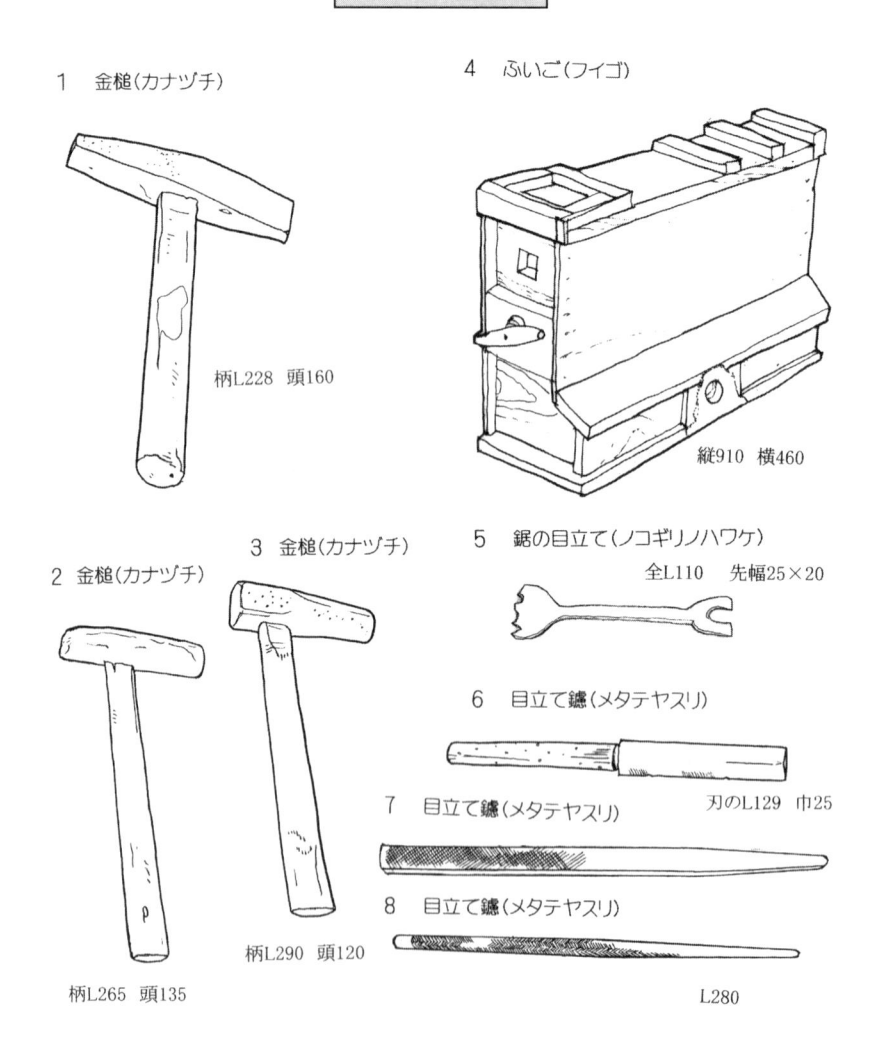

1　金槌（カナヅチ）

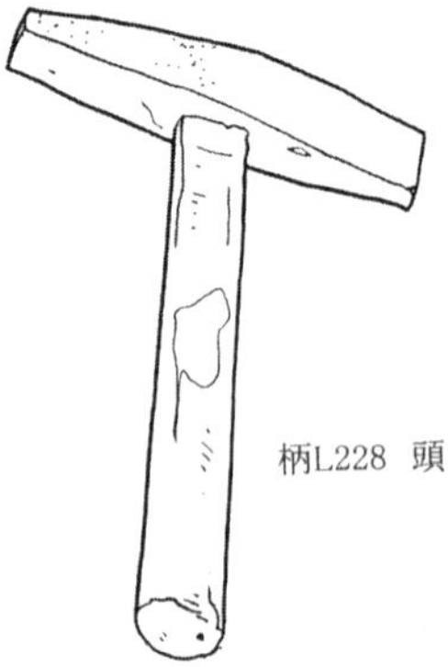

柄L228　頭160

4　ふいご（フイゴ）

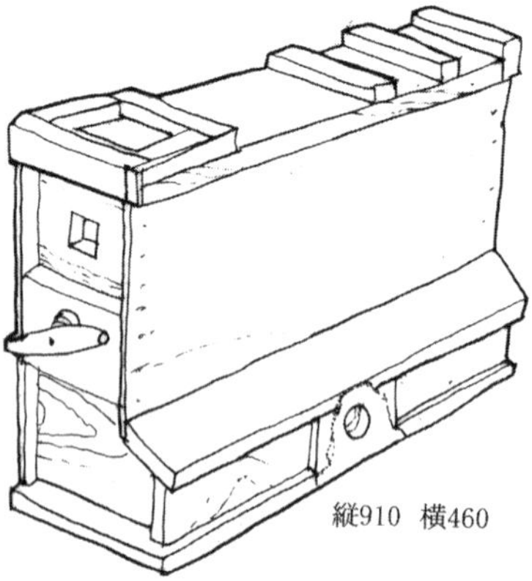

縦910　横460

5　鋸の目立て（ノコギリノハワケ）

全L110　先幅25×20

2　金槌（カナヅチ）

柄L265　頭135

3　金槌（カナヅチ）

柄L290　頭120

6　目立て鑢（メタテヤスリ）

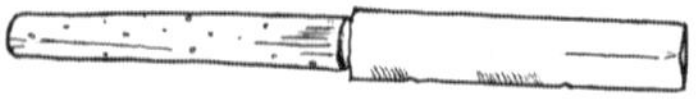

刃のL129　巾25

7　目立て鑢（メタテヤスリ）

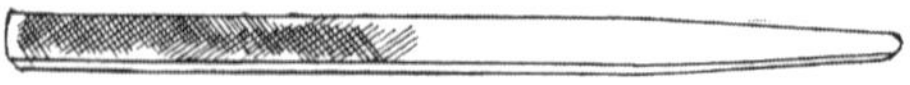

8　目立て鑢（メタテヤスリ）

L280

1～3	金槌（カナヅチ）	鋸の目のアセリたて	鋼　木	浅枝正人
4	ふいご（フイゴ）	鉄製品の冶金用	木	浅枝正人
5	鋸の目立て（ノコギリノハワケ）	鋸のアセリ分け	鉄	反田万尋
6～8	目立て鑢（メタテヤスリ）	鋸の目のアセリたて	鋼	浅枝正人

計測用具 1

1　斗舛(トマス)

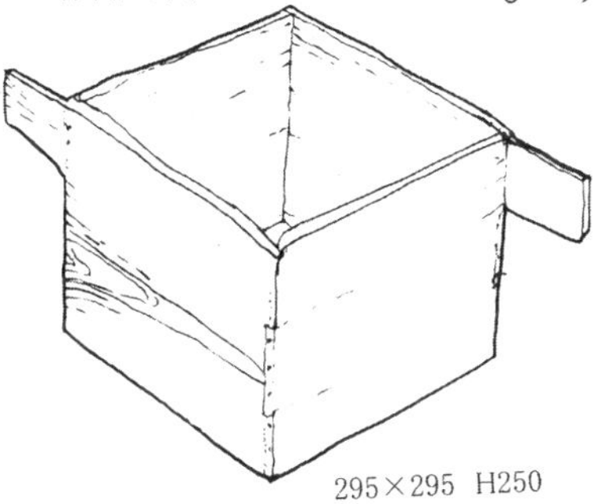

295×295　H250

6　一升枡(イッショウマス)

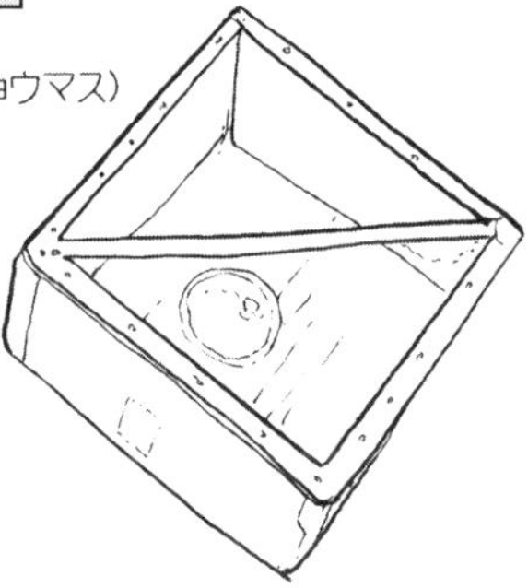

7　升(マス)

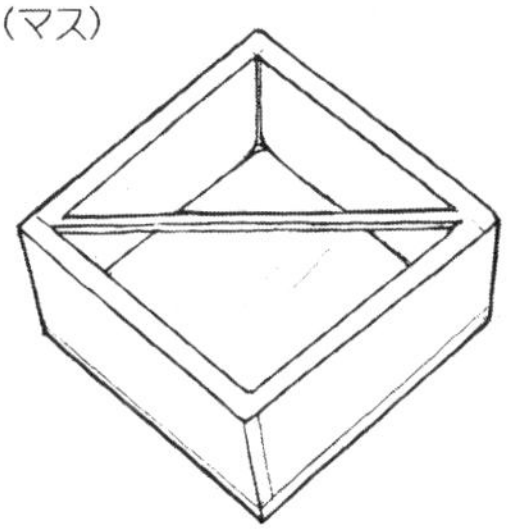

2　一升舛　166×166　H92　T10

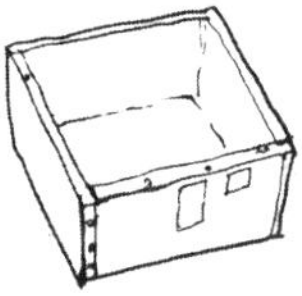

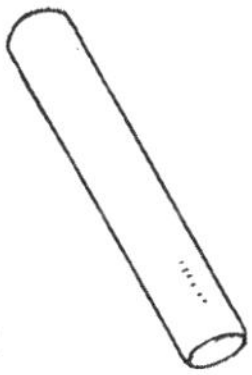

3　一升舛

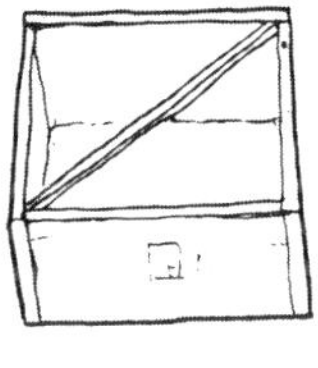

166×166　H92　T10

4　五合舛

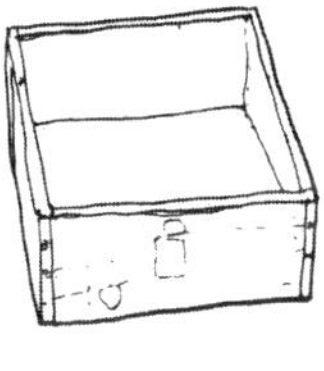

140×140　H70　T10

5　すり棒

8　升(マス)

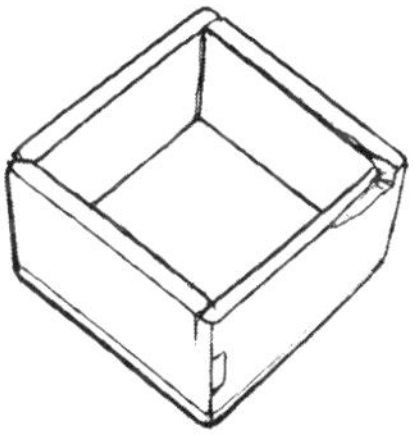

	名称（地方名）	使用法	材料・形態	使用者
1	斗舛（トマス）	穀類の量を計る	木	反田万尋
2	一升枡（イッショウマス）	穀類の量を計る	木　鉄	反田万尋
3	一升枡	穀類の量を計る	木　鉄　弦掛	反田万尋
4	五合枡	穀類の量を計る	木	反田万尋
5	枡搔	枡量より余分を搔均す	木	浅枝正人
6	一升枡（イッショウマス）	穀類の量を計る	木　鉄　弦掛	樋田福一
7	五合枡（マス）	穀類の量を計る	木　鉄　弦掛	浅枝正人
8	五合枡（マス）	穀類の量を計る	木　鉄	浅枝正人

計測用具 2

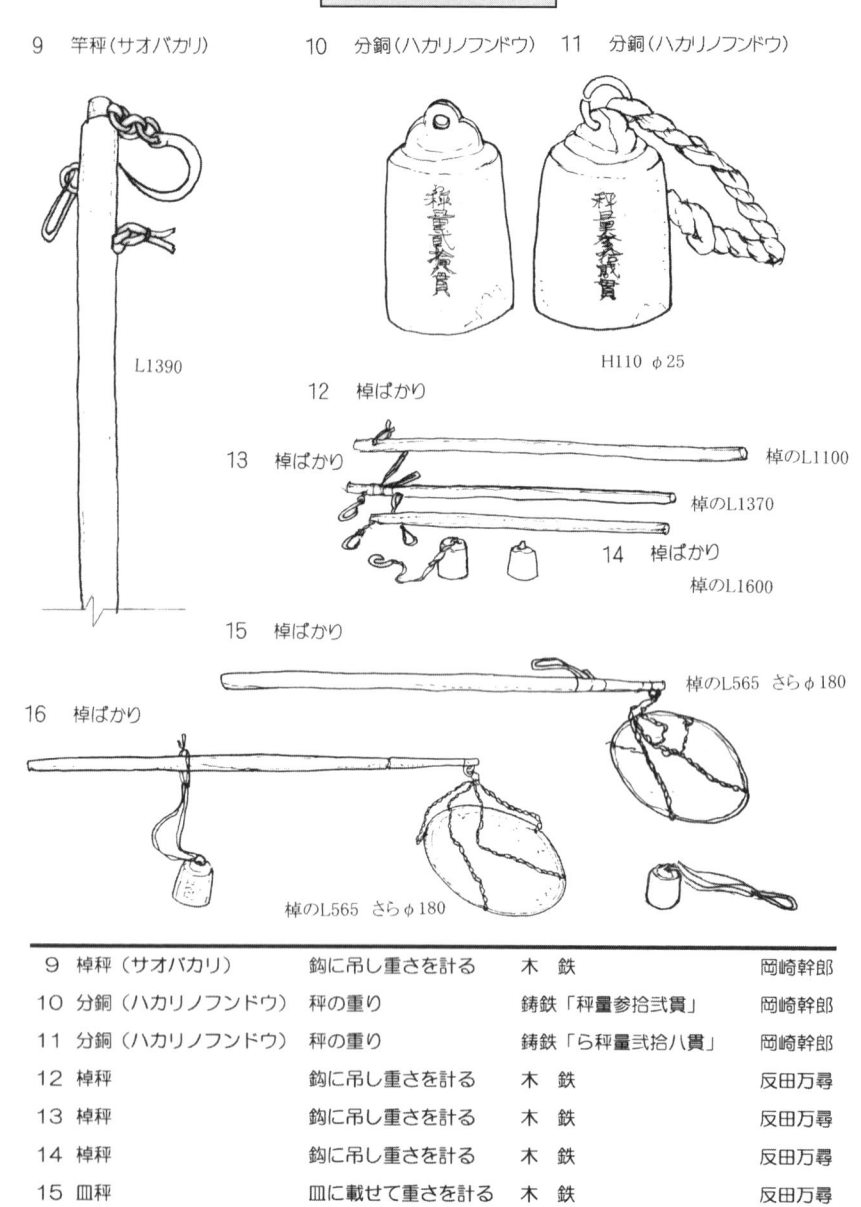

9　竿秤（サオバカリ）

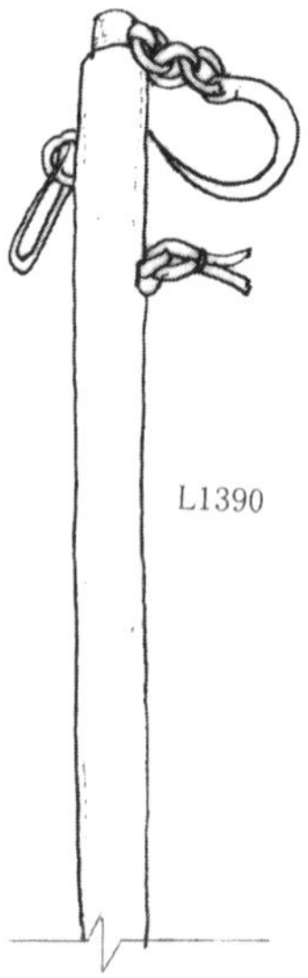

L1390

10　分銅（ハカリノフンドウ）　11　分銅（ハカリノフンドウ）

H110　φ25

12　棹ばかり

13　棹ばかり

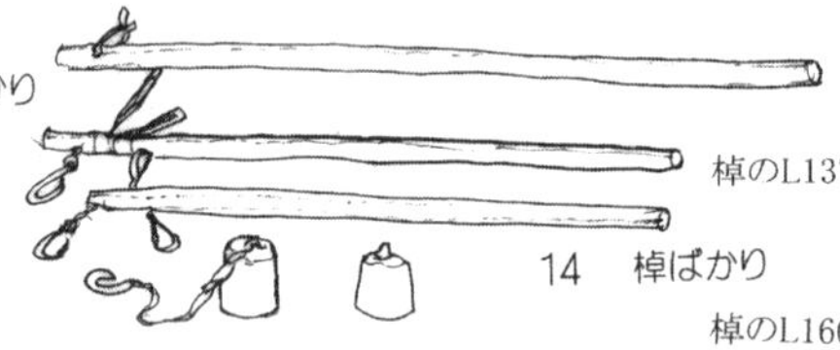

棹のL1100

棹のL1370

14　棹ばかり

棹のL1600

15　棹ばかり

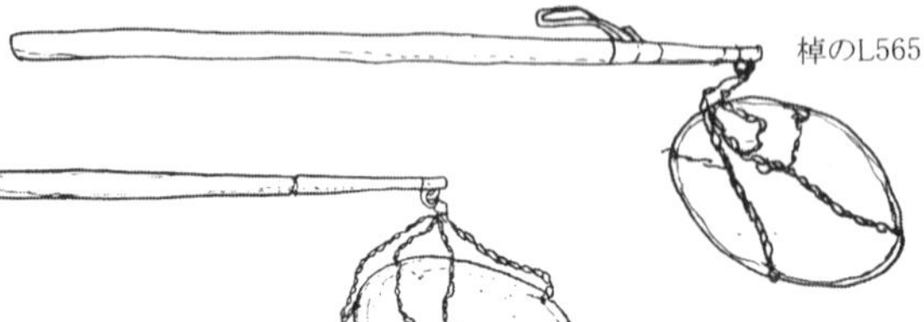

棹のL565　さらφ180

16　棹ばかり

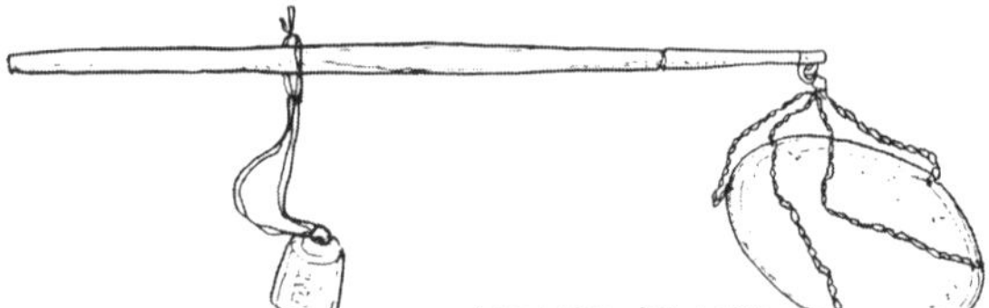

棹のL565　さらφ180

9　棹秤（サオバカリ）	鈎に吊し重さを計る	木　鉄	岡崎幹郎
10　分銅（ハカリノフンドウ）	秤の重り	鋳鉄「秤量参拾弐貫」	岡崎幹郎
11　分銅（ハカリノフンドウ）	秤の重り	鋳鉄「ら秤量弐拾八貫」	岡崎幹郎
12　棹秤	鈎に吊し重さを計る	木　鉄	反田万尋
13　棹秤	鈎に吊し重さを計る	木　鉄	反田万尋
14　棹秤	鈎に吊し重さを計る	木　鉄	反田万尋
15　皿秤	皿に載せて重さを計る	木　鉄	反田万尋
16　皿秤	皿に載せて重さを計る	木　鉄	反田万尋

計測用具 3

17　斗升(トマス)

φ320　H320

18　斗桶(トオケ)

19　両替秤(リョウガエバカリノハコ)

17　斗升（トマス）	穀物の量を計る	木	鉄		浅枝正人
18　斗桶（トオケ）	穀物の量を計る	木	竹		浅枝正人
19　両替秤（リョウガエバカリノハコ）	金銀の交換秤	木	銅	天秤型	岡崎幹郎

意思伝達用具

1　鳴子

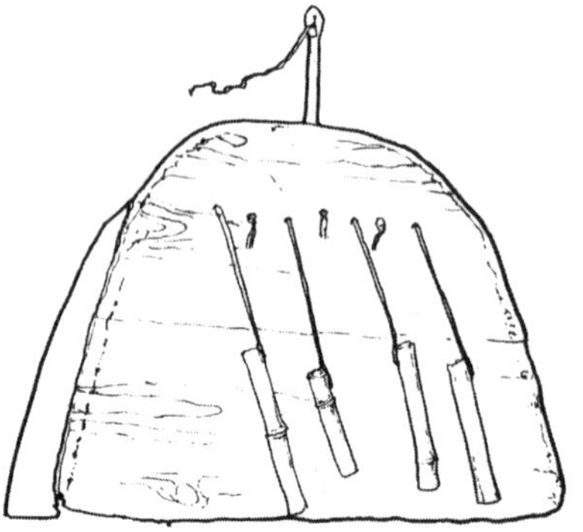

2　印鑑･印鑑入れ

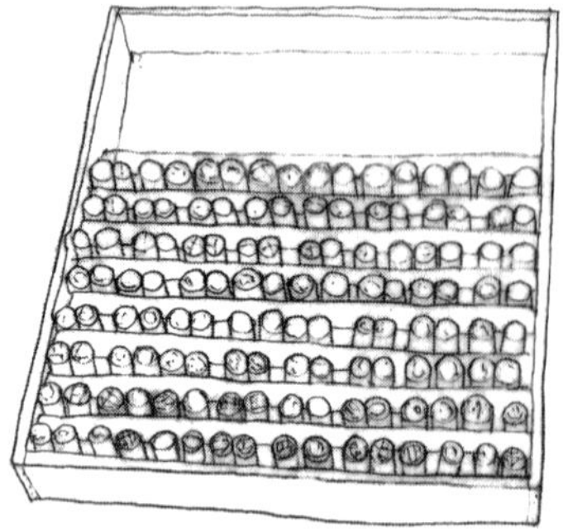

印鑑128個　箱250×330×113

	名称（地方名）	使用法	材料・形態	使用者
1	鳴子	音を出して農作物を鳥獣害から除ける	木　竹　木綿紐　板箕利用	石井　一
2	印鑑　印鑑入		木	岡崎幹郎

玩具・遊戯・娯楽用具 1

1　碁石入れ

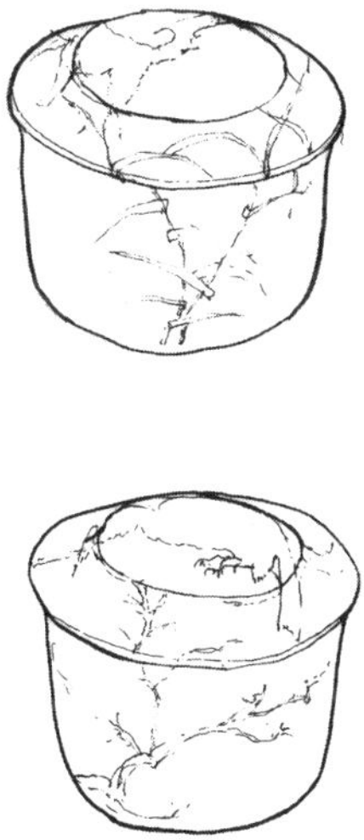

2　貝あわせ

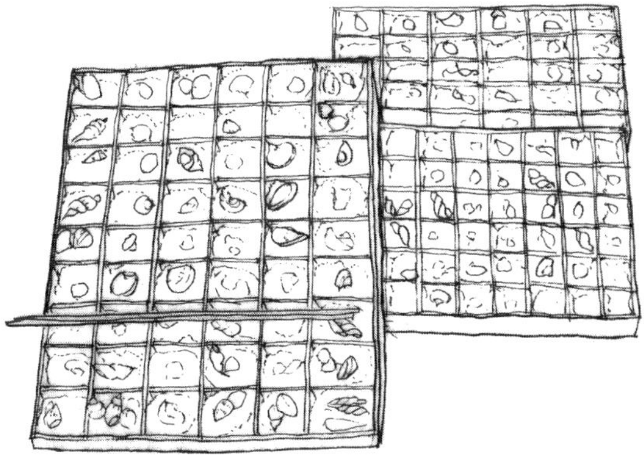

3　凧の糸巻き

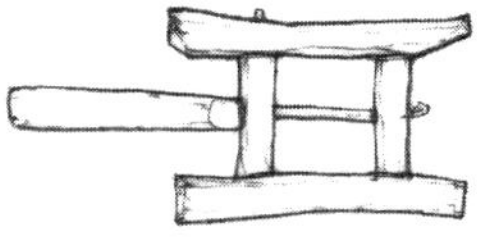

全L約260

4　犬のおもちゃ

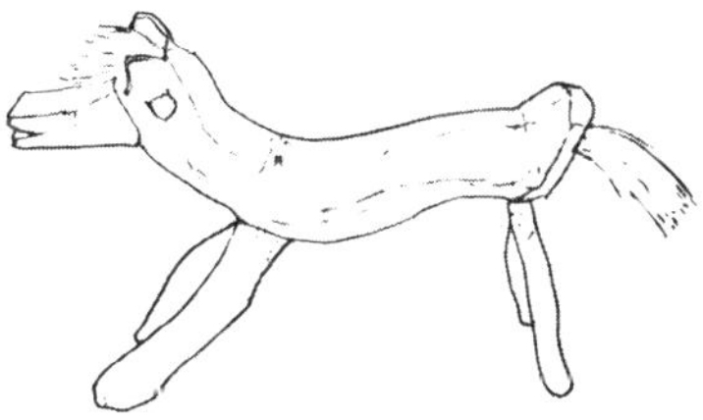

	名称（地方名）	使用法	材　料　・　形態	使用者
1	碁石入れ	碁石遊び	木　漆塗金蒔絵　鳥木草文様	岡崎幹郎
2	貝あわせ	貝を出合って優劣を競う	木　中は綿	岡崎幹郎
3	凧の糸巻き	凧の糸巻き	木　鉄	青山藤登
4	犬のおもちゃ	子供のおもちゃ	曲木　たてがみと尻尾はシュロ	石井　一

玩具・遊戯・娯楽用具 2

5　三味線（シャミセン）

6　三味線立て（シャミセンタテ）

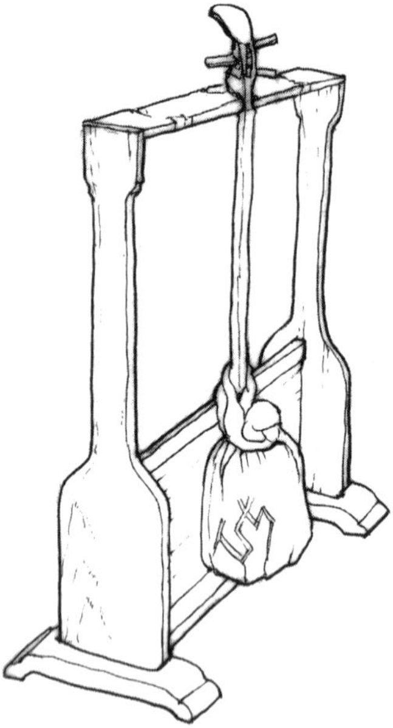

7　書見台（ショケンダイ）

全H540　支柱のH440 台360×268

8　木刀

5	三味線（シャミセン）	弦楽器	木　獣皮　布袋	岡崎幹郎
6	三味線立て（シャミセンタテ）		木	岡崎幹郎
7	書見台（ショケンダイ）	書物をのせる台	木	岡崎幹郎
8	木刀	素振り用	木	青山藤登

玩具・遊戯・娯楽用具 3

9　煙草盆（タバコボン）

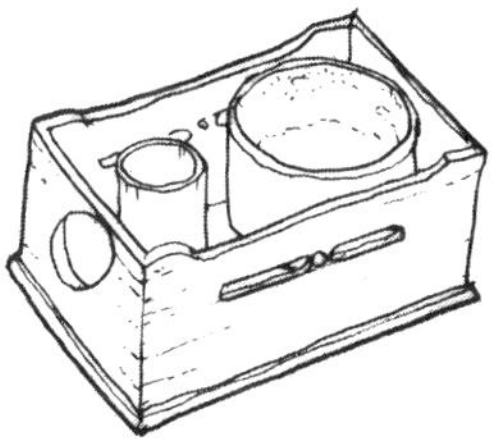

箱・H105 L260×175　灰入れφ110

10　煙草盆（タバコボン）

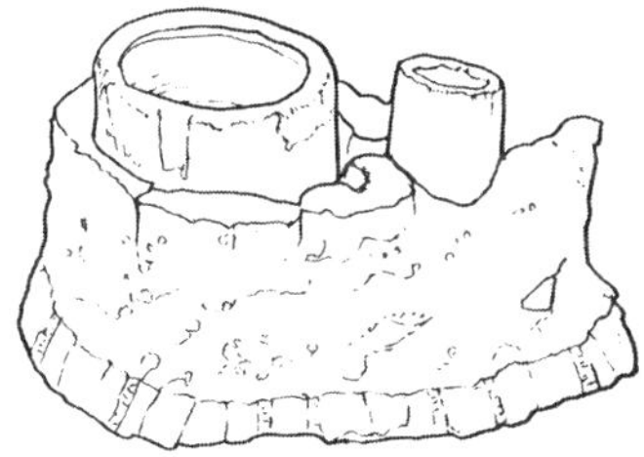

270×200　H120

11　煙草盆（タバコボン）

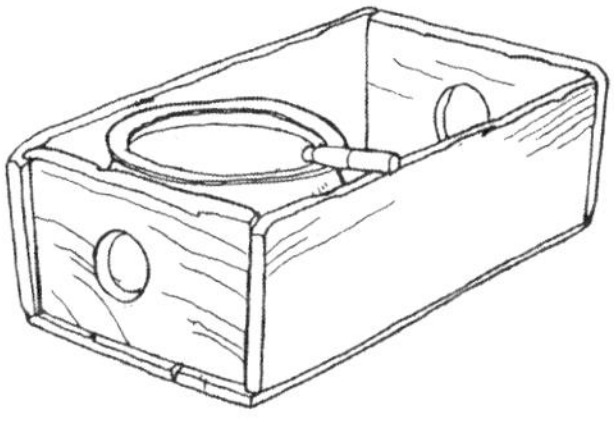

L260×150　H85

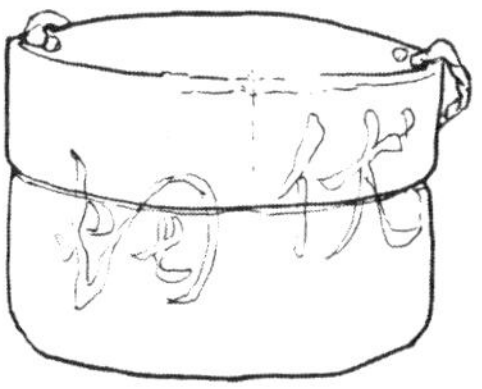

12　煙草入れ

9 煙草盆（タバコボン）	刻み煙草の喫煙	木　灰入れ・磁器　灰吹・竹	岡崎幹郎
10 煙草盆（タバコボン）	刻み煙草の喫煙	キツネバン　灰入・陶器 灰吹・竹	反田万尋
11 煙草盆（タバコボン）	煙草の喫煙	木　真鍮（か）	浅枝正人
12 煙草入れ	煙草入れ	木	石井　一

信仰・呪術用具１

１　飾り鞍（カザリグラ）

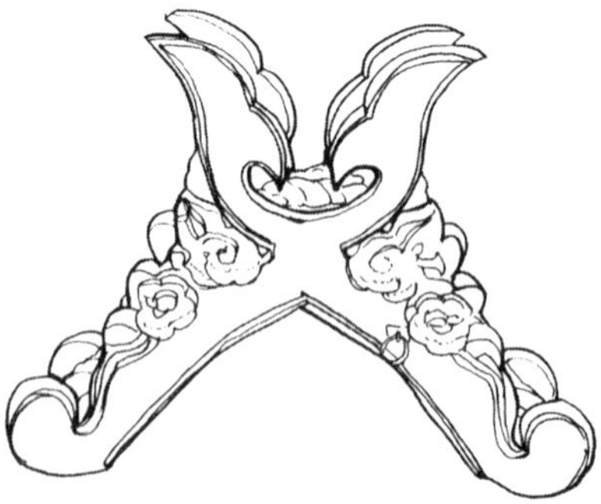

全H470底巾610（410）

２　牛飾り

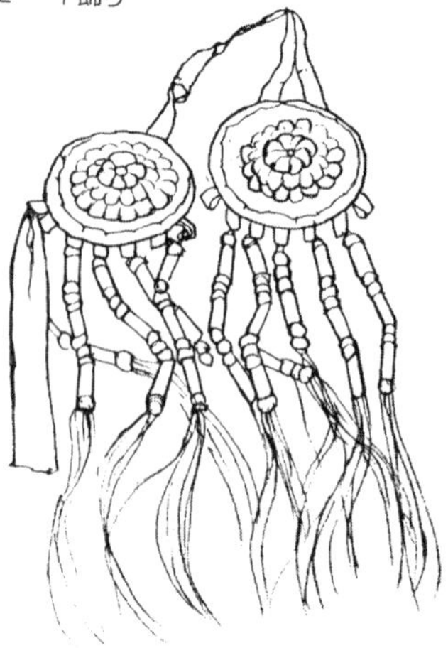

３　締め小太鼓（コダイコ）

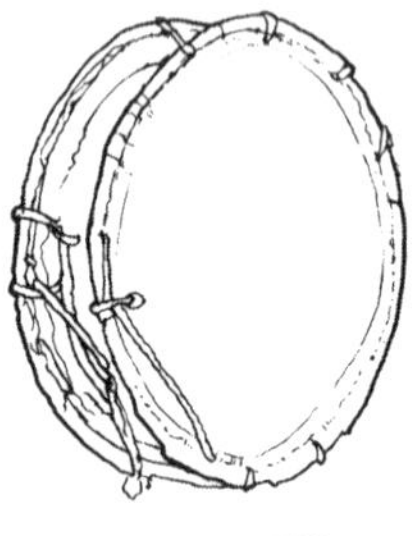

ϕ350　T82

４　太鼓

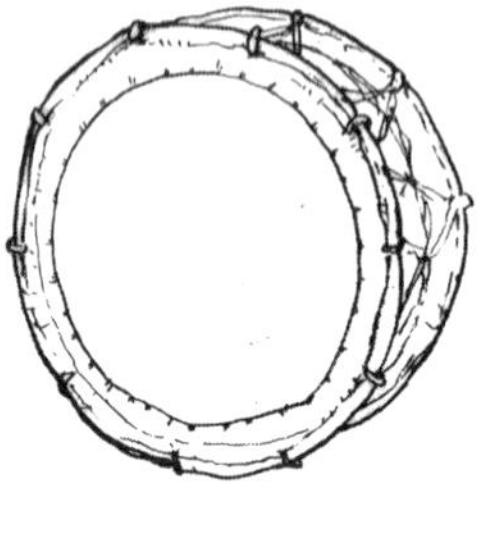

５　鼓

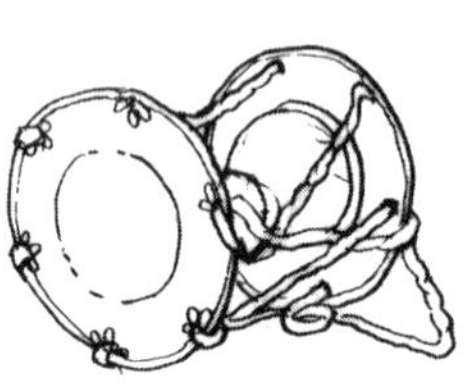

	名称（地方名）	使用法	材料・形態	使用者
1	飾り鞍（カザリグラ）	囃子田の時に使う牛鞍	木漆塗り	反田万尋
2	牛飾り	大田植の牛の飾り		岡崎幹郎
3	締め小太鼓（コダイコ）	囃子田に使用	獣皮	反田万尋
4	太鼓	大田植にならす太鼓	獣皮　木　紐	岡崎幹郎
5	鼓	大田植にならす鼓	獣皮　木　漆塗金蒔絵　紐	岡崎幹郎

信仰・呪術用具 2

6　太鼓（コダイコ）

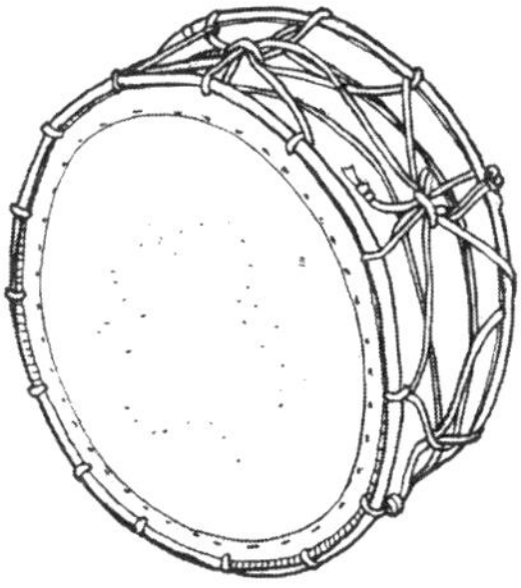

7　太鼓

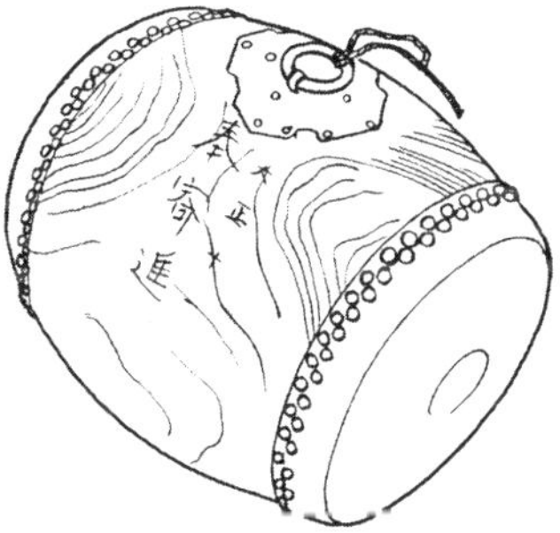

8　ぼんぼり（ボンボリ）

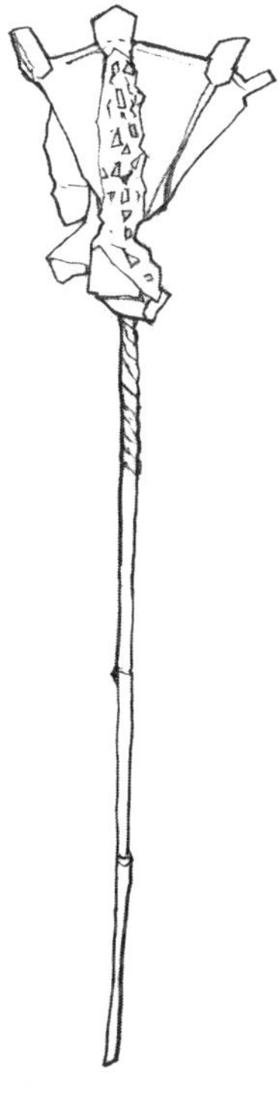

9　あわび

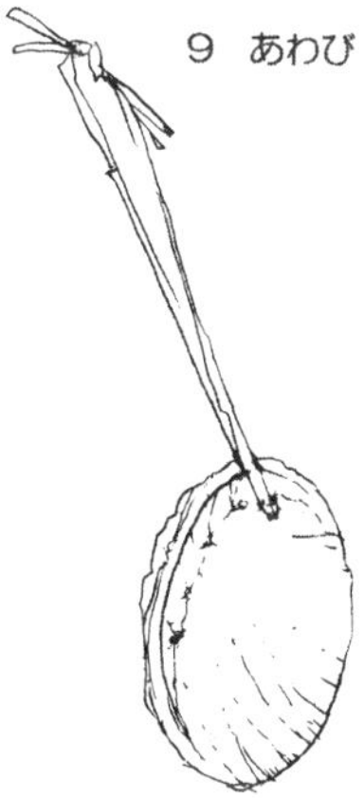

10 お神酒徳利

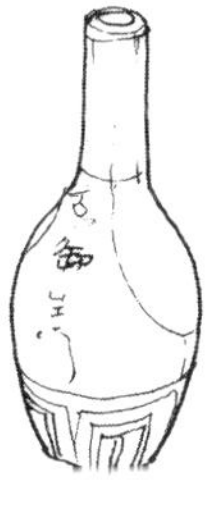

6　太鼓（コダイコ）	祭りごとにならす	獣皮　締め太鼓	浅枝正人
7　太鼓	祭りごとにならす	獣皮　張り太鼓	浅枝正人
8　ぼんぼり（ボンボリ）	祭礼に庭に立てる	和紙　木	浅枝正人
9　あわび	魔除け	あわび　藁	石井　一
10 お神酒徳利	神酒を入れ神前に供える	磁器	岡崎幹郎

信仰・呪術用具３

12 風呂敷

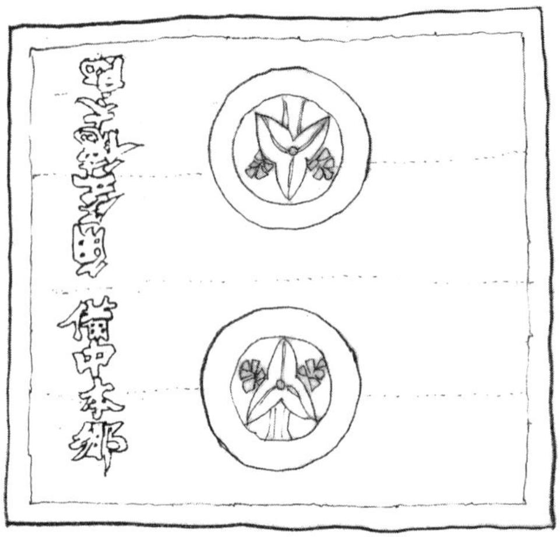

11 幟

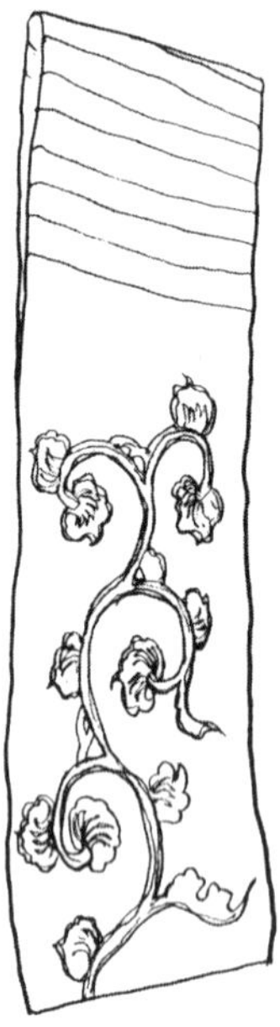

13 幟

11 幟	祭礼に立てる旗	木綿布　紺地　唐草模様 ４本白筋　一幅	岡崎幹郎
12 風呂敷	祭りごとに使う	木綿布　丸におもだか紋　四幅 「角屋徳太郎　備中本郷」	岡崎幹郎
13 幟	祭礼に立てる旗	絹	浅枝正人

素　材

1　　杉皮

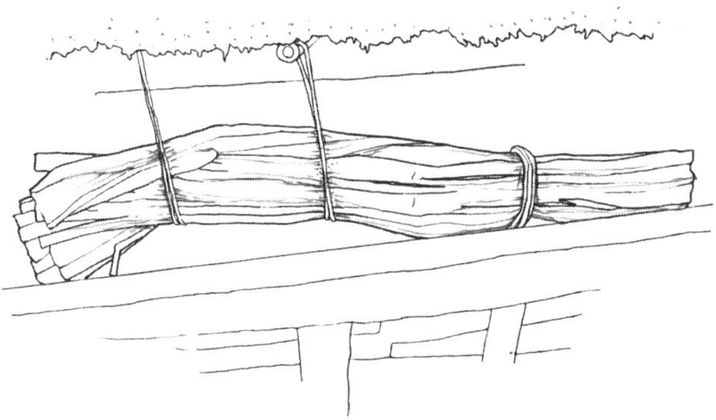

	名称（地方名）	使用法	材料・形態	使用者
1	杉皮	屋根葺用	杉	浅枝正人

玩具・遊戯・娯楽用具4　犬のおもちゃ

信仰・呪術用具1　飾り鞍

信仰・呪術用具6　太鼓

信仰・呪術用具12　風呂敷

宮本常一関係民具調査報告書一覧

（石造物・民家等の報告書は除く）

一　「生産生活・生産生活付録写真（民具）」（『油木・豊松民俗資料緊急調査報告』　広島県教育委員会　昭和四十一年三月）

二　「民具」（『土師民俗資料緊急調査報告書』　広島県教育委員会　昭和四十三年三月）

三　「生産・生活・民具」（『阿武川ダム水没地域民俗資料緊急調査概報』山口県教育委員会　昭和四十四年三月

四　「生産・生業・民具—箱崎の漁業を中心として」（『家船民俗資料緊急調査概報』—昭和43年度箱崎能地地区　広島県教育委員会　昭和四十四年三月

五　「民具」（『阿武川の民俗』—阿武川ダム水没地域民俗資料緊急調査報告書　山口県教育委員会　昭和四十五年三月）

六　「生産・生業・付民具（箱崎）」（『家船民俗資料緊急調査報告書』　広島県教育委員会　昭和四十五年三月）

七　「生産・生業・付民具（能地）」（『家船民俗資料緊急調査報告書』　広島県教育委員会　昭和四十五年三月）

八　「民具について」（「青梅地方の民俗」（1）—青梅市史資料集第11号　青梅市教育委員会　昭和四十五年三月）

九　「府中市の民具解説」（『府中市史近代編資料集』（五）　東京都府中市　昭和四十五年十二月

一〇　「青梅の民具（二）」（「青梅地方の民俗」（2）—青梅市史資料集第15号　青梅市教育委員会　昭和四十六年三月）

一一　「民具」（『生見川の民俗』—生見川ダム水没地域民俗資料緊急調査報告書　山口県教育委員会　昭和四十七年三月）

一二　「生産・生業・交通・運輸・交易」「民具」（『厳島民俗資料緊急調査報告書』　広島県教育委員会　昭和四十七年三月）

一三　「青梅の民具」「青梅の民具写真集」（『青梅市の民俗』2　青梅市教育委員会　昭和四十七年十月）

一四　「浜旦那家の民具—松永塩田」（『塩の民俗資料緊急調査報告書』　広島県教育委員会　昭和四十九年三月）

一五　490331, ①「瀬戸田の浜旦那と民具—瀬戸田塩田」（『塩の民俗資料緊急調査報告書』　広島県教育委員会　昭和四十九年三月）

一六　「大峠・落合・二ツ野地区の交通・生産」「二ツ野を中心とした民具」（『小瀬川弥栄ダム水没地域民俗資料緊急調査報告』　山口県教育委員会　昭和四十九年三月）

一七　「民具と解説」（『川崎町史』—通史編　宮城県柴田郡川崎町　昭和五十年四月）

ダムに沈んだ村の民具と生活

2011年7月25日　初版第1刷発行

著　者	宮　本　常　一
編　者	田　村　善　次　郎
	香　月　節　子
発行者	八　坂　立　人
印刷・製本	千リ千ト印刷(株)
発行所	(株)八　坂　書　房

〒101-0064　東京都千代田区猿楽町1-4-11
TEL.03-3293-7975　FAX.03-3293-7977
URL.：http://www.yasakashobo.co.jp

ISBN 978-4-89694-977-3　　落丁・乱丁はお取り替えいたします。
　　　　　　　　　　　　　　無断複製・転載を禁ず。